# 金融风险与政策应对：
# 国际经验

郑联盛 著

中国金融出版社

责任编辑：黄海清
责任校对：孙　蕊
责任印制：丁淮宾

图书在版编目（CIP）数据

金融风险与政策应对：国际经验/郑联盛著. —北京：中国金融出版
社，2020.10
ISBN 978 – 7 – 5220 – 0757 – 1

I. ①金… Ⅱ. ①郑… Ⅲ. ①金融风险—研究—世界　Ⅳ. ①F831.5

中国版本图书馆 CIP 数据核字（2020）第 152838 号

金融风险与政策应对：国际经验
JINRONG FENGXIAN YU ZHENGCE YINGDUI：GUOJI JINGYAN

出版
发行　　**中国金融出版社**

社址　北京市丰台区益泽路 2 号
市场开发部　（010）66024766，63805472，63439533（传真）
网 上 书 店　http://www.chinafph.com
　　　　　　（010）66024766，63372837（传真）
读者服务部　（010）66070833，62568380
邮编　100071
经销　新华书店
印刷　保利达印务有限公司
尺寸　169 毫米 ×239 毫米
印张　19.5
字数　252 千
版次　2020 年 10 月第 1 版
印次　2020 年 10 月第 1 次印刷
定价　75.00 元
ISBN 978 – 7 – 5220 – 0757 – 1
如出现印装错误本社负责调换　联系电话（010）63263947

# 序

国际金融危机爆发已经过去 10 余年，但是，各个经济体和国际金融市场的风险并没有随时间而消散。在国际政治经济格局的变幻中，金融风险层出不穷、全球市场跌宕起伏、各国政策不断突破，后危机时代的金融市场反而更为凶险。2020 年 3 月，由于新冠肺炎疫情的冲击，国际金融市场遭遇了比 2008 年国际金融危机期间更为严重的市场暴跌，全球金融稳定面临巨大的威胁。

美国次贷危机不断演化为大萧条以来最为严重的国际金融危机，国际社会对金融危机及其制度弊端进行了全面深入的反思，着力强调系统性金融风险防控的重大失败和政策改进，系统性风险应对、处置和防范的监管改革成为主要经济体的政策选择。以系统性风险防控为目标的宏观审慎改革历经多年发展演进，不管是主要经济体的宏观审慎政策，还是以二十国集团（G20）为主导的国际政策协调，都取得了积极进展。

经过数年的危机应对、政策创新与体制改革，世界经济从危机中获得了一定程度的复苏，但是，更令人疑惑的是引爆国际金融危机的美国获得历史性的繁荣，而全球经济却陷入"长期增长停滞"或超级债务周期。2015 年后，随着美国退出量化宽松政策，学术界和政策界进入"再反思"阶段。一是政策目标权衡性。比如，货币政策要实现经济增长、物价稳定与金融稳定的权衡，但核心挑战是多目标权衡与多工具匹配。二是政策主体适宜度。

比如，中央银行是不是宏观审慎的最佳主体。三是政策工具匹配性。比如，货币政策是不是金融稳定的有效政策，需要考虑目标与工具匹配性以及政策工具的风险内生性。再比如，财政政策到底是逆周期政策，还是受制于政治约束的僵硬化政策呢？四是危机反应过激性。危机十年后美国股票市场、日本国债市场及中国房地产市场成为全球"三大扎实泡沫"，宏观政策是否应为此承担部分责任呢？

更近的是，2020 年新冠肺炎疫情全球大流行后，全球经济可能陷入历史性衰退，全球金融稳定面临新的挑战。以美联储为代表的主要经济体央行祭出史无前例的救助举措，全球主要经济体的政策应对呈现出三个重大趋势：一是以量化宽松政策为代表的非常规化货币政策常规化；二是公共债务货币化；三是货币政策功能财政化。更值得注意的是，新冠肺炎疫情全球治理难题将导致集体行动困境和政策框架分化。公共卫生危机是一个全球治理难题，将与贸易、投资、地缘政治等紧密关联，这其中造成的政策博弈甚至冲突，主要经济体遭遇集体行动困难，各国可能出台以邻为壑的经济、金融、货币等政策。新冠肺炎疫情对宏观经济政策的冲击是系统性的，可能导致产业链"硬脱钩"和逆全球化，金融风险和政策应对的研究更为急迫。这是本书第一章的主要思考。

作为全球最为发达的经济体，美国引爆了国际金融危机的同时也进行了史无前例的政策应对。一是危机救助。从次贷危机到系统性危机，美国常规政策工具运用至极致，美联储充分发挥了最后贷款人功能，使流动性危机得以缓释。二是经济恢复。系统性危机还冲击经济体系，传统政策无法使美国经济实现复苏。面临"零约束"，美国先后实施了四轮量化宽松政策，美联储成为全球金融体系"最大的地主"。在经济走向高度繁荣的历程中，特朗普上台后进一步加码宽松政策，进行了 20 世纪 80 年代以来最为重大的税改政策。三是监管改革。最发达的金融市场爆发了系统性的危机，略感羞愧的美国政府开启了大萧条后最为重大的金融监管改革，着力构建系统性风险应对框架，并出台了沃尔克规则以部分限制混业经营的风险。但是，特朗普政府上台后，就开启放松金融监管的历程。本书第二章至第五章讲述的都是美国的故事。

欧元区是国际金融危机以来最为落魄的发达经济体之一。有些人说，国际金融危机是华尔街哥们喝醉惹的祸，但是，醉汉们却吐了欧洲兄弟一身。在国际金融危机的应对中，欧元区统一的货币政策和分散的财政政策的二元结构矛盾显露无遗。在相对审慎的统一货币政策框架下，欧洲中央银行在危机应对的前半场并没有充分发挥最后贷款人的职能，微调操作、货币互换、利率下调、长期再融资操作以及资产担保债券购买计划等的政策力度都相对有限。这使欧元区陷入了通缩的压力。部分经济体为了应对危机和对抗通缩，不得不放松财政纪律、扩大财政赤字。金融危机、经济下滑、收支缺口导致欧元区主权债务风险开始显性化，"欧猪五国"引爆了欧元区主权债务危机。面对困局，欧央行不得不放松政策约束，开始实质性地承担最后贷款人功能，从零利率到负利率，从常规操作到量化宽松，欧元区经历了别样的坎坷。欧盟、欧元区和成员国之间统一化和主权性的分野，促使欧洲构建更为统一化的金融监管框架和宏观审慎政策体系，但这对于金融危机后的欧洲金融稳定提供了制度性支撑。欧洲的讨论主要集中在本书的第六章和第七章。

在危机应对中，大家似乎淡忘了财政政策的功能，也忘却了财政政策与货币政策的协调。中央银行似乎成为熠熠生辉的"救世主"，而货币政策仿佛变成了无所不能的"万金油"，零利率、量化宽松、负利率、前瞻指引等成为政策界、学术界和媒体界的闪亮字眼。但是，从对总需求的拉动看，财政政策比货币政策更为直接且有效。从结构性问题的应对看，财政政策的结构性显得更具针对性。虽然，结构性货币政策成为业界新宠，但是，货币政策仍无法摆脱总量性政策的属性。财政政策与货币政策的统筹、协调和配合是应对危机和经济复苏的标配，本书希望从美国、欧元区和日本的经验中寻求启示。这是本书的第八章。

金融风险政策应对的国别经验是他山之石。英国金融稳定三支柱治理框架、意大利银行业不良贷款处置的救助基金模式、印度企业破产法律与企业破产清算处置等经济体的经验为金融风险应对提供了镜鉴。比如，英国进行了150多年以来最为重大的金融稳定体系改革，构建了以英格兰银行为核心的"超级央行模式"。英格兰银行货币政策委员会、金融政策委员会和审慎监管委员会相对独立又有机关联的"三支柱"成为英国金融稳定治理的基础支撑。本书第九章、第十章和第十一章分别介绍英国、意大利和印度在金融稳定特定领域的政策演进及经验启示。

最后的内容并非不重要。实际上，在国际金融危机后，国际社会对于全球金融稳定的政策安排和工具举措作出了诸多的探索和尝试，并在巴塞尔新资本协议（Ⅲ）、宏观审慎政策、影子银行风险应对、金融基础设施建设、全球流动性管理、央行货币互换以及区域金融稳定安排等方面取得了积极进展，甚至在超主权货币上进行了更深入的探索。国际金融危机后，国际货币体系改革取得积极进展，布雷顿森林机构改革也有所斩获，全球金融安全网络体系建设取得一定的共识并有所实践。一个相对完善的国际货币体系和全球金融安全网络尚未建立，而新近两年的国际政治经济局势变化又新添变数。新冠肺炎疫情的冲击使得全球化面临挑战，民粹、偏激、缺乏基本协调的政策正在冲击全球金融稳定。在一个大型经济体的内外双循环体系中，金融风险处置和金融稳定保障是一个长期的任务，防止发生系统性金融风险是金融工作的永恒主题。

金融风险与政策应对是本人长期研究的领域，本书亦从政策框架、制度弊端、危机应对、国别经验和特定环节等对金融风险及其政策应对进行研究，并希望对中国的金融风险应对和金融稳定体系建设提供启示。但是，由于个人水平有限，书中定有错漏，希冀斧正指导，以图不断完善。

是为序。

郑联盛

**2020 年 7 月 26 日**

# 目　录

# 第一章　金融危机、制度弊端与政策改进

过去 30 余年的政策发展与实践中，货币政策与金融稳定政策的制度安排一直是货币政策框架下的一个基础性问题。立足于货币政策与金融稳定政策相对分离的杰克逊霍尔共识经历了盛行、反思与回归三个历史阶段，这实际是金融稳定目标实现的制度安排和治理体系问题。目前中国实施货币政策与宏观审慎政策双支柱的调控框架，物价稳定和金融稳定双重职能集中于中央银行，更加深刻地认清货币政策与宏观审慎政策的内在关联、目标权衡以及融合机制，对于进一步发挥双支柱调控框架的物价稳定和金融稳定功能具有重要的政策意义。

从政策框架出发，需要加深认识的问题有五个：首先，货币政策能不能实现物价稳定、经济增长和金融稳定三个目标，即多重目标权衡问题。其次，逆风而动是不是货币政策擅长的政策逻辑，货币政策是否能够及时、有效、逆向性地甄别和应对资产泡沫等金融风险。再次，针对系统性风险的应对要求，货币政策是否具有在时间维度的风险传染（比如顺周期性）和在空间维度的风险传染（比如"大而不倒"、影子银行、内在关联性）针对性政策储备。再次，货币政策自身是否存在显著的风险外溢性或者系统性低估风险水平，货币政策在应对风险的同时可能又内生地制造风险。最后，在金融稳定职能上，是否存在货币政策的替代性及补充性政策，这实际上是货币政策与宏观审慎政策的关系问题。

从金融稳定职能的治理安排上，中央银行的职能是一个核心问题。在双支柱调控框架中，中央银行作为物价稳定与金融稳定双重目标的载

体，需要关注四个重要的问题。一是货币政策职能与中央银行职能及其在金融稳定框架中的作用，中央银行如何在两个政策框架中扮演"链接"角色。二是厘清法定职能和市场职能的关系融合问题。中央银行"天生"具有金融稳定的市场职能，但是，不同经济体对央行法定职能的界定存在差异。三是如何在双支柱调控框架中统筹好合作博弈与纳什博弈，是选择逻辑完美的合作博弈还是相对独立运作的纳什均衡是政策体系的重要问题。四是宏观审慎政策主体的单一性和多元性问题，是央行一家承担双支柱职能更好，还是包括央行在内的多元主体承担宏观审慎政策好。

## 一、货币政策与金融稳定关系的理论与制度反思

### （一）杰克逊霍尔共识

货币政策与金融稳定政策的关系是货币金融体系中的一个基础性问题。20世纪90年代中期至国际金融危机之前，物价稳定与金融稳定的两个政策支柱相对分离一度成为重要的理论共识和政策实践。金融稳定政策和货币政策各司其职，只有当金融稳定问题显著影响物价稳定和经济产出及其预期时，金融稳定才需纳入货币政策的权衡决策之中，否则货币政策将走入资产泡沫应对的歧途（Bernanke and Gertler，2001）。

在以锚定物价水平为支撑的通胀目标制盛行过程中，金融稳定政策与货币政策两个政策支柱相对分离逐步形成了所谓的杰克逊霍尔共识（Jackson Hole Consensus）。这个共识具有三个核心（Bernanke 等，1995；Woodford，2012；Svesson，2011）：一是长期价格稳定是经济产出最大化的基础，尤其是在新凯恩斯框架下，物价稳定是产出保持在潜在自然水平的基本条件；二是货币政策是实现物价稳定的核心工具或价格稳定是货币政策的基本目标；三是锚定物价规则是稳定市场预期、保障央行独立性以及实现长期价格稳定的有效方式，即通胀目标制，包括资产

价格在内的诸多金融变量只有影响通胀及其预期才需纳入货币政策框架之中。

国际金融危机之前，货币政策与金融稳定政策关系的代表性观点及政策启示就是杰克逊霍尔共识，即货币政策与金融稳定政策两个政策支柱相互分立，只有金融稳定政策影响物价稳定，货币政策才需要考虑金融稳定的影响。在这个共识之下，货币政策以物价稳定为目标，通胀目标制成为诸多大型经济体的政策选择，近 40 个经济体选择了通胀目标制或弹性通胀目标制，特别是美国、英国、日本、欧元区、澳大利亚、加拿大等发达经济体都实行通胀目标制或弹性通胀目标制。

（二）杰克逊霍尔共识的修正

国际金融危机最大的启示是物价稳定不是金融稳定的充分条件。20世纪 80 年代中期以来，全球经济整体处于一个通胀水平稳定、经济波动较低的"大稳定阶段"（The Great Moderation），其中货币政策在稳定物价和稳定产出中都发挥重要的作用（Romer and Romer, 2004；Bernanke, 2004），基于物价锚定为基本逻辑的货币政策更加有效地发挥了更为普遍的效应，对经济结构的内生强化和经济冲击的有效缓解都产生了积极的效果，物价和经济稳定的未来前景是乐观的。但是，2007 年源于美国的次贷危机最后演化为大萧条以来最为严重的金融经济危机，显示物价稳定的政策框架不足以保障金融体系的稳定性（Davis and Kahn, 2008；Woodford, 2012）。

通胀目标制与物价稳定的内在关联一定程度上被过度夸大。一是通胀目标制的物价目标实际上致力于锚定的是 2～3 年中短期通胀水平，缺乏真正的长期稳定视角（Borio and Lowe, 2002；White, 2006）。二是通胀目标制忽视了商业周期与金融周期的不同步性。在这个逻辑下，货币政策以短期利率调整为核心，希望能够熨平商业周期的波动及其对物价稳定的潜在影响，但是忽略了金融周期运行下的风险累积性及利率变化对风险的内生性影响。三是在货币主义和通胀目标制的盛行中，尤其是美国、英国、加拿大等经济体的成功政策实践，忽视了经济体系结构性因素和其他政策对长期通胀的贡献，比如财政政策（公共债务规模）、全球分工等对于物价也具有重要的影响，物价稳定的理解过度地与货币政策关联起来，而低估了其与经济基本面的内在联系（Cochrane，1998）。四是通胀目标制下，货币政策与金融稳定相对分离的逻辑使得这种复杂的"正交关系"与实体经济基本面的相关性逐步脱离（Adrian and Shin，2008），并逐步形成了一种物价稳定与金融稳定画等号的错觉（Smets，2014）。

中央银行在金融稳定目标中发挥更大的职能成为重要的政策共识。金融危机的爆发让学术界和政策界重新反思货币政策与金融稳定政策两个政策支柱的关系，尤其是 G20 领导人对于金融稳定任务和宏观审慎政策框架的重视，使得金融稳定目标和宏观审慎政策被强化。金融危机及之后数年，国际社会和主要经济体的共识是货币政策当局需要强化金融稳定职能，甚至一度流行金融稳定应成为货币政策的第三个政策目标（King，2012），同时大力发展宏观审慎政策及相关工具。超低利率、零利率、量化宽松、扭转操作、量化质化宽松甚至负利率成为货币政策践行金融稳定职能的重要实践，同时，宏观审慎政策成为系统性风险防范应对以及金融稳定目标实现的核心框架。

（三）杰克逊霍尔共识的回归

2014 年以来，美联储和国际货币基金组织（Yellen，2014；IMF，2015）重新梳理货币政策与宏观审慎政策的关联与关系，认为金融稳定职能纳入货币政策框架将会弱化货币政策对通胀的关注、引致新的多重权衡，甚至会弱化货币政策独立性以及物价稳定目标的实现，杰克逊霍尔共识具有回归的趋势。

杰克逊霍尔共识的回归本质涉及的是金融稳定机制的制度安排或治理体系。新近杰克逊霍尔共识的回归不是重新回归货币政策与金融稳定政策的简单分离，而是讨论是否存在具有相对独立的政策框架和更加有效的统筹机制，或者两个政策实施的更好的机制安排。坚守货币政策与金融稳定政策相对独立、反对金融稳定成为货币政策决策因子的美联储前主席伯南克（Bernanke，2013）认为，美联储在货币政策决策中考虑到了金融稳定与物价稳定的某种（但非决定性）权衡关系。在实践中，部分经济体选择由单一机构作为宏观审慎政策主体，甚至一家"超级机构"承担货币政策、宏观审慎和微观监管职能，更多的经济体则选择由多家机构来共同承担金融稳定职能，由央行承担宏观审慎核心功能的双支柱也成为重要的政策实践。

## 二、物价稳定与金融稳定的政策权衡：基于货币政策局限性的分析

货币政策与宏观审慎政策双支柱调控体系的构建有赖于厘清货币政策与宏观审慎政策的内在关系，尤其是目标的内在融合性。但是，根据丁伯根法则，一个目标至少需要一项政策，当金融稳定纳入货币政策框架之中，就面临多重目标选择问题，这是国际金融危机之前重大的制度弊端之一。这也是杰克逊霍尔共识盛行及再度回归的一个重要理论基础。而在实践中，货币政策是否能够发挥金融稳定所需的逆风而动职能，同样存在较为明显的质疑。针对系统性风险的演进逻辑，时间维度和空间维度的风险传染防控及应对是金融稳定的核心任务，但是，货币政策在空间维度的风险传染上缺乏针对性的举措。还有，货币政策既是金融风险的应对工具，也是金融风险的内生因素，宏观审慎政策对于货币政策的风险外溢效应具有一定的补充作用。从货币政策局限性上看，应该更多地发挥宏观审慎政策在金融稳定方面的职能。

（一）丁伯根法则与多重目标权衡性

1. 货币政策面临多目标矛盾。金融稳定一个恰当的界定是金融体系能充分发挥其三个功能：支付结算、风险管理与储蓄投资转换，并有充

分弹性应对三个功能弱化的威胁（IMF，2015）。充分弹性主要是可以有效降低金融危机概率和减小危机冲击。金融稳定的另一种界定是相对于金融不稳定而言的，即金融体系不能出现信用骤停、跨界传染以及危及资金融通的状况（Minsky，1992）。但是，金融稳定的界定相对困难，不像物价稳定和充分就业已经有了成熟且简单的指标体系。

在国际金融危机之后，金融稳定作为一个更加重要的政策目标被纳入政策体系，但是，是否由货币政策来承担这个功能存在较大的争议。其中，最为重要的一个约束就是丁伯根法则。根据丁伯根法则，一个目标至少需要一个政策，当金融稳定成为货币政策的法定目标后，货币政策实际上就面临着多重权衡。

目标多重均衡的实现需要重要的条件，但是，货币政策框架可能难以全面满足这些条件。一是货币政策体系需要及时有效地监测到金融风险。二是货币政策对于金融风险的应对处置是有效的，比如能够明显降低杠杆率、期限错配和资产泡沫，即金融风险与货币政策的内在关联性是明确的。三是货币政策的政策工具是多元且有效的。四是金融稳定目标的实现不能与物价稳定、产出最优化产生负效应。但是，这四个条件实际上是较难同时实现的，比如资产泡沫的甄别就是重大难题，利率调整对资产泡沫应对的有效性更是一个重大疑问（Yellen，2014）。

2. 通胀目标制下的多重权衡更明晰。在通胀目标制下，金融稳定与物价稳定的目标权衡更矛盾、更突出。货币政策需要在物价稳定和经济增长目标之间进行权衡，尤其是通胀目标制在货币政策决策中成为共识实际上隐藏着潜在的谬误，那就是过度放大通胀目标实现在经济产出最优化和物价稳定中的贡献（DeGrauwe，2007）。政策实践表明，短期产出稳定和中长期物价稳定是可以实现的，但是，潜在的成本实际上是非常巨大的，那就是金融失衡的累积和金融危机的呈现（IMF，2015）。一旦将金融稳定纳入其中，那么三个目标的权衡甚至冲突可能就难以避免，一项货币政策难以同时满足三个目标的均衡条件，反而可能引发产出的较大波动或金融不稳定性。

（二）逆风而动与政策逻辑匹配性

1. 逆风而动：危机反思的政策启示。在国际金融危机之前，由于杰克逊霍尔共识的盛行和通胀目标制在诸多经济体的实践，金融稳定没有成为美国、英国、欧元区、日本等大型经济体货币政策的决定因子，货币政策当局基本是在金融危机爆发之后承担最后贷款人职能，从中体现其金融稳定的职能。一定程度上，中央银行已弱化了其金融职能的初衷，而坚守其物价稳定的目标并认为可以较为有效地保障金融稳定，在逆风而动、事前防范（Lean）和危机应对、事后清理（Clean）的权衡中，美英等经济体基本选择了后者（IMF，2015）。

逆风而动的政策逻辑成为国际金融危机政策反思的一个重要启示。美国次贷危机"意外地"演化为大萧条以来最为严重的国际金融危机，央行以及其他政策当局的善后清理成本巨大，欧元区甚至还为此陷入了主权债务危机的泥潭。金融危机之后，中央银行承担更大的金融稳定职能成为重要的政策议题，同时，政策当局需要具有更加显著的逆风而动（Lean Against the Wind，LAW）的政策能力。但是，是否由货币政策来承担金融稳定的核心职能、货币政策能否在金融稳定中发挥逆风而动的功能以及是否存在更好的政策替代货币政策是三个重要的疑问。第一个问题在前文已进行了分析。

2. 逆风而动货币政策面临实践难题。针对货币政策能否发挥逆风而动职能并维系金融稳定问题，学术界和政策界倾向于认为货币政策难以实现逆风而动并保证金融稳定。审慎的货币政策有助于支持金融稳定，逆风而动也成为危机之后的重要启示，但是，这个启示却不足以成为采用逆风而动货币政策应对金融风险的政策指引。逆风而动的货币政策实现金融稳定目标需要三个前提：一是传导机制顺畅。政策利率调整对于金融风险的应对是显著且有效的。二是物价稳定和金融稳定的权衡已经在一个内在统筹的机制中得以解决，潜在的权衡程度已经降至最低。三是逆风而动的政策框架需要一个简单、清晰和可观察的指标体系，同时，能够较好地权衡成本与收益（IMF，2013；Svensson，2016）。

货币政策在应对通胀和产出波动中是否能够真正实施逆风而动的政策逻辑已存在质疑（Taylor，1999；Orphanides，2004），即便是中央银行发挥最后贷款人功能。在金融稳定的任务实施中更加难以逆风而动。一是金融指标和通胀等可能具有滞后性，而且金融周期长于商业周期，金融风险滞后性可能更加显著。二是货币政策应对金融风险或资产泡沫面临工具局限性。三是货币政策对于资产泡沫的逆风而动可能反而触发逆向选择，货币政策与金融稳定在不同时点上存在方向性矛盾，同时紧缩性货币政策短期内对于金融稳定是不利的。IMF（2015）模拟政策利率在1年内提高100个基点，家庭部门债务率在其后4～16个季度下降0.3～0.2个百分点，但是，利率提升后1～2个季度银行和非银行金融机构的杠杆率反而是提升的。四是逆风而动的长期收益有限但潜在成本可能十分巨大，尤其是经济产出、就业促进的成本十分显著。Angeloni等（2015）的研究发现，政策利率提升100个基点后，企业部门债务水平在16个季度后下降才达到极值水平，约0.7个百分点。但是，一年内利率提高100个基点，对于物价稳定和产出稳定的冲击可能是极其显著的，2004—2006年美国紧缩货币政策时期，两年多累积加息才200个基点。Svensson（2014）基于逆风而动的利率调整来应对金融稳定的成本收益分析中发现，100个基点的利率提升会在一年后提高失业率约0.5个百分点，失业冲击在4～8个季度达到高峰，冲击将延续3～4年。四是用逆风而动的货币政策来应对金融稳定，要求货币政策更加具有弹性，但是，政策弹性意味着决策的摇摆和权衡，将会进一步弱化货币政策锚定通胀水平及预期、中央银行独立性及公信力，以及政策的有效性。

3. 逆风而动货币政策难以治理资产泡沫。在金融危机后，逆风而动成为系统性风险防范和金融稳定目标实现的政策前提，金融稳定要求政策当局要在系统性风险暴露之前就进行事前防范（Vinals，2013）。

在逆风而动事前防范的政策逻辑中，资产价格成为金融稳定的核心指标。

资产价格偏离稳态过久就会使经济金融体系面临运行安全问题（易纲等，2002），但是，货币政策对于资产价格泡沫的应对有效性存在重大的不确定性（Bernanke 等，2001；Mishkin，2011；Yellen，2014）。一是资产泡沫的甄别是困难的。比如，传统的泡沫指标是信用扩张规模与 GDP 之比以及房地产市场、股票市场价格及估值指标等，但是，难以对物价稳定设定一定的目标或区间。泡沫程度和风险程度是否过度需要结合特定的经济金融条件加以认识。二是即使存在泡沫，货币政策是不是有效工具仍存在疑问。比如，利率调整对债权性市场（债券、信贷）可能有直接的作用，但是，对股权性市场的直接作用可能是不显著的。三是货币政策调整是缓慢且存在权衡的过程。货币政策当局难以短期迅速大幅提高利率水平以应对资产泡沫，否则产出和物价将受到重大的冲击。

4. 宏观审慎政策具有逆风而动功能。作为一种政策替代，宏观审慎政策在应对金融风险累积上可能更加具有针对性和结构性，能在结构上实现一定程度的相机抉择。一是宏观审慎政策在微观指标设置上具有前置逆风而动的秉性，比如逆周期缓冲资本、贷款价值比、动态拨备。二是宏观审慎政策在逆风而动上具有一定的结构性，比如在系统重要性问题的应对上，"一事一例"的处置与恢复机制（比如生前遗嘱、顺序清算权）可以降低风险暴露阶段出现资产抛售和价格下跌螺旋的程度（FSB，2017）。三是宏观审慎政策不具有利率政策的总量属性，同时需要金融机构资产负债表和非金融机构资产负债表两个阶段的传导，对于物价稳定和产出稳定的冲击相对间接且偏弱。四是宏观审慎政策同样可以双向操作，可以作为货币政策进入零利率约束之后的有益补充，缓释金融紧缩及其潜在的通缩压力。

值得注意的是，不管是货币政策还是宏观审慎政策，都无法消除金融体系的风险及其内生性。危机处置与管理是重要的政策职责。大部分的逆风而动都是基于判断力，不像单一规则政策体系那么简单直接，不管是货币政策还是宏观审慎政策，正常情况以规则行事、紧急情况逆风而动可能是较好的选择（Baldwin and Reichlin，2013）。金融风险的内生性决定了危机的必然性，货币政策和宏观审慎政策都需要做好金融危机的处置和恢复准备，"最坏打算"及相关"善后清理"机制建设成为金融稳定理事会的一个重要工作（FSB，2011）。

（三）系统性风险与金融工具针对性

货币政策在其长期的实践和发展中，已经逐步形成了货币政策目标、工具和相应的传导机制。当然，货币政策的逻辑和工具也处于动态发展之中，比如非常规货币政策的出现以及零利率约束突破、负名义利率的实施等。宏观审慎政策是国际金融危机以来逐步建立的新兴政策体系，其工具和传导机制的发展相对于货币政策而言处于初步发展的阶段。这里以货币政策和宏观审慎政策及相关传导机制来分析其政策的逻辑。

1. 系统性风险演进的时空视角与政策针对性。宏观审慎政策一般从时间维度和空间维度来应对系统性风险并致力于实现金融稳定目标（Borio，2003；BIS，2010；IMF，2013）。从国际金融危机的演进、影响和启示看，时间维度的系统性风险主要体现为顺周期性，货币政策当局和宏观审慎监管当局对顺周期都相对熟悉且具有较为成熟的政策工具。空间维度的系统性风险是本轮金融危机爆发的核心根源之一，是宏观审慎政策框架兴起的基本所向之一，也是诸多研究和政策实践的核心内容。

比如，《多德—弗兰克法》应对金融稳定的核心所指是三个子目标，后两个都是空间层面的风险传染问题：一是强化流动性监测与管理，主要指顺周期问题；二是抑制系统重要性或"大而不倒"，金融风险监察委员会和美联储可在必要条件下拆分大型复杂的金融控股公司；三是减少内在关联性与内在复杂性，以沃尔克规则为支撑限制混业经营和自营交易。2018 年 5 月，美国完成金融监管放松的立法，《经济增长、放松监管和消费者保护法》放松资产规模从 500 亿美元至 2500 亿美元的金融机构的系统重要性审慎监管要求，但同时保留了美联储的自由裁量权；合并资产规模低于 100 亿美元且交易资产及负债总额占合并资产规模比例低于 5% 的银行机构将免除沃尔克规则的监管，但对于交易资产及负债总额超过 100 亿美元的仍将实施最严格的沃尔克规则。

从金融部门的结构看，宏观审慎政策框架主要考虑了商业银行、资产市场以及影子银行体系等领域的时间维度和空间维度的潜在风险，重点关注定价、杠杆率、流动性和关联性等领域。但是，从宏观审慎政策脆弱性因子观测的核心指标分布看，商业银行相关的脆弱性与货币政策的关联性相对较强，而资产市场、影子银行等对于货币政策比如利率的敏感性相对较弱，货币政策对于金融稳定相关的结构性政策工具缺乏足够的针对性。

表 1-1　　　　宏观审慎政策金融子部门风险脆弱性因子分布

| 金融部门 | 定价因子 | 杠杆率因子 | 流动性因子 | 关联性因子 | 与货币政策工具关联度 |
|---|---|---|---|---|---|
| 商业银行 | 信用风险<br>利率风险<br>定价风险 | 资本金<br>风险资产 | 负债头寸<br>期限结构<br>抵押及非抵押融资 | 风险头寸<br>跨市场负债及资产集中度 | 强<br>以利率为主 |
| 资产市场 | 风险溢价<br>定价中的非价格因素<br>期限溢价 | 信用/GDP<br>机构投资者杠杆 | 交易商融资规模及占比<br>套利交易规模<br>共同基金规模<br>ETFs 基金 | 衍生品<br>交易对手方 | 弱<br>利率有一定影响 |
| 影子银行 | 证券化产品定价<br>抵押融资规模<br>信用利差 | 证券化层级<br>资本套利减扣<br>风险对冲程度 | 回购<br>商业票据<br>货币市场基金 | 与传统金融机构、基础市场关联性 | 弱<br>利率、公开市场操作有一定影响 |

资料来源：BIS（2011）、IMF（2013）、Adrian 等（2013）以及作者整理。

2. 时间维度：货币政策与宏观审慎政策具有替代性。基于宏观审慎政策对金融体系脆弱性因子的观察及系统性风险时间和空间维度的演进机制，结合货币政策的工具措施，可以进一步认识货币政策与宏观审慎政策目标实现过程中的内在关联性，可以更好地认识货币政策是否为金融稳定的政策工具。

从系统性金融风险应对的现实要求和宏观审慎政策"时空维度"的内在逻辑比较，货币政策与宏观审慎政策在时间维度的系统性金融风险应对上具有较大的重合性或替代性。货币政策和宏观审慎政策在时间维度的系统性风险应对核心机制都是通过影响信用的成本和规模，但二者的主导机制存在差异。货币政策核心是影响信用的成本，以利率（价格型工具）作为核心工具，当然货币政策同时也影响信用规模。宏观审慎政策核心是影响信用的规模，以数量型指标（比如资本充足率、逆周期缓冲资本、贷款价值比、动态拨备）为核心工具，当然宏观审慎同时也影响信用成本。

3. 空间维度：货币政策工具缺乏足够针对性。在系统性风险演进的空间维度上，货币政策的针对性和主导性明显较弱。除了在银行间市场、债券市场、汇率和资本项目管理上具有主导性之外，货币政策在系统性风险空间传染的其他领域的针对性中等或不显著，比如，在系统重要性、影子银行和资产价格方面的政策有效性都是较弱的。虽然货币政策当局在货币政策决策尤其是利率政策制定中基本考虑了资产价格及其对通胀的影响，但是，货币政策尤其是利率对于资产价格泡沫的应对效果被证明是相对较弱的，除非利率提高迅速且幅度惊人。值得注意的是，货币政策如果将系统性风险应对和金融稳定纳入政策框架之中，将面临与物价稳定的权衡问题，更重要的是，杰克逊霍尔共识及通胀目标制中的单一目标和单一工具在应对金融稳定上缺乏能动性。货币政策与系统性风险防范和金融稳定目标实现的政策工具的匹配性不如宏观审慎政策直接。

表1-2 系统性风险防范任务、指标及其与货币政策工具的匹配性

| 维度 | 核心任务 | 主要指标 | 货币政策主导性 | 主要政策工具 | 与物价稳定的权衡 |
|---|---|---|---|---|---|
| 时间维度 | 顺周期性 | 信用可得性 | 强 | 利率、公开市场操作 | 部分权衡 |
| | | 市场流动性 | 强 | 利率、公开市场操作 | 部分权衡 |
| | | 资产价格 | 中 | 利率影响不显著 | 弱权衡 |
| 空间维度 | 基础设施 | 支付清算体系 | 强 | 直接监管 | 无 |
| | | 银行间市场 | 强 | 公开市场操作 | 部分权衡 |
| | | 资产定价制度 | 弱 | — | — |
| | 系统重要性 | 风险头寸 | 中 | 资本充足率、准备金 | 弱权衡 |
| | | 大而不能倒 | 弱 | | |
| | | 内在关联性 | 弱 | | |
| | 影子银行 | 融资成本 | 中 | 利率 | 部分权衡 |
| | | 杠杆率 | 中 | 资本充足率、准备金 | 弱权衡 |
| | | 监管覆盖面 | 弱 | — | — |
| | 资产泡沫 | 股票价格 | 弱 | — | 部分权衡 |
| | | 债券价格 | 强 | 利率、公开市场操作 | 部分权衡 |
| | | 房地产价格 | 中 | 利率、信贷限制 | 部分权衡 |
| | 跨境外溢效应 | 头寸大小 | 弱 | | |
| | | 货币错配 | 强 | 汇率 | 部分权衡 |
| | | 期限错配 | 弱 | | |
| | | 资本流动 | 强 | 资本项目管理 | 部分权衡 |

资料来源：作者总结。

（四）货币政策风险内生性与宏观审慎政策互补性

1. 货币政策是金融稳定的内生因子。审慎的货币政策是金融稳定目标实现的必要条件，但是，基于物价稳定目标的货币政策不是金融稳定的充分条件。最为重要的根源是货币政策本身可能是金融风险产生和积

累的基础因素之一，这主要体现在顺周期、资产负债表效应以及短期融资依赖性等问题上。一是顺周期性。货币政策虽具有逆周期管理功能，但其自身较大程度上具有顺周期性。金融机构在顺周期效应中倾向于在上行周期加杠杆，并提高风险资产的比重，而这将在未来下行周期中成为脆弱性的根源。二是信用总量扩张及风险分布改变。利率调整影响信贷规模的同时会影响信贷供给的结构。在利率降低后，资本充足率低的银行比资本充足率高的银行更倾向于扩张信贷（Ongena and Peydr'o，2011），同时资本充足率低的银行更倾向于发放更多贷款给信用记录较差的申请人且期限较长，高风险信贷的比重在提升。利率下降甚至会弱化银行对家庭和企业的信贷标准，利率调整会影响家庭、企业和银行的资产负债，从而影响金融体系的风险及其分布。三是短期融资依赖性。在货币政策相对宽松的条件下，不管是短期货币市场还是长期资本市场，流动性都是相对充裕的，金融机构通过加杠杆、提高风险资产比重、加大配置期限较长资产规模以获得更高的收益，同时为了缓释期限错配压力，逐步倚重短期融资市场，最后就可能造成流动性危机。

2. 货币政策传导引致风险溢出。再基于货币政策传导的各个机制进行分析，任何一种传导机制都可能存在内生的金融风险累积或相关的政策失误。杰克逊霍尔共识和通胀目标制对于其政策的溢出效应缺乏全面的评估（Blanchard 等，2013）。基于货币政策传导机制的核心指标、潜在风险及宏观审慎政策的匹配，宏观审慎政策在货币政策传导过程中的内生风险应对具有较为显著的补充性。值得重点澄清的是，金融风险的内生性是非常复杂的，货币政策可能只是其中一个重要的影响因子，而宏观审慎政策对内生风险的应对可能具有较为广泛的适用性。金融危机以来，风险承担渠道（risk taking）被认为是货币政策传导过程中的又一效应（Borio 等，2008），当利率长期处于较低水平时，金融机构风险承担将更加显著，最后导致更大的潜在脆弱性。

表1-3 货币政策传导中的风险内生机制及宏观审慎政策的补充性

| 渠道 | 核心指标 | 政策失误 | 潜在风险 | 宏观审慎补充性 |
|---|---|---|---|---|
| 利率渠道 | 实际利率 政策利率 | 顺周期 政策利率偏低 | 无风险定价和风险溢价低估 流动性陷阱 | 弱 通过影响金融机构信用规模间接影响利率传导，不掌握利率决策工具 |
| 信贷渠道 | 信贷可得性 信贷规模 信用利差 | 顺周期 信贷供给过度 | 信贷风险定价偏低、高风险信贷持续累积引致资产负债错配 期限错配 | 中 贷款价值比、负债收入比、存贷比以及信贷规模上限等对货币政策信贷传导具有明显影响 |
| 资产组合渠道 | 资产价格 风险溢价 价格波动性 | 甄别失策 放大机制（比如以市定价） 政策滞后 | 杠杆操作 交易过度 利率不敏感 资产抛售与下跌螺旋 | 强 资产类别限制、风险资产定价、流动性及期限、融资融券、短期融券等管理将对资产价格及组合效应产生直接显著影响 |
| 风险承担渠道 | 利率 风险定价 信用利差 | 利率过低过久 量化宽松过度 | 追求收益率 依赖货币市场 杠杆操作 流动性悖论 | 强 信用、流动性和资本三类工具对金融机构风险承担将产生直接且显著影响 |
| 汇率渠道 | 汇率 资本流动 | 固化政策框架 外溢效应失察 | 汇率崩溃 资本逃逸 货币独立性丧失 货币危机 | 中 外汇风险头寸、币种结构、期限结构的管理以及短期资本流动的逆周期管理对稳定汇率和资本流动有效 |

资料来源：Bernanke 等（2001）、Borio 等（2008）、BIS（2011）、Cardia 等（2013）。

3. 宏观审慎利于缓释货币政策风险溢出效应。在金融稳定层面，宏观审慎可以部分应对货币政策的风险内生问题，提供了货币政策较好的互补机制（BIS，2011；Adrian 等，2013），有利于降低货币政策风险溢出的水平，并可以在一定程度上治理货币政策的溢出风险。比如，货币政策长期的利率可能使信贷风险定价偏低以及高风险信贷持续累积，最后引致资产负债错配，宏观审慎政策中的贷款价值比、负债收入比、存贷比以及信贷规模上限等对货币政策信贷传导具有显著的抑制作用，可以缓释银行机构资产负债错配风险。再比如，宏观审慎要求的资本金充足率、杠杆率水平，将有效地缓释货币政策传导中风险承担渠道、资产组合渠道等的风险溢出。

对于新兴市场经济体而言，由于体制机制的不完善，货币政策在应对汇率稳定上具有较大的被动性（Krugman，1999），部分新兴市场经济体难以通过货币政策工具（比如大幅提高利率、实行浮动汇率制度）来缓释内外失衡的冲击以及引致资本逃逸，而宏观审慎政策中的外汇风险头寸、币种结构、期限结构的管理以及短期资本流动的逆周期管理对稳定汇率和资本流动可能更加有效（Cerutti 等，2017）。这里以阿根廷为例。为了缓释资本自由流动、汇率稳定和货币政策主权的"不可能三角"难题，2015 年 12 月阿根廷实施了自由浮动汇率制度，并逐步提高政策利率。2018 年以来，阿根廷经济更加疲弱而同时美元相对走强的过程中，阿根廷比索在前期大幅贬值的基础上又在 1~4 月迅速贬值约 20%，同时资本继续流出。5 月初阿根廷比索对美元继续大幅贬值，阿根廷在 8 天中三度提高基准利率，从 27.5% 提高至 40%，但是，这仍然无法抑制阿根廷比索继续贬值约 20%。[①] 2018 年 6 月 7 日，阿根廷政府和国际货币基金组织（IMF）达成一项 3 年期的备用贷款协议（SBA），总额为 500 亿美元。阿根廷的经验表明，利率提升在货币危机时刻可能是低效的，难以保持汇率稳定和保障金融稳定。2015 年下半年以来，尤其是 2016 年底至 2017 年初，中国同样面临较大的汇率贬值和资本流出压力。但是，中国人民银行采用逆周期资本流动管理并出台人民币汇率逆周期因子等政策（肖立晟等，2017），缓释了恐慌的市场预期，成功

---

① 数据来自 https：//www.bloomberg.com/quote/ARSUSD：CUR。

稳定了人民币对美元双边汇率，缓释了资本流出的巨大压力。

（五）宏观审慎政策与央行政策职能拓展

当金融稳定被纳入货币政策的目标体系之中，货币政策就面临多重均衡难题和丁伯根法则的约束，亟待政策拓展来缓释目标多重均衡矛盾。在货币政策上，中央银行已经面临物价稳定和经济产出的权衡，杰克逊霍尔共识和通胀目标制盛行一定程度上强化了货币政策的物价稳定职能，从而弱化了通胀目标和产出最优的权衡关系。如果将金融稳定纳入货币政策的体系之中，那么中央银行面临物价稳定、均衡产出和金融稳定的多重均衡。一个货币政策可能难以同时实现三个目标，金融稳定的任务应该让渡于货币政策之外的政策选择（Stein，2012）。

从目前的体制、政策和工具安排看，宏观审慎政策是金融稳定最为现实的核心支撑。货币政策、宏观审慎和微观监管应该成为广义金融稳定的三个支柱（Mester，2016），货币政策负责物价稳定，宏观审慎负责金融稳定尤其是系统性风险防范，微观监管主要保障金融机构稳健性。这样可以满足应运用 N 种独立的工具进行配合以实现 N 个独立的政策目标的丁伯根法则，缓释多重目标与政策工具关联对丁伯根法则的偏离。值得注意的是，货币政策和宏观审慎政策不是独立及线性的变量，在应对金融风险中不是 0 和 1 的关系，二者协调更加有利于实现物价稳定和金融稳定的目标（Galati and Moessner，2011）。

# 三、物价稳定与金融稳定的机制改进：基于央行链接职能的视角

在双支柱政策框架目标权衡中，货币政策独木难支，无法完成金融稳定尤其是系统性风险的应对任务，亟待宏观审慎政策作为金融稳定目标的主导政策。一个更为现实的治理问题是，由谁来承担宏观审慎政策的领导职能。这涉及金融管理当局的主体安排、职能界定、法定目标、

内部治理等问题，核心是发挥中央银行物价稳定目标与金融稳定目标、法定职能与市场职能、纳什均衡与合作均衡以及多主体框架下的"链接"功能。

（一）货币政策职能与中央银行职能

1. 央行职能具有较广泛的范畴。在诸多有关货币政策与宏观审慎政策关系的讨论中，一个容易被忽视的问题是货币政策职能与中央银行职能的界定。有一些讨论似乎将货币政策职能与中央银行职能相互等同，这在严格通胀目标制下可能更为明显。但是，这实际上没有足够重视中央银行的设立初衷尤其是最后贷款人的职能，即中央银行具有金融稳定的"天然"职能。

杰克逊霍尔共识和通胀目标制在学术与政策领域的主导性，使得货币政策—利率—通胀稳定建立起了超乎寻常的内在关联性，但是，这并不代表制定货币政策是中央银行的全部职能。虽然货币政策长期锚定物价稳定是必要的，但由此忽略金融稳定风险及中央银行的相关职能是不恰当的（Woodford，2012）。中央银行对金融稳定的反应需要看其影响物价和产出的程度，中央银行并不必然要对金融市场体系的潮起潮落进行应对。金融稳定的政策关注不仅体现在金融机构和市场上，更重要的是体现在职能安排上（Tucher，2015；Mester，2016；李波，2018）。

2. 职能定位是治理结构的关键。在金融稳定体系的治理框架中，金融稳定体系的目标是保持金融体系的弹性和稳健性，这其中包括三个方面的要求：一是对金融危机的应对韧性，能够有效应对系统性风险的冲击；二是金融体系吸收损失及冲击的能力，具有防范风险累积及放大的机制；三是支付清算、资金融通以及促进经济产出的功能不能受到破坏。为了实现金融体系的稳健性，金融稳定体系一般由四个要素组成一个基础的治理框架，这可能是货币政策难以单独承担的。一是金融体系每个部分的金融弹性需要最低审慎标准相匹配；二是针对金融机构、结构、市场和设施的微观有效监管；三是动态有效的宏观审慎政策；四是金融危机管理的工具与政策。这个体系的要素及其融合机制可能需要包括货币政策在内的多个政策组合、相关的治理制度安排以及机构职能完善来实现，这其中必然包括中央银行（Mester，2016）。

中央银行承担更大的金融稳定职能成为学术界和政策界较为广泛的共识，但是，核心问题是央行职能的再定位。系统性风险应对和金融稳定目标的实现需要三个核心要件（RBA，2017；ESRB，2011；Nier 等，2011）：一是系统性风险的甄别、分析与监测；二是宏观审慎政策的全面、及时与有效；三是系统性风险应对的制度安排，尤其是在大部分经济体存在多个监管主体的情况下。中央银行具有金融基础设施的直接管理权和信息优势，能够为系统性风险的甄别、分析与监测提供实质性支撑，同时，中央银行是系统性风险应对中的天然主体之一，金融稳定的制度安排无法将中央银行剔除而独立行事。但是，如何发挥央行在金融稳定中的作用，职能设计和相关的治理结构安排是极其重要的。

3. 重点发挥央行政策链接功能。在系统性风险应对和金融稳定目标的实现中，中央银行最为基础的功能是宏观审慎政策和货币政策的链接功能（RBA，2017）。金融危机之后，央行金融稳定职能与货币政策职能被相互"独立"或"统一"起来，但是，中央银行特殊的最后贷款人角色和相对的政策独立性，使得其在机制及组织设计上可有效地将货币政策与金融稳定及相关的宏观审慎政策关联起来（Smaga，2013）。金融稳定职能涉及货币政策、宏观审慎、微观监管以及其他相关的政策，比如财政政策。中央银行的金融稳定职能因制度安排而大相径庭，中央银行可以扩大其在金融稳定中的链接职能。金融危机之后，美联储、欧洲中央银行和英格兰银行正是如此行事的。

（二）法定职能与市场职能

在考虑中央银行在金融稳定中的职能时，立法的视角是一个重要的参考。立法中金融管理机构的法定职能一般是以目标性职能出现的，即要求该机构要实现何种目标。对于市场职能或工具性职能，有的立法会明确指出，但是，有的立法则没有明确规定。相对而言，目标性职能是监管机构的法定职能，在目标选择上要强于市场职能或工具性职能。中央银行在统筹两个相对独立的政策时需要考虑目标性职能和工具性职能的区别与关联，比如利率工具性职能实现物价稳定职能的同时可能导致金融稳定职能的偏离。货币政策的法定职能是实现物价稳定目标，但是，货币政策仍具有潜在的金融稳定的市场职能，二者可能存在权衡与博弈。

在法律层面，监管机构的法定职能一般都以立法作为依据，这对金融稳定和宏观审慎政策的制度安排极其关键。比如，《瑞典国家银行法》明确指出其"目标在于维持物价稳定"（Svesson，2017），《日本银行法》规定日本银行的首要任务是"货币发行和实施通货金融调节"（currency and monetary control），而"通货金融调节"的目标是"实现物价稳定"。为此，瑞典中央银行不承担宏观审慎职能，而由微观监管主体——瑞典金融监管局承担宏观审慎职能。日本宏观审慎政策的法定主体不是日本银行而是日本金融厅。美国《联邦储备法》对货币政策目标的规定是有效实现最大就业、物价稳定和长期利率稳健。《英格兰银行法》要求英格兰银行首先实现金融体系稳定性的目标，但对货币政策委员会和金融稳定委员会设置物价稳定和金融稳定的首要目标，两个委员会的第二个目标均是经济增长。

相应的是，如果金融稳定在立法层面具有目标性职能的定位，那么宏观审慎制度安排也更加容易与法律相匹配。比如，葡萄牙《中央银行组织法》明确"履行维护国家金融体系稳定的职责"，葡萄牙央行就成为葡萄牙的宏观审慎政策主体，发挥欧洲系统性风险委员会要求的"领导职能"。《中国人民银行法》第二条明确中国人民银行的目标性职能是"维护金融稳定"，而"制定和执行货币政策"以"保持币值稳定"反而是工具性职能（常健，2015）。从这个逻辑看，央行承担货币政策和宏观审慎政策双支柱调控功能具有法律的基础。

（三）纳什博弈与合作博弈

1. 内在关联性是合作博弈的基础。宏观审慎政策是单独实施还是统筹实施，在涉及多目标的同时，在制度安排上涉及的是多主体的博弈，需要考虑纳什博弈还是合作博弈。纳什均衡是两套独立的政策系统进行的博弈，货币政策和宏观审慎政策相互之间不依赖对方的政策选择；合作均衡是货币政策和宏观审慎政策有各自独立的目标，但是目标实施过程中互为条件、相互影响和合作决策。

货币政策作为总量政策将影响利率、产出、就业、盈利、信用规模和资产价格等，对金融机构和市场也将产生影响。而宏观审慎政策影响金融机构与金融市场，对信用利差、借贷均衡、期限结构、风险分布等产生直接影响，同时也会间接影响物价稳定和均衡产出。从博弈的角度看，这两个政策框架虽有各自的目标、机制和工具，但是，二者本质上是相互交织在一起的，这为合作博弈提供了内在的机制。

2. 目标权衡性是纳什博弈的支撑。货币政策和宏观审慎政策的目标差异性和系统影响力同样为纳什均衡提供了支撑。货币政策对物价稳定和产出水平具有更加显著且系统性的影响，但是对金融稳定的系统性影响较小。宏观审慎政策对金融稳定具有显著且系统性的影响，对物价稳定和产出水平的系统性影响较小。这意味着货币政策一般可以中立于金融稳定政策及其潜在影响，宏观审慎政策同样可以相对中立于货币政策对金融稳定的影响。

3. 纳什博弈是恰当的实践选择。如果货币政策和宏观审慎政策分别由各自的政策主体来承担，理想的状态当然是合作均衡，各个主体实现有效的政策沟通、协调与融合。但是，合作博弈在实践操作中往往难以实现。一是由于行政部门相对独立的现实，政策协调往往容易被"善意地"忽视（Blanchard 等，2010；Svensson，2017）。二是合作博弈可能造成货币政策目标的偏离，合作博弈相当于把金融稳定作为货币政策的决定因子之一，逆风而动的政策逻辑不但可能无法实现金融稳定目标（Sveriges Riksbank，2013），反而可能导致利率等政策混乱并对物价稳定造成冲击。

相对应的是，纳什博弈可能是现有条件下最恰当的政策选择。实施纳什均衡可以体现目标独立、工具独立、容易区分、透明度高且易于评估等优势，使得政策决策主体更容易达到政策目标以及构建政策独立性，这对于货币政策实现通胀目标是较好的机制保证（Tucker，2015）。当然，实施纳什均衡的政策体系同样需要解决政策协调问题，这具有两个重要的机制选择。一是在多政策主体的体系中成立金融稳定协调机制，比如金融稳定委员会，这有助于构建两个政策相互独立但又有效统筹的治理结构。澳大利亚央行和IMF（RBA，2017）一项针对58个经济体的研究发现，41个经济体具有金融稳定委员会或相关机制安排，致力于宏观审慎政策的强化、金融稳定目标的实现以及相关的政策协调。二是将政策协调内部化，由单一主体承担货币政策与宏观审慎政策两个职能，一般是中央银行承担双支柱职能。因此，货币政策与宏观审慎政策的利益权衡是采用纳什均衡还是合作均衡，主要取决于金融稳定机制的治理结构和制度安排，尤其是中央银行的职能，这就是金融稳定机制的单一主体和多元主体的制度安排问题。

（四）单一主体与多元主体

1. 金融稳定涉及多主体关系。宏观审慎政策作为应对系统性风险、保障金融稳定的主导政策框架，其在发挥作用的过程中需要统筹与货币政策的关系，同时还需要协调与微观监管的关系。金融稳定政策体系以宏观审慎政策为主导，但与货币政策、微观监管相关联。宏观审慎政策是因2009年G20领导人峰会重点强调而被国际社会应用实施的，而货币政策和微观监管在此前已运行了较长时间。金融稳定制度安排就涉及是单一主体还是多元主体的安排，这不仅涉及前文提及的货币政策与宏观审慎政策的主体安排问题，还涉及货币政策、宏观审慎、微观监管三个支柱的选择。

宏观审慎政策主体可以是单一主体承担，也可以由多个政策主体承担。与合作均衡和纳什均衡的逻辑相似，单一主体似乎逻辑上更完美。如果一个主体控制了所有的宏观审慎工具，那么一个主体实施政策对于政策效率和公信力都是有帮助的；而将宏观审慎政策工具分散于多个主体，将会带来政策实施的同步性、同向性以及同力度等协调问题。宏观审慎政策的协调重点需要考虑内在关联性，不同监管者主体的规制视角是不一致的，最后的结果可能不是对于金融体系或经济体系最优的政策组合，而是对监管机构而言的最小公约数。这些公约数都是对各自政策框架有利或无害，但对系统性风险的应对可能是不足的（Bodenstein，2014）。

2. 央行机构定位是争论焦点。央行在金融稳定中的职能及制度安排是单一主体和多元主体争论中的一个焦点。Masciandaro 和 Volpicell（2016）研究了 31 家央行在宏观审慎政策中的作用并认为各个经济体可根据自身状况和国际经验界定央行在金融稳定中的职能：首先，央行较大程度上具有对银行或硬或软的微观监管权，逻辑上具有强化金融稳定职能的政策基础和政策倾向。其次，如果央行具有较小的政治独立性，那么央行倾向于具有更大的宏观审慎权力。但是，具有较强独立性的央行对于宏观审慎权力持有截然相反的观点，比如欧元区（ESRB，2011）和美联储（Yellen，2014）。最后，如果具有更加明确的法定职能，央行倾向于寻求获得更大的宏观审慎权力。宏观审慎政策受中央政府的政治影响相对较大，中央银行希望通过明确的法定职能来保障其有效履职，同时尽量避免对物价稳定目标造成冲击。

在实践中，各个经济体的选择存在差异。欧洲系统性风险委员会（ESRS，2011）在要求成员国明确宏观审慎政策主体的时候，并没有明确由哪个主体来具体承担，而交由成员国自行决定。单一主体承担宏观审慎政策职能分为两种模式：一是由微观监管机构承担宏观审慎职能。由于宏观审慎主要涉及金融机构和金融市场，部分经济体认为其与微观监管的内在关联更加密切，应由微观监管机构来承担宏观审慎职能，代表国家有瑞典、芬兰等。值得注意的是，这类国家大都实行统一监管体系。二是由中央银行承担法定宏观审慎政策核心主体或唯一主体，典型的经济体有阿根廷、比利时、匈牙利、泰国、捷克等，这些国家的央行是宏观审慎政策的法定单一主体。单一主体承担宏观审慎职能的政策实践还有一类更加统一化的代表，即新加坡、爱尔兰等，其中央银行同时还是微观监管主体以及宏观审慎主体。值得注意的是，实行宏观审慎政策单一主体的国家基本是中小型经济体。

3. 多主体更具实践普遍性。多主体在政策实践中具有更大的普遍性，一般由多个政策主体承担宏观审慎政策职能。澳大利亚央行和IMF（RBA，2017）一项针对58个经济体的研究发现，其中43个经济体的宏观审慎政策是由多个主体来承担的。美国宏观审慎政策的法定承担主体是系统性风险监察委员会，同时，财政部、美联储、联邦存款保险公司等都承担了重要的宏观审慎政策功能。澳大利亚的宏观审慎主体主要由澳大利亚审慎监管局承担，澳大利亚储备银行、澳大利亚行为管理局也是金融稳定中的重要主体。加拿大宏观审慎职能主要由加拿大金融监察办公室承担，加拿大银行提供信息支撑和政策协调等金融稳定职能。

4. 双支柱是重要的政策实践。多主体政策实践中存在一类重要的制度安排，即由中央银行在承担货币政策职能的同时承担主要宏观审慎职能，这实际上就是中央银行承担了货币政策和宏观审慎政策双支柱职能。双支柱政策体系成为金融稳定机制的重要政策选择，但是，为了保障双支柱物价稳定和金融稳定两个目标的实现，中央银行仍然完全避免多目标的权衡，需要在内部进行合作博弈与纳什博弈的权衡。

中央银行承担金融稳定职能，并不代表货币政策需要承担金融稳定职能或金融稳定要成为货币政策的决策因子。中央银行可以通过纳什均衡方式各自运作宏观审慎政策和货币政策双支柱框架，实现二者的有效融合与统筹（Ito，2010；Kohn，2015），以缓释物价稳定与金融稳定及其与经济产出最优化等多重权衡，从而实现金融稳定和物价稳定的双重目标。但是，对于实施通胀目标制的经济体，双支柱框架对于物价稳定的挑战更加直接，将通胀目标制转变为弹性通胀目标制也是政策选择之一（Ito，2010）。双支柱政策体系在杰克逊霍尔共识的回归中成为一个重要的学术议题和政策实践，目前，英国、欧元区、比利时、匈牙利、中国、泰国等都实施了双支柱政策框架。

## 四、结论

过去 30 多年，物价稳定与金融稳定政策目标的关系及相关制度安排是国际货币金融体系的一个重大问题。以物价稳定职能与金融稳定职能相分离为支撑的杰克逊霍尔共识在国际金融危机爆发及其前后经历了盛行、反思和回归的过程。西方发达经济体对货币政策、财政政策以及金融稳定政策等的制度安排及其潜在的制度弊端进行了深入的反思，并着力进行改革完善。杰克逊霍尔共识的回归不是货币政策与金融稳定政策的简单再分离，本质涉及的是金融稳定机制及宏观审慎政策的制度安排或治理体系。

从货币政策自身的目标权衡、职能发挥和工具储备出发，货币政策不是金融稳定的主导性政策，应该通过政策框架拓展建立货币政策与宏观审慎政策相对独立的政策体系。首先，将金融稳定纳入货币政策目标体系之后，货币政策将面临多目标的权衡和丁伯根法则的约束，尤其对于通胀目标制将带来潜在的目标偏离。其次，货币政策不具有金融稳定所要求的逆风而动的政策逻辑，难以有效应对资产泡沫，更难逆风而动应对所有的金融风险问题。再次，货币政策针对系统性风险缺乏充分的政策工具储备，尤其是无法应对空间维度的系统性风险防控。最后，货币政策自身是金融风险的内生因素，货币政策传导机制的异化将会导致显著的风险溢出。

相对应的是，金融稳定目标的实现需要进行相应的政策拓展，宏观审慎政策作为金融稳定的主导政策相对更加合理。基于政策职能拓展，宏观审慎政策可缓释货币政策多目标的权衡压力；作为结构性政策工具，宏观审慎政策具有一定的逆风而动功能以及更加具有针对性的风险空间传染应对能力；宏观审慎政策可缓释货币政策风险内生及传导异化中的风险溢出，与货币政策具有显著的互补性。

在金融稳定制度安排上，央行的职能定位是一个核心问题，基于央行职能的拓展和多政策"链接"功能，可构建与货币政策和宏观审慎政策相对分离的双支柱调控框架。

第一，区分货币政策职能与中央银行职能是讨论货币政策与宏观审慎政策关系的一个基本前提。央行职能具有较为广泛的范畴，央行承担金融稳定职能不代表货币政策应承担金融稳定职能，央行在金融稳定中的核心是各种政策的链接功能。

第二，在金融稳定治理安排中区别金融管理机构的法定职能和市场职能是重要的任务，这有助于发挥中央银行等机构的政策独立性和政策弹性。

第三，货币政策与宏观审慎政策的制度安排不能粗暴割裂，二者具有合作博弈和纳什博弈的双重基础，但从实践角度出发，相对分离的纳什博弈可能是更好的现实选择。

第四，中央银行在金融稳定治理框架中的作用是基础性的，其职能大小是一个焦点问题。在实践中，金融稳定涉及多个政策主体，多主体的治理安排在全球具有普遍性，但绝大部分央行都牵涉其中，货币政策与金融稳定政策相融合的双支柱框架是一种重要的政策实践。

在双支柱框架中，中央银行在金融稳定和货币政策中需要重点发挥链接功能，将物价稳定目标和金融稳定目标、央行法定职能与央行市场职能、双支柱政策的纳什博弈与合作博弈、中央银行政策与其他金融稳定主体政策有效链接，降低多目标矛盾性，提升政策内在融合度，以构建有效应对系统性风险的金融稳定机制。

# 第二章　国际金融危机与
# 美国金融稳定政策

由于美国联邦储备委员会此前连续加息，房地产市场价格开始松动甚至下滑，2006年底美国部分住房抵押贷款人开始遭遇贷款偿还困境，美国次级房地产抵押贷款问题开始浮现。次贷问题并没有引起市场和政府的足够重视，美国政府认为这是房地产市场的内在调整，不会造成重大问题。但是，随着房地产价格大幅下跌和还贷成本的大幅提升，止赎违约问题层出不穷，房地产抵押贷款机构破产现象与日俱增，与房地产抵押贷款相关的证券产品信用评级被大范围调低。

由于全球金融市场基本实行以市盯价的资产定价方式，房地产抵押次级债券评级被调低，直接导致次级抵押债券及其他类似金融产品价格大幅下跌，全球金融机构的资产负债表不断恶化，出现大范围的资产减计浪潮，越来越多的金融机构被卷入这场流动性和信用危机之中，最后导致2008年秋季"金融海啸"的爆发，美国次贷问题演进为严重的系统性金融危机。美国政策当局随即开启了史无前例的政策应对，从利率下调等常规货币政策工具的应用到最后贷款人流动性支持甚至是国有化金融机构，美国金融危机上演了一场金融危机应对和金融稳定保障的"世纪之战"。

## 一、从次贷危机到系统性危机

### （一）次级住房抵押贷款危机

新世纪之后，由于全球化深入发展、经济周期向上以及宏观经济政策支持，美国经济持续向好。在宽松的货币政策和经济复苏的带动下，美国房地产市场也开始逐渐繁荣起来，市场信心和投资热情高涨。截至2004年，美国新房销售数量较2001年增长近1倍，新房销售价格持续上扬，美国房地产市场进入高度繁荣阶段。

长期实际利率过低且持续时间过长，叠加居民和企业风险偏好大幅提升，美国房地产市场从繁荣逐步走向泡沫化，其风险不断累积。一方面，对市场的过度乐观和对利润的追逐导致金融机构大量投放次级抵押贷款，为还款能力不佳的次级信用借款人提供了进入市场的钥匙。在美国房地产市场走向泡沫化过程中，金融机构向低收入阶层发放次级抵押贷款的标准降低，甚至采用了"零首付"的政策。另一方面，在房价攀升周期中，许多信用记录薄弱和还款能力不足的借款者选择了零首付或初始利率较低但可调整利率抵押贷款（次级抵押贷款），其在经济形势下跌、收入下降时则面临风险加速放大效应。

美国房地产市场高度繁荣及其财富效应使居民消费大幅扩张，居民杠杆率不断提升，同时，经济呈现过热状况，通货膨胀水平明显提升。作为逆周期政策调整，美联储在2004年开始转向紧缩性货币政策，连续17次提高联邦基金利率至4.5%，这种高频、持续提升利率操作是沃尔克时代后之首次。由于此前次级抵押贷款的零首付和（或）低利率"优惠"时期有限，基准利率大幅提升使得借款人的还款压力急剧提升至难以负担的水平。由于美国家庭部门储蓄率为负，家庭部门旋即就难以应对高利率的负债，美国住房抵押贷款风险开始逐步显现。2005年美国房价指数增长10%，但是，2006年房价增速已下降至4%。进入2007年下半年该指数则开始下降。在房价高位调整的同时，住房销售量开始出现下滑，表现出房地产市场供求关系的实质性逆转。从2005年中期到2007年第四季度，美国存量房屋销售增速下降30%，而新房屋销售则下降50%。2007年第四季度单户住宅开工率不足2006年第一季度的五成。

次级住房抵押贷款的分层设计和前低后高的负担压力在住房价格下

跌中触发了风险螺旋效应。一方面，由于利率大幅上升，房价下跌，需求则迅速下降。另一方面，伴随着房价的持续下降，贷款总额与房屋价值的比率不断提高，增加了借款人偿付压力和再融资难度。特别是，在重置初始贷款利率后，次贷借款人的贷款支付额显著增加，次贷逾期率不断提高。2006年底后，可调整利率次级住房抵押贷款拖欠现象逐渐浮现出来。截至2007年底，超过1/5的次级抵押贷款严重拖欠，部分借款人甚至出现房不抵债的局面，其后贷款断供和止赎现象大幅增加[①]（见图2–1）。

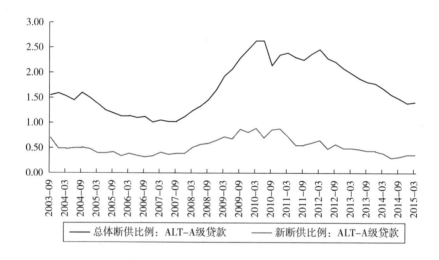

**图2–1　美国分级住房抵押贷款断供比例**

（资料来源：Wind）

随着房价下跌和贷款风险暴露，家庭部门资产负债风险逐步传染至银行部门资产负债表，次贷问题逐步演化为金融问题。美国较多商业银行广泛参与次级抵押贷款业务，次级抵押贷款存量在2005年底超过6000亿美元，约为新增住房抵押贷款的四成。次贷违约率的不断提高，导致银行部门不良贷款率增高，其资产负债表结构急剧恶化。在风险暴露呈

———————————

① 拖欠90天或更长时间或被取消抵押品赎回权称为止赎。

现加速状态下，商业银行同步提高了抵押贷款的标准以及再融资的标准，这使得房地产部门的需求进一步下降，家庭部门资产负债表恶化呈现螺旋式加速，房地产、家庭部门和银行部门形成一个相互负反馈的强化机制，金融风险迅速恶化和传染。2007年第四季度至2008年上半年是次贷问题全面爆发阶段，面对次贷违约的爆发，资金实力较弱的中小银行率先陷入危机，大中型银行业也逐步难以抵挡风险升级，银行破产潮爆发。由于大部分次级抵押贷款经过投资银行"包装"成为证券化资产，同时由于金融资产的抵押和金融机构交叉持股的普遍存在，次贷产品的大范围违约导致大量投资于次级贷款抵押证券的各类金融机构也陷入困境。众多金融机构广泛参与了次级贷款抵押证券的投资，这使得次贷问题成为一个具有系统重要性的风险。

（二）次贷危机升级为系统性危机

美国政策当局对次贷问题演进和冲击缺乏足够重视，以及美国国内政治博弈，对于系统重要性金融机构风险的"忽视"导致次贷危机升级为系统性金融危机。从规模上看，如果将商业银行也纳入比较体系之中，以2007年底资产为主，雷曼兄弟是美国第四大投资银行，严格意义上还算不上"大而不倒"的大型金融机构，但是，雷曼兄弟更重要的角色是美国货币市场最大基础做市商，是货币市场流动性供给的提供者，与货币市场诸多买方和卖方关联在一起，雷曼兄弟更多是"系统重要性"金融机构或具有复杂的内在关联性。2008年9月15日，雷曼兄弟破产直接导致美国货币市场停摆，短期流动性迅速枯竭，美国次贷危机演进为流动性危机和系统性危机。

雷曼兄弟破产后，金融机构竞相抛售风险资产，而选择持有相对安全的国债，以国债和抵押支持债券为主的货币市场迅速萎缩，导致金融机构陷入自我强化的流动性螺旋，市场流动性迅速枯竭，呈现为"明斯基时刻"。其中，2008年9月16日美元隔夜拆借利率盘中超过10%，收盘利率超过6.44%，为1987年以来历史最高值。雷曼兄弟破产引发

"金融海啸"，次贷危机逐渐转向系统性金融危机，其后美国国际集团（AIG）、花旗银行、美国银行等具有系统重要性的大型金融机构接受美国政府救助被"国有化"（尹继志，2009）。

同时，货币市场危机造成美国国内信贷市场的规模出现迅速下滑，信贷市场短缺问题空前严峻。美联储虽然不断下调联邦基金利率和存款准备金率，但大量不良资产有待处置、信贷市场风险溢价仍在攀升、金融机构资产负债表不断恶化。房地产市场的下挫和金融危机的爆发导致消费和投资的持续下降，美国次贷危机由金融危机进而演变成经济危机，美国经济陷入严重衰退，失业率极速攀升，演化为大萧条以来最为严重的金融危机。

## 二、常规货币工具的运用

金融危机前，虽然美国货币政策审慎程度广受诟病，但是，美国货币政策框架是过去数十年的政策实践而形成的，具有较为稳定的政策目标、较为完善的政策工具体系以及较为通畅的政策传导机制。美联储主要实施的是通过控制联邦基金利率的价格型货币政策操作框架，利率及其价格信号功能是货币政策的核心，公开市场操作（Open Market Operation）是利率调控的政策措施保障，同时美联储还持有存款准备金、再贴现政策等工具，核心目标就是通过市场利率调整将物价水平维持在相对稳定的政策区间之内，约为2%。

2007年第二季度后，次贷风险演化为重大的金融风险，并不断蔓延扩散为次贷危机。2007年9月，美联储开始通过降息、降低提现率、开放贴现窗口、拍卖贷款等方式，为金融体系注入流动性，以缓释次贷危机的冲击。为了缓解金融机构的融资压力，美联储还对贴现业务的操作期限进行了延长，对抵押品的范围认定进行了拓展，并且提前启动了对准备金支付利息。同时，美联储持续扩大公开市场业务操作的规模和频次，为市场大规模注入流动性，以缓释市场紧张程度。2007 年至 2008 年，为了应对次贷危机，美联储将传统货币政策框架及其工具应用发挥到了极致，主要包括下调利率、下调贴现率、提前启动存款准备金付息以及大幅调整公开市场操作。

（一）持续下调联邦基金利率至零利率

利率是美国货币政策框架的核心变量，是货币政策应对经济金融波动的最基础工具。随着次贷风险在 2007 年下半年的全面爆发，美联储逆转此前持续加息的政策，转而变为连续下调联邦基金利率。在次贷危机的应对中，利率下降速度之快、程度之大在历史上是较为少见的，从 2007 年第三季度到 2008 年底，联邦基金利率从 5.25% 持续下调至 0.25%，其中 2007 年 9 月 18 日美联储应对危机首次降息 50 个基点。2008 年 12 月 17 日美联储将联邦基金利率从此前的 1% 直接降低至 0 ~ 0.25%，即至零利率下限。零利率是传统货币政策的重大约束，即所谓的"零约束"，代表以利率作为核心政策工具的政策框架已到了政策的尽头。在金融市场体系没有缓解压力以及经济增长没有有效复苏之前，美联储将面临零利率的政策约束，难以从利率角度进一步刺激经济。从 2009 年至 2015 年 12 月 16 日前，联邦基金目标利率一直维持在 0 ~ 0.25% 的区间，将基准利率维持在零区间并持续如此长的时间，在美国乃至全球货币政策历史上未曾所见。

（二）持续下调贴现率

再贴现政策是中央银行发挥最后贷款人职能的最基础工具。当金融机构或金融体系爆发重大风险时，银行能够以客户办理过贴现但尚未到期的特定商业票据向中央银行进行再贴现以获得流动性。此时，商业银行向中央银行支付的利率就是再贴现率。美联储再贴现率根据机构类别和票据资信分为基础级和次级，基础级再贴现率即为基准政策贴现率，次级再贴现利率比基础级再贴现利率高 50 个基点。

一般地，市场化融资是商业银行资金补充的核心渠道。为了促使商业银行的审慎经营，央行通常将再贴现率与市场融资利率保持一定幅度的利差，以示对申请再贴现商业银行的"惩罚"。相反，如果发生重大金融危机，货币政策当局则考虑下调再贴现利率，并致力于缩小再贴现率与市场基础利率的利差，央行政策目标从"惩罚"转向"呵护"，这种政策逻辑在美国次贷危机中得到了实践。2007 年 8 月 17 日，在降息操作前美联储就已经将再贴现率从 6.25% 下调至 5.75%，而再贴现率与联邦基金利率的利差也由 100 个基点缩小至 50 个基点，商业银行的再贴现成本有所下降。2008 年，美联储连续 8 次下调再贴现率至 0.5%。其中，2008 年 3 月 16 日，美联储紧急下调再贴现率，使得再贴现率与联邦基金利率的利差进一步缩小至 25 个基点，显示美联储充分发挥了其作为商业银行最后贷款人的职能。

为了更好地应对流动性冲击，美联储对贴现窗口贷款进行了升级改造。一是扩大贴现票据的可接受范围，主要通过降低对再贴现票据的评级要求实现。二是延长票据贴现期限。2007 年 8 月，美联储将再贴现的期限从隔夜延长至最长 30 天，2008 年 3 月 18 日，该期限进一步扩大至 90 天，大幅降低了金融机构的流动性管理压力[1]。

表 2 - 1　　　　2008 年美联储再贴现利率与联邦基金利率调整

| 日期 | 再贴现利率 | 贴现利率（Primary） | 联邦基金利率调整（个百分点） | 联邦基金利率 |
|---|---|---|---|---|
| 2008 年 01 月 22 日 | - 0.75% | 4.00% | - 0.75 | 3.50% |
| 2008 年 01 月 30 日 | - 0.50% | 3.50% | - 0.50 | 3.00% |
| 2008 年 03 月 16 日 | - 0.25% | 3.25% | | |
| 2008 年 05 月 18 日 | - 0.75% | 2.50% | - 0.75 | 2.25% |
| 2008 年 09 月 30 日 | - 0.25% | 2.25% | - 0.25 | 2.00% |
| 2008 年 10 月 08 日 | - 0.50% | 1.75% | - 0.50 | 1.50% |
| 2008 年 10 月 29 日 | - 0.50% | 1.25% | - 0.50 | 1% |
| 2008 年 12 月 17 日 | - 1% | 0.5% | - 1 | 0 ~ 0.25% |

资料来源：CEIC。

--------

[1]　详细调整计划可见美联储网站的各次政策说明。

（三）提前启动存款准备金付息政策

存款准备金最早是一种确保商业银行对储户取款进行支持的保障机制，后来转变为资金清算载体以及货币政策工具。存款准备金制度是基本的货币政策制度，存款准备金率是重要的货币政策工具，但是，在部分发达经济体存款准备金制度有弱化趋势，比如，加拿大和英国的存款准备金率为零。值得注意的是，2006 年美国通过《金融服务管制放松法》，这是 1913 年《联邦储备法》后对存款准备金制度最为重大的改革，即允许美联储从 2011 年 10 月 1 日起向缴存准备金的金融机构支付利息。

面对次贷危机及其冲击，《金融服务管制放松法》关于存款准备金的政策在 2008 年《经济稳定法》中被提前至 2008 年 10 月 1 日开始实施。美联储对法定准备金和超额准备金支付利率均为 0.25%。这使得联邦基金利率虽落到了 0～0.25% 的利率区间，但是，市场利率基本可以维持在 0.25% 的最低水平。对于金融机构而言，就形成了一个以存款准备金率为下限（0.25%）和以再贴现率为上限（0.5%）的狭窄"利率走廊"。对于货币政策当局，就形成了一个以存款准备金率为上限（0.25%）的市场利率操作体系，这使得美联储仍可以通过公开市场操作来影响市场利率的波动并使之保持在 0～0.25% 的区间。2008 年底以后，美国货币市场联邦基金利率均维系在 0.25% 之下，为金融机构提供了极其低廉的流动性。直到 2019 年，联邦基金利率才超过存款准备金利率，金融机构才真正进入"利率走廊"。

（四）大幅延长公开市场操作期

公开市场操作是价格型货币政策使用最频繁的基础性政策工具。在次贷危机之前，美联储基本通过使用公开市场操作来维持联邦基金利率保持在政策目标范围之内并维持相对稳定性。美联储常规的公开市场业务，是通过对国债和其他债券的买卖、回购和逆回购交易，实现对隔夜市场进行临时的流动性调节。次贷危机以来，美联储实质性地扩大公开市场业务操作节奏和规模，向市场注入较大规模流动性，同时公开市场操作品种的期限从隔夜回购交易扩展至多期限回购交易来满足市场对流动性的持续需求。2008年下半年，7天、28天和43天回购操作开始频繁使用，通过增加公开市场操作的节奏、规模和范围缓释市场流动性紧张状态。

从效果上看，美联储通过大幅降低利率，对维护金融市场稳定、缓解危机对实体经济的冲击都起到了重要的作用，避免了危机的进一步升级。然而，联邦基金利率降低至零利率下限，美联储以利率为核心的常规货币政策失去进一步操作的空间。整体来看，美联储对再贴现业务调整、对存款准备金付息、不断加大公开市场业务的操作力度，只是能够缓解金融市场和金融机构的流动性危机，但却不足以化解美国金融市场流动性短缺和信贷抑制的根本问题。

2008年底，美联储联邦公开市场委员会将联邦基金利率设定至接近零的目标区间以后，金融市场尤其是货币市场的流动性仍较为不足，市场预期难以实质性转好。随着量化宽松等非常规货币政策的推出，美联储货币政策框架发生了重大转变，而央行公开市场业务操作也从维持目标利率转向对资产的直接购买和长期持有以及扭转操作。

## 三、系统性危机与"最后贷款人"职能发挥

美国次级住房抵押贷款风险演化为大萧条以来美国乃至全球最为严重的系统性金融危机，对美国金融体系和实体经济造成全局性破坏。无论是从节奏上抑或力度上，美联储常规货币政策的操作都是前所未有的。2008年12月底，美联储联邦基金利率降低至零利率区间，贴现利率降低至0.5%，存款准备金付息提前实施，公开市场操作频率、规模和期限也是史无前例的，但是，美国金融体系的冲击持续深化，美国经济陷入历史性的衰退，而传统货币政策工具却没有进一步操作的空间。美联

储不得不开始考虑"零约束"下的货币政策创新，新型流动性支持计划、量化宽松政策、扭转操作、市场预期"阈值"引导等新型货币政策工具开始登上美国货币政策的历史舞台。

1. 系统的流动性救助。次贷危机升级为系统性金融危机，美联储传统货币政策框架陷入"无计可施"的困境，为了缓释金融危机对市场和经济的进一步冲击，美联储着力创设一系列创新型货币政策操作工具，主要包括向短期融资市场、金融机构、交易商等提供各类流动性便利工具，对支持企业和特定法人实施支持性政策，以及在海外市场进行货币互换操作等，为市场提供了巨量的流动性，以避免流动性危机的进一步蔓延，并致力于稳定市场情绪、恢复市场信心，维系金融稳定和经济发展。

流动性是金融体系的"血液"，是金融市场运行的核心依托，美国在金融危机应对中的核心是保障各个市场体系的流动性相对平稳运行，以使市场体系能够有效运转并配置资源。美国流动性创新工具整体具有四个重要的特征。第一，规模大、持续长。针对金融部门的流动性支持创新介入较早，持续时间较长。针对金融部门的流动性支持工具创设从2007年8月次级抵押贷款问题升级开始持续到2010年，基本覆盖了金融危机爆发阶段。第二，涉及面广。覆盖了从上游的存款类机构到下游的各类法人机构以及重要的金融市场。第三，危机性较强。流动性便利工具从2007年8月陆续推出到2010年基本关闭，经历了"过山车"的过程，具有较为明显的危机应对特征。第四，市场化特征显著。流动性支持工具整体仍然是市场化运作机制，以利率的价格信号功能作为基础，与数量型政策工具相互统筹。美国流动性便利工具是美联储行使"最后贷款人"职责的重要体现，显著增强了美国短期信贷市场流动性，避免了危机进一步恶化。

美国流动性支持工具是一个全面、系统和综合的政策框架，覆盖了受流动性冲击影响的绝大部分经济主体，涉及存款性金融机构、交易商、货币市场以及企业等四类主体，同时政策工具呈现较强的针对性、精准性和全面性。第一类是针对存款机构的流动性支持安排，以定期拍卖便利、定期贴现便利为主，主要是在货币市场提供重要的流动性支持；第二类是针对金融市场及其交易商的流动性支持工具，以一级交易商信贷便利、定期证券借贷工具为主，主要是在重要金融市场为交易商提供资金支持；第三类是支持货币市场流动性的政策工具，以资产支持商业票据货币市场共同基金流动性便利、货币市场投资基金便利为主，主要针对货币市场的系统性风险考虑；第四类是针对特定企业和法人的创新工具，以商业票据信贷便利、定期资产支持证券信贷便利为主，主要以非金融企业作为支持对象，这相当于美联储承担了部分商业银行承兑功能直接向企业或法人提供流动性支持。

2. 金融机构流动性支持。

（1）定期贴现计划。定期贴现计划（Term Discount Window Program，TDWP）是指美联储对贴现票据期限范围进行调整的政策，这是美联储创设的第一类新型流动性支持工具。早在 2007 年 8 月美联储在下调再贴现率的同时，对贴现票据范围进行扩展，并将贴现业务期限从隔夜延展至 30 天。但是，伴随次贷危机的进一步蔓延，信贷持续萎缩，存款类金融机构的流动资金面临进一步恶化的风险。2008 年 3 月 16 日，美联储正式推出定期贴现计划（TDWP），进一步延长再贴现贷款的期限，将最长期限延长至 90 天。定期贴现计划为存款类金融机构提供了更为灵活的工具，有效地提升了存款类金融机构应对短期流动资金不足的能力，这使得存款类金融机构的流动性得到较好保障，也拓展了美联储以再贴现作为最后贷款人政策工具的功能。

（2）定期拍卖便利。在次贷风险不断升级过程中，由于断供和止赎的持续上升，存款类金融机构的资产负债表迅速恶化，期限错配问题极为突出，流动性开始紧张。2007 年 12 月，美联储宣布建立定期拍卖便利（Term Auction Facility，TAF），通过拍卖机制向合格的存款机构提供有担保的定期资金。

定期拍卖便利每次拍卖的金额都是提前确定的，贷款拍卖实行单一价格竞标，由银行提交利率报价和竞拍额。金融机构获得的抵押贷款金额按照报价利率进行排序，直到预设总资金规模分配完毕。创建之初，美联储每月开展两次定期拍卖便利操作，每次定期拍卖便利总金额可高达 200 亿美元，期限主要为 28 天，最小投标金额为 1000 万美元（尹继志，2009）。

但是，由于门槛相对较高，特别是需要存款类金融机构提供担保，定期拍卖便利政策效果受到一定限制。为了提高对存款类金融机构的流动性支持力度，美联储在 2008 年初就大幅加快了定期拍卖便利的投放频率，提高了资金的规模，同时也降低了金融机构参与的资金门槛。首先，从每次投放的资金来看，2008 年 1 月、5 月、10 月，美联储将 TAF 的拍卖规模分别提升至 300 亿美元、750 亿美元、1500 亿美元。其次，从规模设置上，美联储进行了调整。2008 年 2 月，美联储将参与拍卖的最小购买金额降低至 500 万美元。最后，在期限结构上，2008 年 8 月美联储引入期限为 84 天的远期定期拍卖便利。2008 年和 2009 年是 TAF 的主要发展时期，美联储分别进行了 25 次和 27 次拍卖，累计贷款投放规模为 2.32 万亿美元和 2.675 万亿美元。

进入 2010 年，随着量化宽松等货币政策的实施，金融市场流动性危机已经得到很好的缓解，金融机构资产负债表也得到了改善，存款类金融机构对定期拍卖便利的需求持续下降。2010 年 1—3 月，美联储进行了 4 次 TAF 拍卖，除了 1 月初总额为 250 亿美元的交易，后面三次交易的金额都未达到美联储提供的额度，且无论是 TAF 总额度（分别为 750 亿美元、500 亿美元、250 亿美元），还是实际交易额都呈现大幅下降趋势（分别为 385 亿美元、154 亿美元、34 亿美元）。2010 年定期拍卖便利平稳退出。

3. 交易商流动性支持。

（1）一级交易商信贷便利。一级交易商信贷便利（Primary Dealer

Credit Facility，PDCF）是美联储为了突破不能向非存款性金融机构提供流动性支持的制度藩篱而创设的一项流动性支持工具。2008 年 3 月 13 日，由于货币市场流动性持续恶化，美国第五大投资银行——贝尔斯登陷入破产危机①。此前次贷危机已经使商业银行和短期融资市场陷入流动性危机，而危机仍在持续发酵。贝尔斯登是美国重要的投资银行，如果任其破产将对美国资本市场和众多投资者造成巨大的打击，也必将进一步加剧金融危机的蔓延。作为主要交易商之一，贝尔斯登对美国金融市场有重要性影响，但其遭遇流动性困境时却无法通过再贴现进行融资。除了贝尔斯登之外，美国大部分投资银行都面临相似的市场压力以及制度藩篱。

《联邦储备法》规定美联储在流动性紧张时需向加入联邦储备体系的存款性金融机构提供流动性支持，但是对于投资银行是否能向中央银行申请流动性援助没有明确规定。此前美联储没有向投资银行提供流动性支持的先例。但是，《联邦储备法》第 13 条第 3 款授权美联储可以在"异常和紧急情况下"（In unusual and exigent circumstances）为银行实体以外的任何实体提供贷款，为此，美联储动用此条款创设一级交易商信贷便利。

考虑到货币市场及一级交易商在流动性供给中的重要性，美联储随即在 2008 年 3 月动用紧急条款，并授权纽约联储推出了一级交易商信贷便利，为一级交易商提供急迫性资金支持。一级交易商信贷便利的推出使一级交易商与加入联邦储备体系的存款性机构具有相似的最后贷款人支持机制，能够以合格抵押品向美联储申请流动性支持，以应对市场下跌及流动性紧张的困境。在金融危机期间，一级交易商使用一级交易商信贷便利平均规模长期保持在 300 亿~400 亿美元。2008 年 9 月，比贝

---

① 在美联储的运筹之下，贝尔斯登在 2008 年 3 月被摩根大通收购。但是，由于国会反对以及出于道德风险的考虑，当雷曼兄弟申请破产时，美国财政部和美联储不再运作收购事宜，任由雷曼兄弟破产。

尔斯登更为重要的一级交易商——雷曼兄弟破产，一级交易商信贷便利攀升至 1500 亿美元的峰值。

随着各项支持政策日见成效，交易商面临的流动性危机得到解除，2009 年 5 月以后一级交易商没有再使用过该工具，2010 年 2 月 1 日美联储正式停用一级交易商信贷便利[①]。一级交易商信贷便利帮助货币市场一级交易商度过了流动性危机，有效阻止了流动性危机通过主要交易商向资本市场和各类投资者蔓延，对于维护金融市场稳定具有重要意义。

（2）定期证券借贷工具。定期证券借贷工具（Term Securities Lending Facility，TSLF）是美联储针对一级交易商创设的第二种流动性支持工具。在金融风险暴露过程中，美联储动用危机条款跨越传统操作为一级交易商提供流动性支持，同时，在抵押品属性上作了变通，使得一级交易商抵押品的范围得到拓展。2008 年 3 月 11 日美联储创建了定期证券借贷工具，允许一级交易商进行资产置换，具体操作是将风险较高、流动性差的资产作为抵押品，向美联储申请，通过投标的方式，置换为风险低、流动性好的政府债券。

定期证券借贷工具接受的抵押品的范围更加广泛，包括符合公开市场中三方回购协议的所有抵押品，比如国库券、机构债券、抵押支持债券以及 3A 级抵押支持债券和其他资产支持债券。与一级交易商信贷便利的日常流动性支持存在差异的是，定期证券借贷工具每两周进行一次拍卖，交易规模为 1750 亿美元，贷款期限为 28 天。交易商参与定期证券借贷工具最小交易额为 1000 万美元，根据风险不同最低费用率分为 10 个基点和 25 个基点两类。

定期证券借贷工具以相对高风险、低流动性的资产置换流动性高、风险极小的国债资产，提升了一级交易商的资产负债表质量并优化期限

---

① 在 2020 年 3 月新冠肺炎疫情大流行对美国及全球金融市场体系造成系统性冲击的背景下，2020 年 3 月 18 日美联储重启一级交易商信贷便利以维系货币市场流动性的平稳性。

结构，而对美联储资产负债表总规模不产生影响，即对货币供应量不产生额外影响。定期证券借贷工具的推出缩小了各类证券与国债的利差，遏制了风险资产的进一步抛售，有利于市场信心的稳定。

随着金融危机日益严重，尤其是雷曼兄弟遭遇破产风险后，美联储意识到一级交易商资产负债表恶化超乎预期，需要强化对其流动性支持。2008年9月14日（雷曼兄弟破产前一天），美联储对定期证券借贷工具部分条款和条件规定进行修改。一是在频率上，将拍卖频率增至每周一次；二是在额度上，将拍卖额度提高到2000亿美元；三是在抵押品范围上，可接受抵押品范围放宽至所有投资级证券，比如投资级的公司证券、市政证券、抵押贷款支持证券、资产支持证券等。

随着市场流动性紧张逐步缓解特别是量化宽松政策的实施，美联储逐步退出定期证券借贷工具的运用。2009年7月，美联储暂停了以计划1为抵押品（三方回购协议所接受的所有抵押品）的定期证券借贷工具；对于计划2（计划1的抵押品和4类投资级证券）为抵押的定期证券借贷工具拍卖金额减少到750亿美元，操作频率降低为每4周一次。2009年10月和11月，定期证券借贷工具拍卖金额继续降低至500亿美元和250亿美元。由于市场流动性得到了实质性改善，美联储在2010年2月1日正式关闭一级交易商信贷便利的同时也停止定期证券借贷工具操作，针对一级交易商的流动性支持机制退出市场。

4. 货币市场的流动性安排。

（1）共同基金流动性便利。雷曼兄弟破产引发"金融海啸"，美国和全球金融市场体系遭遇大萧条以来最为严重的市场动荡，其中货币市场流动性遭遇重创，除了前面存款性金融机构和一级交易商之外，货币市场共同基金同样面临极其巨大的流动性压力。共同基金是货币市场基金的投资者，是资金的主要供给方，但是，在危机时刻，货币市场基金面临赎回压力，共同基金需将部分资产卖出。如果货币市场缺乏交易对手，共同基金将遭遇流动性危机，不得不对赎回进行违约，而这将引发货币市场的"挤兑"。

为防止出现共同基金缺乏交易对手方和赎回挤兑，2008 年 9 月 19 日，美联储设立资产支持商业票据货币市场共同基金流动性（Asset Backed Commercial Paper Money Market Mutual Fund Liquidity Facility，AMLF），为特定条件下的美国存款机构和银行控股公司从货币市场共同基金购买高质量资产支持的商业票据（ABCP）提供资金支持。AMLF 于 2008 年 9 月 22 日开始运营，旨在协助持有此类票据的货币基金满足投资者赎回的需求，并在 ABCP 市场和更广泛的货币市场促进流动性。AMLF 对于绝大部分美国存款机构和银行控股公司以及外国银行在美国的分支机构的流动性支持和资产负债调整都是有利的。

AMLF 对高质量的 ABCP 抵押品提出了明确要求：①没有被任何主要评级机构确定为"负面观察"评级。②对于银行控股公司，ABCP 的到期日不超过 120 天；对于存款机构，则其到期日不超过 270 天。③在 AMLF 退出前夕，规定仅仅能从两类基金中购买，即单日净赎回额超过基金净资产的 5% 及以上和连续五个工作日内净赎回超过基金资产净值的 10% 或以上。2018 年第三季度，AMLF 的使用曾达到 1500 亿美元的峰值，随后基本维持在 200 亿～300 亿美元的规模。2009 年 10 月，AMLF 实际余额为零。2010 年 2 月 1 日，美联储退出针对交易商流动性支持的同时，也同步退出 AMLF 的使用。金融危机背景下，AMLF 的运用鼓励了存款机构从货币市场共同基金购买商业票据，相当于为共同基金提供交易对手方，同时实质性地解决了资产支持商业票据的流动性问题，使得共同基金免受缺乏交易对手和潜在被迫违约的困境，维护了货币市场平稳有序。

（2）货币市场投资基金便利。在金融危机恶化过程中，金融机构对于短期流动性十分渴求，比如，共同基金面临严峻赎回压力，需要维系足够的短期流动性来应付潜在的大量、巨额赎回。这将使短期流动性十分紧张，价格巨幅高企，甚至容易形成流动性枯竭。为了解决机构投资者尤其是货币市场共同基金的短期流动性问题，2008年10月21日美联储推出货币市场投资基金便利（Money Market Investor Funding Facility，MMIFF），旨在为美国货币市场共同基金提供交易对手及流动性支持，以增强其满足大规模赎回的应对有效性。

在货币市场投资基金便利操作中，纽约联邦储备银行被授权成立特殊目的公司（SPV）并以SPV作为主体向货币市场共同基金购买资产。在MMIFF下共有5家SPV得到美联储的贷款授权，由摩根大通对其进行管理。根据授权，5家SPV合计最多6000亿美元的合格资产，由于纽约联储将担负SPV融资的90%，因此美联储的贷款总额最多可达5400亿美元。

MMIFF认可的资产范围包括由高评级金融机构发行的以美元计价的存款证明、银行纸币和商业票据，剩余期限至少为7天且不超过90天。对于参与交易的机构，则要求两个评级机构对其短期债务评级至少为A-1/P-1/F1。在SPV对其购买时，资产的收益率必须至少比主要信贷利率高60个基点。出售给每个SPV的每项资产最小规模必须为25万美元。每个SPV具有明确针对性，只购买特定10家金融机构发行的债务工具。但是，为了控制交易风险和集中度风险，SPV购买金融机构发行的债务工具时，该金融机构的债务工具不得构成SPV资产的15%以上。

MMIFF授权的SPV从2008年11月24日开始购买符合标准的美元存款凭证、银行票据以及商业票据等合格资产。MMIFF的出台减轻了货币市场投资者的资产负债表压力，增强了货币市场投资者的信心，使其能够延长投资期限和保持适当的流动性头寸，也促进了短期债务利率的降低。由于量化宽松政策的出台，美联储于2009年10月30日停止货币市场投资基金便利操作。

5. 海外市场的流动性支持：货币互换。2007年下半年，由于次贷风险不断升级爆发，且传染至国际金融市场，次贷危机对全球金融稳定和资产安全造成了实质性破坏。为尽可能避免损失和降低资产组合的整体风险，金融机构和投资者对其持有的风险资产进行了大范围的抛售，大量持有短期流动性特别是短期美元资产，为此，美元短期市场融资的利率急剧攀升。美元成为金融机构及投资者眼中最为重要的"安全资产"。

美元短期市场融资成本高涨，代表美元短期融资市场的隔夜指数掉期利率和伦敦银行同业拆借利率在 2008 年第三季度创出历史最高水平。在此背景下，欧洲银行大规模抛售非美元资产以换取短期融资，造成非美元资产价格暴跌，形成"非美元资产价格下降—融资成本上升—非美元资产抛售"的恶性循环。面对海外市场美元短缺和流动性危机，2007 年 12 月起美联储陆续与全球主要货币当局开展多轮货币互换（Currency Swaps），为其他货币当局提供美元流动性，帮助合作国央行增强其在本国内提供美元融资的能力，从而缓解全球范围内的流动性短缺尤其是美元短缺，避免竞争性持有美元资产而抛售非美元资产的市场恐慌及暴跌。

次贷风险不断演进为次贷危机和金融危机，从货币市场扩散至绝大部分金融市场，从美国国内传染至全球市场，国际社会应对大萧条以来最严重的金融危机持续面临美元短缺的困局。美联储货币互换应用覆盖了次贷危机演进的全过程，大致可以分为三个阶段。

第一阶段（2007 年 12 月至 2010 年 2 月）为应对美国次贷危机的货币互换。2007 年底，由于欧洲市场的次贷资产头寸大量暴露并面临流动性紧张问题，美联储与欧央行、瑞士国家银行签订了货币互换协议，为后者提供美元流动性，规模上限为 140 亿美元，以保持欧元、瑞士法郎与美元流动性转换的顺畅，缓释欧元、瑞郎资产的恐慌性下跌。其后，美联储又与加拿大银行、英格兰银行、日本银行等陆续签署了一系列货币互换协议，并多次扩大互换协议的规模。

随着 2008 年 9 月雷曼兄弟破产事件的发生，次贷危机从次贷机构和商业银行进一步向下游金融市场蔓延，市场流动性枯竭风险加剧。在

"金融海啸"爆发后，2008年10月美联储迅速取消了与欧央行、英格兰银行、瑞士央行和日本央行的货币互换规模上限。2008年第四季度末美元互换协议规模迅速暴增了10倍，达到5531亿美元。2009年末和2010年初，美元货币互换规模迅速下降，这反映了货币互换对应对短期临时性的流动性冲击方面的重要作用。

第二阶段（2010年5月至2013年10月）为应对欧洲主权债务危机的货币互换。2010年5月，希腊债务危机爆发，欧元区主权债务风险开始加速显现，欧洲市场流动性迅速萎缩。为应对欧洲金融市场体系的流动性问题，美联储重新启动了与欧央行、加拿大银行、英格兰银行、瑞士国家银行、日本银行的临时性货币互换协议，并随后数次延长了协议期限。在这个阶段，美元货币互换协议峰值约为1000亿美元，较前一阶段大幅下降。从利率上看，美元货币互换借款利率为美元隔夜指数掉期利率（OIS）再加上50个基点。欧洲主权债务危机爆发初期，全球金融市场的流动性问题主要表现在欧元区市场体系之中，欧债危机并没有像美国金融危机那样引发全球系统性的危机。

第三阶段（2013年10月至今）为常态化多边货币互换网络阶段。2013年，随着美国经济的率先复苏，QE退出与货币政策正常化被提上日程，加息预期上升，但全球金融市场依然十分脆弱。美联储结束量化宽松操作，将推动美元利率上升和美元升值，全球资金大举回流美国，其他各国金融市场面临较为显著的流动性风险。2013年10月，美联储同欧央行、加拿大银行、英格兰银行、瑞士国家银行、日本银行将原有临时性双边货币互换协议升级为永久性协议，通过机制化安排来保障市场流动性供应。随后又将双边货币互换协议升级为多边协议，形成一个常态化货币互换协议网络，进一步提高了货币互换协议的效力，形成了对全球金融市场以及流动性稳定的货币"保护网"。

综合来看，美联储的货币互换操作的效果集中于风险防范和风险化解。由于货币互换贯穿于美联储危机应对的全程，且伴随着流动性创新工具和量化宽松货币政策的实施，因此难以量化其政策效果。但是，货币互换在国家间展开，其所传达的政策意图和预期效果不言而喻。

## 四、系统性危机应对与机构国有化

金融机构行为具有明显的负外部性，在资产价格上升期提高风险资产的比重和杠杆率以增加自身利润，金融机构的"冒险行为"所增加的潜在风险却由整个金融体系乃至全社会承担（陈华、汪洋，2010）。在高度资产证券化的背景下，金融投资的同质性和金融资产的高度相关性，提高了金融机构的关联度，由此导致金融风险在金融机构之间具有高度传染性。这两方面因素叠加在一起，使得金融机构的个体风险易于演化为金融体系的风险。然而，基于微观金融主体的风险防范机制，在面对系统性金融风险时失效。

金融危机爆发后，流动性危机在金融市场深度蔓延，金融机构的风险不断攀升。从 2007 年第二季度开始，美国迎来了日益严峻的"破产潮"。2007 年 4 月和 8 月，美国两大重要次级贷款抵押公司（新世纪金融公司）和美国住房抵押贷款投资公司相继提出申请破产保护。随着次贷危机不断深化，花旗、美林、摩根大通等美国大型投资银行纷纷爆出巨额亏损。2008 年 9 月，雷曼兄弟公司陷入严重财务危机并宣布申请破产保护，次贷问题旋即引发了系统性危机（尹继志，2009）。

对于系统重要性金融机构，若任其在金融危机下破产倒闭，将会危及整个金融体系甚至可能陷入全面经济危机。因此，即使存在道德风险，为了保护广大的中性投资者的利益和防止经济危机的全面爆发，美国政府对系统重要性金融机构给予"紧急"救助。美联储对系统重要公司的救助主要采取了三种手段，包括国有化、注资、提供担保等。

在注资方面，主要是在金融危机爆发前期，通过流动性支持来救助金融机构。2008 年 3 月，美联储通过协调摩根大通开展了对贝尔斯登的收购，使得贝尔斯登免遭破产。贝尔斯登是美国的第五大投资银行，若任其破产倒闭，则将会对众多中小交易商和投资者产生巨大的影响，加剧流动性危机的深化。美联储通过为摩根大通提供贷款的方式为其收购贝尔斯登提供支持。

国有化是美国应对金融危机及机构破产的紧急救助方式，主要针对大型金融机构和系统重要性金融机构，基本是通过"注资＋国有化"的方式进行。次贷风险升级为系统性危机后，次级抵押贷款机构出现倒闭潮，大型金融机构濒临破产。房地美和房利美（以下简称"两房"）是美国住房抵押贷款的主要资金来源，次贷危机对"两房"带来破坏性冲击，使得"两房"直接面临破产风险。更重要的是"两房"是政府支持企业，类似于中国国内的国有企业或事业单位，为此，在危机扩散过程中，"两房"较早就从美联储贴现窗口获得部分资金支持，但是，由于次贷危机不断升级，"两房"进而遭遇濒临破产的危机。如果任由"两房"破产，那么美国金融系统可能陷入瘫痪，后果不堪设想。"金融海啸"爆发后，2008年9月美国政府宣布将由美国财政部提供上限为4000亿美元的资金，以优先股注资方式全面接管"两房"，相当于是将"两房"国有化。同期，美国财政部也向美国国际集团（AIG）注入资金，将AIG国有化，同时美联储再度启动危机条款向非存款性金融机构AIG提供资金救助计划。

在担保方面，主要是在金融危机高潮阶段，为美国政府"国有化"操作配套进行的。2008年11月底，花旗银行股价暴跌至高峰市值的10%左右，但是资产规模超过2万亿美元，是位居收购贝尔斯登的摩根大通之后美国以及全球第二大商业银行。2008年11月27日，美国财政部在此前注资250亿美元基础上再向花旗集团提供200亿美元注资，均采用优先股方式，股息为8%，同时，向花旗银行高达3060亿美元的不良资产提供担保，更重要的是为不良资产的损失提供上限至90%的损失。同时，联邦存款保险公司承诺在必要情况下可为花旗银行的不良资产承担上限为 100 亿美元的损失。美联储承诺为花旗银行其他新增不良的损失提供担保。美国政府通过优先股注资国有化花旗银行、通过承诺承担不良资产损失以及通过提供担保等使花旗银行免遭破产厄运，同时使不良资产"螺旋式"下跌态势得到了遏制。

# 第三章　美国量化宽松货币政策：
# 十年回望

　　由美国次贷问题引发的国际金融危机是一次系统性金融危机，不仅国际金融市场陷入了重大的下跌，而且全球经济陷入了大萧条以来最为严重的衰退。为了应对这个系统性金融危机，很多经济体出台了史无前例的政策措施以挽救濒临崩溃的金融体系和失衡的经济体系，全球主要发达经济体货币政策纷纷走向宽松，基准利率不断下调至零利率。

　　面临名义利率"零约束"，部分经济体陷入了传统政策的困境，面对不断恶化的经济状况和就业市场，美国、欧元区、英国、日本等发达经济体纷纷出台非常规货币政策，尤其是量化宽松货币政策。量化宽松货币政策实质上是相关货币政策当局在面对传统政策难题尤其是名义利率"零约束"以及金融市场结构性问题日益凸显的情况下，开动"印钞机"以总量扩张的方式向市场输入流动性，同时还以各种资产规模计划变相为财政融资或为企业部门提供信用保障。在市场信心缺失、投资萎缩的情况下，量化宽松货币政策向市场释放的巨量流动性，缓释市场紧张导致的估值体系崩溃，防止"明斯基时刻"引致的信用骤停，进而扭转投资信心，最后实质改善经济状况和就业状况。

　　2012年以来，从全球范围看，非常规货币政策愈演愈烈，除了实施大规模的资产购买计划、量化宽松政策之外，一些经济体甚至逐步突破了货币政策框架的"零约束"，进入了名义负利率时代。2012年7月丹麦政府开始实施负利率政策，2014年6月欧央行启动了负利率政策，将

隔夜存款利率降至 − 0.1％，2014 年 7 月瑞典重启金融危机时期内短暂实施过的负利率政策，2014 年 12 月瑞士央行将超额活期存款利率设为 − 0.25％。日本央行在 2016 年 1 月 29 日宣布对超额准备金实行负利率，至此，瑞士、欧元区、瑞典、丹麦和日本等五个经济体都实施了不同程度的负利率政策。2015 年 4 月，瑞士政府成为有史以来首个以负利率发行基准 10 年期国债的政府。2016 年 7 月，欧元区最大经济体德国首次以负收益率发售 10 年期国债。

在美国走向相对独立的发展历程和逐步退出非常规货币政策过程中，美联储在逐步退出量化宽松政策后，加息节奏整体低于市场预期，这导致美国整体流动性是过剩的，美国股票市场屡创历史新高，被称为"扎实的泡沫"（Solid Bubble），存在潜在的估值调整压力。欧洲、日本为了促进经济复苏，阻止本国货币相对于美元升值，冲击本国出口行业，进一步恶化本国经济，而竞相深化量化宽松货币政策。在量化宽松政策的影响下，欧元区、日本等经济体的国债收益率创出历史新低。综观全球，一方面是美国政策相对独立且逐步走向正常化，另一方面是外围经济体日益强化量化宽松政策甚至出台负利率政策，国际货币体系进入了一个新的不确定的时代。

值得重点关注的是，2017 年以来，全球货币政策进一步出现重大的分化。在 2014 年底开始宣布停止资产购买计划之后，美联储政策一直在徘徊摇摆，甚至还有研究认为，美联储可能重新走上量化宽松政策。如果说 2015 年和 2016 年美联储的政策方向仍然相对不明朗，那么，2017 年美联储走出量化宽松政策的趋势就十分明显：一方面，美联储在 2017 年 3 月 16 日、6 月 15 日和 12 月 14 日分别加息各 25 个基点；另一方面，美联储在 2017 年 10 月开始进行资产负债表的缩表行为。美联储走出量化宽松政策或货币政策正常化"三步曲"全部展现出来：一是停止购买资产；二是提高基准利率；三是资产负债表整固。但是，2019 年后，美国货币政策正常化进程又受波折，甚至开始降息。2020 年新型冠状病毒肺炎疫情对世界经济造成巨大冲击，美国又重启零利率和量化宽松政策。

# 一、量化宽松政策

（一）货币政策"零约束"

在金融危机的应对中，美联储基准利率迅速进入零区间。美国在发生次贷危机之后，大量抵押贷款公司纷纷破产，由于为数较多的金融机构采用杠杆融资的方式融资，随着次贷危机的爆发，这种融资方式无法继续维持，对资金的大量需求与投资者因恐慌而减少的货币供给之间的矛盾，使得市场陷入了流动性短缺。在雷曼兄弟倒闭引发的"金融海啸"之后，从2007年9月开始美联储连续10次下调基准利率并进入零利率区间，希望大幅降息和超低利率能够缓释流动性危机，并刺激经济发展，但是中长期利率上升势头仍然不减，严重阻碍了企业的发展和房地产市场的回暖，加之商业银行惜贷现象严重，又进一步引发了信贷危机。2009年第一季度，美国利率处于0~0.25%的历史低水平，失业率高达8.3%，GDP增长率为-6.7%。超低利率的货币政策没有实质性改善美国金融市场条件，金融危机的经济冲击继续深化，就业市场形势严峻，美联储的货币政策面临传统货币政策框架的"零约束"。

在财政政策方面，美国政府采用了扩张性的财政政策挽救不断恶化的经济，在次贷危机之后，美国政府的财政赤字高达上万亿美元，多个地方政府也面临破产的风险，继续采用扩张性财政政策，使得美国债务上限不断提高，公共债务风险日益显性化。对于美国而言，美元是霸权的重要基础，美元霸权的背后实际上是美国的主权信用。加速累积的公共债务和债务上限问题使美国政府在财政扩张上面临更加复杂且实质的约束，美国财政政策的持续扩张同样面临一定的约束。

（二）美联储量化宽松政策演进

为了应对传统货币政策框架"零约束"以及迂回为财政赤字融资并补充国债需求缺口，美国开启了量化宽松政策。美国在发生次贷危机之后，大量抵押贷款公司纷纷破产。由于为数较多的金融机构采用杠杆方式融资，随着次贷危机的爆发，这种融资方式无法继续维持。金融机构对资金的大量需求与投资者因恐慌而减少的货币供给之间产生了巨大的矛盾，短期融资市场陷入流动性危机。从 2007 年 9 月开始，美联储连续10 次下调基准利率进入零利率区间，试图通过大幅降息和维持超低利率缓释流动性危机，并刺激经济增长。但是中长期利率上升势头仍然不减，严重阻碍了企业发展和房地产市场的回暖，加之商业银行惜贷现象严重，系统性危机进一步加剧（尹振涛，2019）。

在金融危机爆发初期，美国主要通过降低联邦基金利率创造宽松的货币环境，然而联邦基金利率已降到接近零利率水平，常规货币政策工具失去进一步运作的空间，货币政策面临传统货币政策框架的"零约束"（周永峰，2014）。为此，美联储不得不大范围地运用创新型流动性工具，以避免美国短期融资市场陷入流动性枯竭。各项政策措施实施后，虽然流动性危机有所缓解，但美国经济基本面仍持续恶化。2009 年第一季度，美国利率处于 0 ~ 0.25% 的历史低水平，失业率高达 8.3%，GDP增长率为 - 6.7%。由此可见，超低利率的货币政策没有实质性地改善美国金融市场条件，金融危机引发的经济冲击继续深化，就业市场形势更为严峻。

在财政政策方面，美国政府采用的扩张性财政政策也难以挽救不断恶化的经济。在次贷危机之后，美国政府的财政赤字高达上万亿美元，多个地方政府面临破产风险（贾斯莹，2017）。然而，若继续采用扩张性财政政策，美国债务上限将不断提高，公共债务风险日益显性化，最终美国又将通过公共债务货币化来转嫁风险。在扩张性财政政策和常规性货币政策都难以为继之时，美联储开启了量化宽松之路，积极运用非常规货币政策工具，修复银行体系的资产负债表、推动货币政策的正常传导，鼓励金融机构加大信贷投放力度。

2009 年 3 月 18 日，美联储正式启动量化宽松货币政策（QE1），具体措施包括以下几个方面：一是购买美国长期国债。二是购入"两房"发行的抵押贷款支持证券。三是为小企业提供 1 万亿美元的贷款。四是为 AIG 提供 300 亿美元的援助资金。

面对"百年一遇"的系统性金融危机，美联储和财政部同时作出了重大的努力和政策创新，但是，美国经济在 2010 年第三季度仍然接近经济衰退的临界值，失业率在 9.5% 以上居高不下，通货膨胀率仅仅在 1% 的低位水平。为此，美联储于 2010 年 11 月 3 日启动第二轮量化宽松政策（QE2）。美联储的量化宽松政策已经成为危机应对的一种常规性工具（尹振涛，2019）。此轮量化宽松政策的主要目的是解决美国政府的财政危机和高失业率问题。因此，美联储宣布维持 0～0.25% 的低利率水平不变，并将于 2011 年 6 月前购买 6000 亿美元的长期国债，直到 2011 年第四季度美国经济有所好转。

2010—2012 年，欧洲主权债务危机爆发，美联储继续维持量化宽松政策的框架不变。面对欧洲主权债务危机的影响以及新兴市场经济体增长出现调整态势，美国经济复苏整体较为乏力，且核心通货膨胀率持续下降。

2012 年 9 月 13 日，美联储推出第三轮量化宽松政策（QE3），计划每月购买 400 亿美元的抵押贷款支持证券并且继续压低利率，目的是支持房地产业发展、解决出口和就业问题。为了保证美联储长期利率处于较低水平，以及缓解财政赤字的不利影响，美联储于 2012 年 12 月 13 日又进一步推行了第四轮量化宽松政策（QE4），每月增加 450 亿美元的国债购买量。[①]

---

① 本文涉及四轮量化宽松政策的具体规模、使用方向等相关数据均来自美联储的政策公告。同时，参考了胡滨、郑联盛等著《全球量化宽松：十年演进》，中国金融出版社，2019 年。

## 二、美国量化宽松政策的实践

(一) 第一轮：流动性救助

首轮量化宽松政策的核心目标是危机应对、问题资产置换以及大规模流动性注入（张建平，2015）。美联储于 2008 年 11 月 25 日将购买政府支持企业（GSEs）房利美、房地美、联邦住房贷款银行与房地产有关的 5000 亿美元直接债务，标志着美国首轮量化宽松政策（QE1）的正式实施，该操作持续至 2010 年 4 月 28 日，即首轮量化宽松政策正式结束。

在美国第一轮量化宽松政策实施期间，由于 2009 年初美国商业银行大幅削减其对实体经济的信用供给，美国经济陷入"流动性陷阱"。为使经济摆脱"流动性陷阱"和衰退，美联储于同年 3 月进一步加快了 QE1 的实施进程。至此，美联储宣布在首轮量化宽松政策中，对抵押贷款支持证券和政府支持企业债券的采购规模已分别累计达 1.25 亿美元和 2000 亿美元。此外，为改善私人信贷市场状况，美联储同时决定在 2009 年 3 月至 9 月的 6 个月中，购买最高额度为 3000 亿美元的长期国债。2009 年 9 月，为继续维持住房按揭贷款市场的低利率，活跃住房信贷市场和刺激楼市经济复苏，美联储再次将购买住房按揭贷款债券的期限由原计划的 2009 年底延长至 2010 年 3 月。自 2010 年起，美国经济复苏迹象明显。2010 年第一季度，美国的 GDP 增速达到 3.7%，远高于 2009 年同期水平；而道琼斯工业指数与标普 500 指数也在 2009 年 3 月至 2010 年 3 月的一年间，分别上涨了 28.03% 和 37.14%。鉴于美国经济复苏势头稳固，美联储宣布向商业银行发行金融票据以收回过剩的流动性，这意味着美联储计划退出第一轮量化宽松政策[①]。

---

① 数据来源于 Wind，幅度由作者计算。

（二）第二轮：稳定杠杆

尽管随着美联储首轮量化宽松货币政策的实施，美国经济开始呈现较好的复苏态势，金融市场也逐渐恢复了正常运行，然而，在 QE1 退出之后，美国经济迅速下挫，失业率急剧攀升至历史新高，美国通缩风险也呈显著攀升趋势。相关数据显示，美国消费者价格指数（CPI）从2010 年上半年的 2% 迅速下降至下半年的 1% 左右。另外，QE1 退出之后，美国房地产市场也出现回调趋势。

2010 年 8 月，美联储公开市场委员会例行会议发表声明称："在 QE1 退出之后几个月，美国经济和就业复苏速度明显放缓。家庭部门受制于高失业率影响，收入增长缓慢，在支出逐步增加的情况下，家庭财富出现明显缩减；企业用于设备和软件的支出逐渐增加；非住宅建筑投资持续疲软，雇主不愿新增员工，新屋开工水平极低；银行惜贷状况持续加剧。"

2010 年 11 月 3 日，出于市场流动性缓释和促进经济复苏的目标，美联储推出第二轮量化宽松货币政策（QE2）。引发美联储实施第二轮量化宽松货币政策的直接原因，则是居高不下的杠杆率，因此第二轮量化宽松货币政策旨在继续维系危机应对的流动性注入、缓释公共债务高企的债务负担以及促进企业资产负债表修复。

在 QE2 实施中，美联储承诺将抵押贷款支持证券提前兑付的资金全部重新投资于"两房"等抵押贷款机构所发行的债券，并着重购买期限为 30 年的长期债券。值得言表的是，在 QE2 的实施过程中，美联储在解决失业问题的同时，还以管理通货膨胀及通胀预期为政策目标，试图通过扩大美联储资产负债表规模和调整资产负债表结构进一步增加货币供给，避免通货紧缩预期的加剧，将杠杆下跌螺旋打破，压低长期市场利率以降低借贷成本并提振市场信心，使企业部门和金融机构的资产负债表得以逐步修复。

（三）第三轮与第四轮：经济复苏

第三轮和第四轮量化宽松的政策目标，已从危机应对转为经济复苏，致力于解决经济低迷和失业高企问题。受欧债危机持续发酵的负面影响，2012 年美国经济衰退压力明显增加，就业市场的改善低于预期。

2012 年 9 月 13 日，美联储启动新一轮量化宽松政策（QE3）。第三轮量化宽松政策所针对的资产购买对象更加集中且对购买总量不设上限，但在票据种类上仅限于抵押贷款证券。美联储寄希望于 QE3 的实施能够对抵押贷款利率产生下行压力，从而刺激地产交易与再融资活动，巩固房地产市场的向好趋势，同时利用资产价格提升引发的财富效应，促进居民消费支出的增加，将宽松效应传导至更为广泛的金融环境，以刺激美国经济的强劲复苏。

第三轮量化宽松政策实施后，美国经济发生实质性改善。2012 年 7 月之后，美国月度新增非农就业人数回升至高位水平，失业率显著下降。更为欣喜的是，在 QE3 实施后，美国就业结构出现较大改善，年末长期失业人口占比较年初下降了 3.46 个百分点。另外，房价触底、投资需求增加叠加超低利率的货币环境，刺激美国房地产市场逐渐走出谷底，复苏态势明显。2012 年，美国新屋销量同比正增长，且增速持续扩大。同期，FHFA 房价指数同比增速也呈上升趋势，房价的止跌回升有效提振了市场信心，而房地产市场的复苏也为美国宏观经济的进一步活跃提供了重要的产业基础。

2012 年 12 月，美联储宣布推出第四轮量化宽松政策。第四轮量化宽松政策的改进是其提出了"阈值"指引，一定程度上相当于实施"无上限"的量化宽松政策①。"阈值"指引主要由失业率、通胀率和联邦基金利率以及量化宽松规模组成，其中失业率阈值为 6.5%，通胀率阈值为 2.5%，联邦基金利率为 0 ~ 0.25%，量化宽松规模为每月 450 亿美元的长期国债购买。美联储之所以在 QE3 尚未确定退出时间之时就启动了

---

① 2020 年 3 月 15 日，为了应对新冠肺炎疫情的冲击，美联储紧急降息 100 个基点至零利率区间。次日，美国股票市场却出现了熔断。3 月 17 日，美联储重启了商业票据信贷便利。3 月 23 日美联储更是进一步宣布启动"无上限"量化宽松政策。

第四轮量化宽松政策，主要是为了避免美国经济遭遇"货币悬崖"，一旦陷入"货币悬崖"，美国国债需求将锐减，继而推高长期利率水平，致使私人部门削减消费和投资，阻碍美国的经济复苏进程。

后面两轮量化宽松政策实质性地提升了美国经济复苏的水平，2013年美国经济基本恢复至金融危机前的水平。美联储在 2013 年 12 月、2014 年 1 月、3 月、4 月、7 月、8 月、9 月连续 7 次缩减资产购买规模。2014 年 10 月 29 日，美联储宣布削减购买规模 150 亿美元，退出第四轮量化宽松。

（四）扭转操作

在实行两轮量化宽松政策后，美联储资产负债表规模增加了 2.3 万亿美元，美国金融市场的整体流动性得到了极大的改善。不过，在宏观经济方面，虽然美国经济下滑的趋势已经得到控制，经济增速也实现了触底回升，但就业仍未明显好转、通胀也维持在低位。2011 年 9 月 21日，美联储宣布实行第二轮量化宽松政策，同时宣布启动 4000 亿美元的期限延长计划（Maturity Extension Program），本质是不同期限的国债资产进行转化。

根据期限延长计划，在 2012 年 6 月前美联储将购买 4000 亿美元面值的剩余期限为 6 年至 30 年的国债，并出售等额的剩余到期期限为 3 年或更短的国债。期限延长计划在延长了央行持有国债平均期限的同时，使国债收益率的曲线形成向下弯曲的趋势，抬高了短期收益率，压低了长期收益率（Bernanke et al.，2004）。由于期限延长计划造成了国债收益率的曲线向下弯曲，因此又被称为扭转操作（Operation Twist）。

扭转操作的核心是将短期国债置换为长期国债：出售或赎回 4000 亿美元 3 年或更短时间到期的短期国债，用于购入等值的剩余期限从 6 年到 30 年不等的中长期国债。第二轮量化宽松购买长期国债的方式是通过增发货币，而扭转操作是将短期国债卖出变现，再购入长期国债，方式更加温和。扭转操作并不会扩大美联储的资产负债表规模，但其可以通过调整资产负债表结构，延长美联储所持债券的期限，从而对长期利率造成下行压力，降低市场借贷成本，进而刺激美国经济复苏。扭转操作的优点在于，其能够在避免资产负债表规模快速扩张风险的同时，享受量化宽松货币政策的全部好处，使广泛的金融环境变得更加宽松。

除此之外，在QE2中美联储还承诺，将抵押贷款支持证券提前兑付的资金全部重新投资于"两房"等抵押贷款机构所发行的债券，并着重购买期限为30年的长期债券。2012年6月，为了进一步发挥扭转操作的刺激作用，使美国经济得到强劲复苏，美联储再次发表声明延长QE2时效：其一，将即将到期的扭转操作延长至2012年底；其二，将美联储资产负债表中的2670亿美元短期资产置换成长期资产；其三，在资源使用率较低、通货膨胀趋势受到抑制及通货膨胀预期稳定等状况下，维持联邦基金利率在0~0.25%的超低区间内不变至少到2014年下半年。

在这样的背景下，美联储实施扭转操作有着重要的现实意义。首先，扭转操作的主要目标是压低国债长期利率，为市场提供长期宽松的货币环境，以更好地配合短期0~0.25%的联邦基金利率。其次，鉴于市场流动性已经明显宽裕、美联储资产负债表已经大幅扩张，扭转操作不需要基础货币的投放，因此不会额外提供流动性，也不会对美联储资产负债表规模产生影响，在实现政策目标的前提下，副作用很小。再次，扭转操作压低了长期国债利率，对市场预期的影响更大且持久，有利于推动投资和经济增长以及就业目标的实现。最后，随着短期和长期国债利率都保持在很低的水平，一些相对高风险证券由于高收益率，逐渐吸引投资者对风险资产的关注，推动了高风险债券溢价率的回归。2012年6月20日，美联储宣布将在2012年底之前继续执行期限延长计划，总规模为2670亿美元。在两次扭转操作结束后，美国长期国债利率在2013年基本保持在2%左右，达到了预期的政策效果。即使在2013年后，美国10年期国债收益率基本保持在略高于2%的水平（见图3-1）。

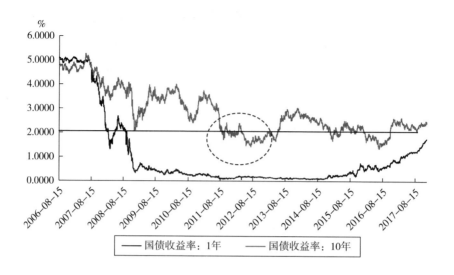

**图 3 - 1　扭转操作下的美国国债收益率**

（资料来源：Wind）

（五）量化宽松政策的绩效

自 2008 年 11 月至 2014 年 10 月的 6 年间，美联储先后推出四轮量化宽松货币政策。在大规模流动性支持下，美国金融市场功能得以恢复，并带动经济复苏（王超、陈乐一，2015）[1]。美联储推出的量化宽松货币政策，其作用主要表现在以下几个方面：首先，美国量化宽松政策的实施极大地缓解了金融市场的流动性危机，推动资产收益率曲线的下移，降低了融资成本，助力投资和消费增长。其次，通过量化宽松政策对不良资产的置换，金融机构的资产负债表显著改善，有效释放了金融市场的系统性风险。再次，经过前两轮量化宽松后，金融机构存的超额准备金达到 1.5 万亿美元，流动性紧缺问题基本得到解决，美国货币政策转向经济复苏模式。最后，通过国债购买和扭转操作，长端利率得以保持在较低水平，为经济复苏和就业增长提供了良好的货币金融基础。虽

---

① 王超，陈乐一. 美国量化宽松货币政策的退出、影响与我国的对策 [J]. 现代经济探讨，2015（9）.

然四轮量化宽松货币政策的实施目标和工具有所不同，但量化宽松政策在危机应对、经济复苏以及全球金融稳定等方面均发挥了一定的积极作用。

量化宽松货币政策的核心贡献集中于流动性提供、修复金融机构资产负债表以及改善投资者融资条件，主要体现在市场风险溢价的降低。但是，量化宽松货币政策的效果也呈现递减趋势。然而，量化宽松政策并不必然能够推动美国经济的复苏，即对实体经济复苏提振并不必然有效。美国量化宽松带来的资产负债表规模增长远超商业银行的信贷释放，央行提供的大量的流动性（基础货币）被商业银行以超额准备金的形式储存，实体经济信贷条件的改善相对有限。由此可见，量化宽松的货币政策为经济复苏提供了流动性的"基础"和必要的金融市场条件。但是，美国经济的恢复，仍需要前瞻性指引等工具通过预期引导的形式，进一步修复货币传导机制，推动中介体系（商业银行）的信贷释放和消费投资重启。

## 三、美国量化宽松货币政策的退出

（一）美国货币政策的演进

过去十年，美国货币政策经历了危机救援、经济复苏和政策整固三个阶段，基本形成了一个金融货币政策的完整周期。

1. 危机救援。第一个阶段是危机救援。2007 年美国房价泡沫破灭，大规模次贷危机造成美国金融市场濒临全面崩溃，全国经济陷入深度衰退。美联储连续进行 10 次降息操作将基准利率降低至零区间，但是，美国金融市场仍然没有摆脱危机，美国经济更是陷入了大萧条以来最为严重的衰退，美国失业率迅速攀升至 10% 的水平，美国传统货币政策已基本失效。

2. 经济复苏。第二个阶段是经济复苏。为挽救处于水火之中的美国经济，自 2008 年起美联储先后推出了四轮非常规的量化宽松货币政策，主要目标是进一步缓释金融体系的流动性风险和降低长期利率以提振实体经济发展（见图 3 - 2）。从量化宽松政策的发展来看，量化宽松政策始创于日本，但是，政策实践最为全面、系统且效果较为凸显的应该是美国。

**图 3 - 2　美国 10 年期国债和企业债收益率走势**

（资料来源：Wind）

3. 政策整固。第三个阶段是政策整固。2014 年美国经济基本恢复至金融危机之前的水平，美联储考虑到大规模量化宽松政策可能对潜在通货膨胀以及金融风险定价的扭曲，在 2014 年底开启货币政策正常化进程：一是退出量化宽松政策，二是加息，三是央行资产负债表整固。2018 年初美联储已经进入加息深化期和缩表初期。

（二）非常规货币政策的退出

1. 退出量化宽松。众所周知的是，自从此次美国金融危机爆发开始，为了抵消信贷市场萎缩所带来的不利影响，美联储多次下调了联邦基金利率和贴现率。此外，美联储还通过资产购买计划，持续向金融市场注入流动性，帮助金融机构渡过难关。在量化宽松货币政策退出进程开始时，可供选择的手段包括逆回购协议、出售持有的国债和 MBS 等公开市场操作、超额存款准备金率、定期存款工具等金融工具。

2011 年 4 月，美联储在联邦公开市场委员会会议上，制定了"三步走"的量化宽松货币政策退出策略。首先，停止对金融机构债券的再投资；其次，提高联邦基金利率；最后，逐步出售所持有的债券。在具体的政策实施过程中，虽与当初制定的"三步走"策略略有不同，但政策实施的思路异曲同工，都是采用循序渐进的方式进行。

美联储逐步缩减每月资产购买计划的规模，逐步退出量化宽松政策。伴随美国国内经济的不断复苏，主要经济数据表现出良好的迹象，美联储开始着手准备量化宽松货币政策的退出进程，并适时释放了政策退出的信号。在具体政策实施层面，美联储开始缩减每月的资产购买规模。2013 年 6 月，本·伯南克曾表示，在房地产市场复苏的带动之下，美国就业市场呈现出不断好转的发展势头，预期在未来几个季度之内，将会呈现出平稳上升的势头。综合考虑多方面的因素后，美联储有可能在年内即开始放缓购买债券的脚步。2013 年 12 月，各主要经济数据显示，美国国内经济增长的势头良好，劳动力市场也呈现出改善的迹象，考虑到这些因素，美联储当即宣布缩减长期国债的购买规模，但依旧维持本金再投资 MBS 以及国债展期的货币政策。此外，美联储不忘向市场释放信号：长期国债的购买规模缩减，并不代表量化宽松货币政策的退出。在全面退出量化宽松货币政策、维持经济复苏的基础稳固之后的相当长一段时间之内，美联储仍将维持较为宽松的货币政策。自 2014 年开始，美联储开始逐步缩减购债规模，并于 2014 年 10 月正式终止资产购买计划，但仍然维持将所持到期证券的本金再投资政策。

美国经济复苏较为扎实，美联储在 2014 年底就退出量化宽松货币政策，开启美国货币政策正常化的第一步。与日本和欧洲大规模地强化量化宽松货币政策相反，美国在经历了四轮量化宽松货币政策之后，经济形势不断好转，出现了稳步上升的势头。2013 年开始，美国的房地产市场、制造业、居民消费等各项指标表现良好，失业率降低速度超过预期，因此，2013 年 6 月 9 日时任美联储主席伯南克正式将退出量化宽松货币政策提上议程，并于 2013 年 12 月 18 日宣布，从 2014 年 1 月起，将美联储购买的债券总规模由每月的 850 亿美元下调至 750 亿美元。随后公开市场委员会（FOMC）宣布将机构抵押贷款担保券和长期政府公债的收购规模每月下调 50 亿美元。2014 年 9 月，美联储宣布退出量化宽松货币政策的步骤和时间，引导市场合理预期，并于 2014 年 10 月终止资产购买计划。

2. 加息。在量化宽松政策逐步退出的过程中，为了引导市场对利率的预期，美联储开始提高联邦基金利率。2014 年 9 月，为了更加有效地引导市场预期，避免量化宽松政策退出带来过大的市场波动，美联储在公布退出量化宽松政策的具体实施步骤之时，将联邦基金利率及其他短期利率的上调计划、减持已购买资产规模的步骤等相关政策的时间表一同公布。2015 年 12 月，美联储正式加息，开启了加息周期。

退出量化宽松货币政策的时机成熟之后，美联储首先提高联邦基金利率的目标区间，调整超额准备金利率，并辅以其他金融市场调节工具，例如逆回购协议等，最后则是停止持有到期证券本金的再投资。目前短期名义中性利率处于历史低位，即使其收敛至长期名义中性利率，仍然偏低；如果经济遭遇与过去同等程度的负面冲击，受到有效下限的约束，名义利率将没有足够的空间作出调整以应对危机。相对于同时采取利率政策调整和缩表，维持资产负债表规模将有助于名义利率以更快的速度提升，以应对经济在低利率边界的不对称风险。

在全球经济金融持续低迷动荡和美国国内经济复苏势头反复的内外环境之下，美联储开启加息的步履蹒跚，经济复苏成为美联储政策正常化的一块"绊脚石"。在 2016 年 12 月举行的 FOMC 议息决议，投票结果以 10:0 全票通过，将美国联邦基金利率提高至 0.5% ~ 0.75%。美联储公开市场委员会认为，美国国内经济环境自 11 月以来保持着温和扩张的态势，劳动力市场持续改善，基于市场数据的通胀指标已显著上升。尽管此时商业投资等数据仍然保持疲态，但家庭平均支出水平处于稳步增长的态势。美联储曾预期 2016 年将加息四次，2016 年市场加息的呼声一浪高过一浪，然而最终美联储只于年底加息一次。经济复苏趋势确立，通胀风险防范成为美联储政策核心，加息不断强化。2017 年加息相对符合市场预期，2017 年 12 月，美联储宣布基准利率区间调升 25 个基点，从 1.0% ～ 1.25% 上调至 1.25% ～ 1.5%，如期完成了当年的第 3 次加息。

3. 缩表。作为全球最具实力的经济体，随着货币政策和经济结构调整成效的初显，美国在就业、投资和消费领域逐步回升。由于美联储加息预期的升高，全球资本回流趋势明显，美国经济增长将逐渐向常态回归。但是，由于美国财政政策、货币政策等经济政策的实施时机和实施规模等仍面临诸多的不确定性，美元升值和长期失业率下降带来的通货膨胀率上升，使美联储加息的概率不断加大，预计未来美国会继续收紧货币政策，并有实质性地进行资产负债表整固，即开启缩表过程，这也意味着美国退出量化宽松正稳步进行。

美国经济全面复苏至国际金融危机之前的水平，甚至明显好于国际金融危机之前的状况，比如企业部门现金流、利润以及金融市场指标等，美国三大股指均屡创历史新高，美联储开始着手进行货币政策正常化的第三步，即调整央行资产负债表或美联储资产负债表整固。2017 年 10 月，美联储在加息 5 次之后开始进行金融危机以来的资产负债表整固计划，2017 年从市场回收 300 亿美元流动性或减少 300 亿美元资产，2018 年预计从市场回收 4200 亿美元流动性或减少 4200 亿美元资产。

美国货币政策在回归正常化的过程中，美联储资产负债表的缩减日益引起关注。利率政策调整和缩表是独立实施还是组合实施取决于两种政策相互替代的程度、相对的精确度，以及其各自对经济活动产生的影响。

美联储资产负债表整固主要任务是使资产负债表规模下降，即"缩表"，同时使资产负债表内的资产结构、期限结构等进一步合理化（王永中，2014）。首先明确证券减持方式。通过渐进和可预见的方式减少美联储的证券持有量，即主要是停止将到期证券本息再投资于新证券，而不通过出售形式减少对机构债和MBS的持有规模。美联储对本金再投资的缩减进行了上限管理，即每月缩减规模不超过设定的上限。其次明确调整规模和结构。规模上，主要从长期和有效执行货币政策的需要，保持合理资产规模，即不会出现大量集中抛售；同时在结构上，主要持有美国国债，而对于机构债将逐步降低持有量。最后明显缩减资产负债表的进度安排。

截至2017年底，美联储的总资产维持在4.5亿美元左右，包括2.5亿美元的美国国债及1.8亿美元的机构债和MBS。美联储前主席耶伦指出，为了维持宽松的金融环境，美联储在2019年前维持其资产负债表规模，滚动到期的国债拍卖，并将本金进行再投资；美联储希望在利率足够高、空间足够大以及经济稳固的前提下才开始缩表，现阶段美联储更加依赖利率政策调整。

2017年10月开始的美联储资产负债表整固主要分为两个"阈值"指引（谭小芬、邵涵，2018）。第一，对于到期债券的本金，其上限最初为每月60亿美元，并将在12个月内每3个月逐步增加60亿美元，直到达到300亿美元/月。第二，对于到期的机构债和抵押支持证券中获得的本金，其上限最初为每月40亿美元，并将在12个月内每3个月逐步增加40亿美元，直至达到每月200亿美元。2017年第四季度和2018年美联储资产负债表整固按计划进行。

一个值得关注的问题是，假设美联储启动缩表，如何判断其资产负债表的合理规模。美联储官员Lael Brainard表示，美联储资产负债表的合理规模应该小于2017年底的水平，大于其危机前水平。货币需求的增长、监管对安全流动资产的要求，以及金融机构对待风险的谨慎态度都增加了对美联储资产的需求；同时美联储将继续持有一部分资产作为风险缓冲，以应对意外的冲击，并避免对资产负债表的频繁调整。在缩表的过程中，应当密切关注货币市场，判断缩表对有效利率的影响；当缩表给货币利率带来上行压力时，美联储的资产规模或接近保持目标利率相应的规模。

但是，受制于经济基本面以及政策压力等原因，特别是特朗普总统的政策胁迫，美联储在 2019 年不得不调整其资产负债表整固计划，从缩减资产规模转向启动再投资。2019 年 1 月，美联储决定缩减和停止国债的赎回，并对机构债和 MBS 收到的本金进行再投资。2019 年 7 月，美联储决定在 8 月结束减持证券的行动，比原先提前两个月。更进一步的是，2019 年 10 月 11 日，美联储对货币政策正常化战略进行了方向性调整，即美联储又"悄悄地"重启了量化宽松政策：一是维持此前（2019 年 1 月）到期债券本金再投资计划不变；二是在资产购买方面，在 2020 年第二季度之前购买美国国库券，以使长期储备金余额保持在或高于 2019 年 9 月上旬的水平。

## 四、新型冠状病毒肺炎疫情与量化宽松政策重启

疫情扩散及政策演进变化多端，疫情全球扩散成为搅动全球经济金融社会稳定的重大变量。由于各个国家对疫情防控的态度、政策、方法和资源保障等的差异巨大，即使在欧元区内部也出现意大利"封城"政策与德国相对放任政策的分野，同时，全球主要经济体乃至国际社会均未进行系统性政策协调，未来疫情扩散可能更加严重且不可控，疫情演进存在三大不确定性：一是疫情全球大流行扩散程度存在不确定性；二是全球政策应对存在不确定性；三是疫情对全球经济的冲击存在不确定性。

在全球总需求方面，美国、中国、欧洲、日本等是全球总需求的主

要支撑，但受疫情直接影响较为显著。疫情引发世界经济更低增长将成为基本事实。随着意大利、西班牙、美国等宣布进入紧急状态，全球人员流动、国际贸易以及国际投资等将受到巨大的影响，部分国家经济增长将按下"缓慢键"甚至"暂停键"，全球将面临需求不足和供给不畅的双重压力，可能面临比国际金融危机更为严峻的增长冲击和发展难题。

在全球总供给方面，疫情防控将使人员流动以及相关国际贸易与投资受到直接影响，进而影响全球产业链及其供给能力，尤其中国和意大利等，实施严格隔离举措的国家对于全球产业链的影响更为巨大。一是处于严重疫情扩散地区的产业链主体将面临隔离、管制等，将无法实现产业链产品及服务供给；二是疫情不严重地区的产业链主体则面临上下游元器件及服务难以到位的困境，使得其产品及服务供给能力实质性下降；三是产业链关联具有乘数效应，将放大相关主体供应不足的负面冲击，甚至存在一个主体使产业链瘫痪的可能性（郑联盛，2020）。

新型冠状病毒肺炎疫情在全球大流行，已成为新世纪以来最严重的突发公共卫生事件之一，并对金融市场造成堪比国际金融危机的冲击。疫情大流行对国际金融市场造成巨大冲击，原油、金属、股票等市场遭遇了国际金融危机以来最为剧烈的下跌，其中2020年3月9日至16日美国股票市场遭遇了历史性的3次熔断，而在国际金融危机时期美国股市却没有出现熔断。本轮金融市场动荡时间极短、冲击极强，已超过2008年国际金融危机的水平。

美国金融政策体系已处于"危机应对模式"。3月15日，美联储紧急降息100个基点至零利率区间，同时实施7000亿美元的量化宽松政策。这个被市场称为"王炸"的政策力度之大实属历史罕见，但是，股票市场却随之给予熔断作为"回报"。美联储17日重启规模为100亿美元的商业票据融资机制，为企业提供直接信用支持。更为重要的是，3月23日，美联储宣布新一轮量化宽松政策，"将购买所需数量的国债和抵押贷款支持证券"，以维系市场稳定以及经济相对稳定。这代表着美联储数天前 7000 亿美元的量化宽松升级成"无上限"量化宽松政策。

美联储应对疫情冲击的政策力度已经超过 2008 年国际金融危机时期，美联储强化危机应对模式的政策实施，主要有四个目标：一是"按需购买"无上限的量化宽松将为金融市场提供充足流动性，避免出现"雷曼式"流动性危机；二是降息至零利率区间以及购买债券来降低短端利率和长端利率，使得收益率曲线保持平稳，为企业和家庭的投资消费提供支撑；三是通过针对性较强的商业票据融资计划为中小企业提供结构性支持，减缓经济下行速度，为就业稳定提供一定保障；四是强化市场预期管理，通过大幅宽松为市场提供较为积极的预期，包括无上限量化宽松、商业票据融资机制以及零利率在内的政策应对有利于美国金融部门和实体经济的风险缓释。当然，由于疫情大流行存在重大的不确定性，美联储史无前例的货币政策工具的作用仍有待观察。从 2008 年 11 月第一轮量化宽松启动至 2020 年 3 月新一轮量化宽松启动，美联储非常规货币政策及结构性货币工具应用经历了一轮完整的轮回。

# 第四章　美国金融监管改革：
# 重构与放松

　　十余年前，美国次贷问题引发了大萧条以来全球最为严重的金融危机，美国政府进行了重大的金融监管体系改革并出台《多德—弗兰克华尔街改革和消费者保护法》。金融危机过去 10 年，美国则着力进行金融监管放松改革。2018 年 5 月 24 日，美国总统特朗普签署《经济增长、放松监管和消费者保护法》，美国金融监管放松改革取得重大的进展。这对美国金融监管、金融发展以及国际监管协调产生深远的影响。

　　自金融危机爆发以来，金融监管失败成为学术界和政策界广泛批判的一个制度性根源。不过，不同研究基于不同的经济和金融体系背景，视角和结论都不尽相同。美国财政部在反思美国金融监管体系中指出，美国存在较多的金融监管漏洞，针对系统性风险的监测、应对和管理存在制度性缺陷以及监管的协调性不高，是金融监管体系的重大问题。欧洲的金融体系则是银行主导型的金融体系，其对金融监管体系的反思则更加集中在顺周期以及跨境金融风险的传染性，即系统性风险方面。

　　美国次贷危机演化为全球金融危机，显示出美国金融监管体系在应对金融风险中存在重大的政策缺陷。以 Brunnermeier、Crocket、Goodhart、Persaud 和 Shin（2009）为成员的研究小组发布的 Geneva 报告被认为是金融危机之后对金融监管体系的反思和改革指引最为重要的一个研究成果。名为《金融监管的基本原则》的报告指出，本轮金融危机所体现的市场失败，要么是金融监管当局忽视的问题，要么是金融监管体系政策和措施不当造成的，为此，本轮金融危机所暴露的监管体系问题不仅是监管不足，更是一种监管失败。

金融监管的基本目标在于将外部风险内部化，金融危机之前的审慎指标被认为并非完全有效，现有的金融监管体系标榜"隔离、透明和现代"，实际上过于"简单、线性和微观"，对应的改革不仅是更多的监管举措，而且需要更加宏观的视角，以及更加完善而有效的监管制度（Brunnermeier et al.，2009）。金融危机之后，决策者广泛认识到金融监管体系所存在的诸多问题，开始致力于金融体系的改革，特别值得注意的是，系统性风险的应对和金融宏观审慎管理成为改革的核心。

金融危机以来，美国金融监管体系改革进展最实质的就是宏观审慎管理框架基本建立。"金融海啸"之后，当时的布什政府就出台了金融监管体系的改革"蓝图"，相应地提出了金融监管改革的短期和中长期调整计划，对美国金融监管体系进行系统性改革。其后，奥巴马政府也将金融体系的完善和金融监管的改革作为经济复苏和金融稳定的基础工作和根本举措。2009 年 6 月美国政府出台了金融监管体系改革方案——《金融监管改革：一个全新的基础》。经过近两年的多方博弈，基于奥巴马政府的改革方案的法案终于在 2010 年 7 月 15 日获得美国国会的通过，即《多德—弗兰克华尔街改革和消费者保护法》，时任总统奥巴马于 7 月 21 日签署该法案。理论上，《多德—弗兰克华尔街改革和消费者保护法》是 1999 年《金融服务现代化法》颁布以后美国金融体系最为重大的法律变革（郑联盛，2010）。

## 一、美国金融监管体系及其反思

美国金融危机爆发之前，美国金融监管体系实行的是以美联储为中心的伞形监管模式。该模式是以联邦政府和地方政府为依托、以中央银行为核心、各专业金融监管机构组成的监控体系，即所谓的双层多头金融监管体系。在该监管体系下，"双层"分为联邦层和州政府层，两个层面都有相关的法律规范，并设有专业监管机构。"多头"实际上是针对联邦层面不同专业的监管机构及其职能区分的，美国联邦政府针对不同金融行业分业监管的需要设立了多个行业监管主体。

虽然美国各个监管机构有比较明确的行业分工并进行一些适时的改革，但是不同监管主体的监管职责存在一定的重叠，同时又存在很多监管死角，主要专业监管主体的职能也没能及时适应各个领域的发展。更重要的是，美国金融监管体系缺乏统一的监管者。从美国金融危机的发生和深化进程看，双层多头监管对金融风险的预警、披露和防范并非有效，美联储也没有真正发挥监管的核心职能。总体而言，美国双层多头监管体系主要存在以下几个重大问题。

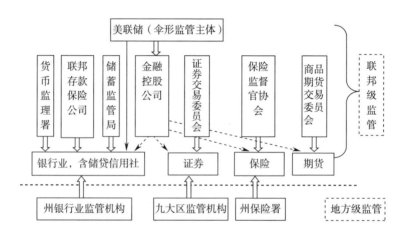

**图 4 - 1  金融危机前美国双层伞形多头监管体系**

（资料来源：作者根据相关资料整理）

一是缺乏系统性风险的防范、监管和处置机制，缺乏完善的宏观审慎监管框架。在美国双层多头监管体系下，美联储名义上处于监管的核心，但是，实际监管操作中，美联储与证券交易委员会、货币监理署等监管机构更多是平行关系，美国监管体系实际上缺乏一个统一的监管者，没有任何单一金融监管主体拥有监控金融体系潜在的系统性风险所必备的权威、职能和资源，而且，各金融监管部门应对威胁金融市场稳定的重大风险时缺乏必要的、有效的协调机制，因此无法应对系统性风险的监管与防范。美国前财政部长保尔森（Paulson，2009）认为，美国金融监管体系是几个金融监管机构简单拼凑而成的。

二是存在严重的金融监管漏洞，金融监管效率较低，微观审慎监管机制有效性较低。其一，金融监管体系无法适应金融发展的要求。金融创新很大程度上有效地规避了监管，比如，商业银行通过实施资产证券化，将信贷资产及其风险由银行信贷市场转移至资本市场，但是，由于美国信贷市场和资本市场的监管主体分属美联储和证交会，是相对独立的，这样证券化之后，基础资产及其衍生品的风险关系不能被充分识别和监管。本轮金融危机中的债务担保权证（CDO）和信用违约掉期（CDS）就扮演了金融风险集中爆发的火药桶，美国金融监管当局对于类似资产证券化和金融创新就缺乏到位的监管。美联储前主席伯南克认为，美国监管体系没有跟随金融发展的步伐，金融体系的发展给金融监管带来明显的压力。其二，在金融市场上，美国金融监管框架主要关注的是场内市场，而影子银行体系主导的场外市场并没有得到有效的监管，美国的场外市场基本采取"自愿监管"和"自律"的原则，自我监管的有效性是广受质疑的。其三，从金融机构看，影子银行没有受到有效的监管，美国金融监管当局对影子银行的业务创新甚至采取善意忽视的态度。Brunnermeier 等就认为，美国金融机构对特定风险的忽视实际上是一种严重的监管失败（Brunnermeier et al.，2009）。其四，缺乏对大型复杂重要性金融要素的有效监管。在美国的监管体系中，缺乏对大型、复杂和重要性结构、市场的有效监管机制，不管是微观审慎还是宏观审慎管理都是不足的。

三是美国金融分业监管体系与其混业经营的市场模式存在制度性错配。从理论上讲，分业经营模式向混业经营模式转变是建立在金融体系不确定性参数、风险回避系数、外部性因素和监管成本等减小的基础之上（谢平、蔡浩仪，2003）。但是 Coffe（1999）的研究指出，混业经营的风险可能被低估了，特别是在监管实践中，可能出现监管目标和机构之间的竞争，而不是紧密的协调与配合，那么混业经营关于风险减小的理论基础可能就会动摇，甚至可能导致监管体系的实际分裂。堪萨斯城联储前主席 Hoenig（2008）特别强调，在美国新一轮的系统性金融危机中，混业经营和分业监管的背离是危机爆发和升级的一个根本性的制度因素。要最大限度地防止金融风险的跨市场传导和扩散，客观上要求金融监管体系必须做到金融风险的全覆盖，以有效监测金融市场的局部风险和系统性风险，而分业监管和机构主导的监管模式在本轮金融危机的蔓延与升级中暴露出了局部性风险监管无法覆盖系统性风险的制度性缺陷。

在由次贷问题引发的美国金融危机的爆发之后，美国金融监管体系没有有效发挥金融风险预警、防范和应对职能，尤其是系统性风险问题，从而使金融风险从房地产部门向信贷部门、整个金融市场和全球金融体系蔓延，最后造成了大萧条以来最为严重的国际金融危机。金融监管体系的缺陷被认为是一种监管失败，必须为美国金融危机的爆发和升级负重要的责任，美国决策者指出美国应该强化对金融监管与金融稳定关系的认识。美联储前主席伯南克强调，美国金融监管体系应该及时作出调整，适应金融现代化的发展趋势，进而保障整个金融体系的稳健（郑联盛，2009）。

在奥巴马政府正式出台金融监管体系改革方案之前，金融监管体系改革的种种方向就在学术界、市场界和政策界引起广泛讨论。《金融监管改革：一个全新的基础》一出台，市场就认为此次美国金融监管改革可能会是 20 世纪 30 年代大萧条以后美国最为全面和深刻的金融改革计划。但是，美国金融监管改革的立法程序并不顺利，经过多方博弈和数百项修改，特别是美国参议院金融监管体系改革提案——《多德—弗兰克华尔街改革和消费者保护法》一波三折，终于在 2010 年 7 月 21 日成为法律。这个金融监管体系改革方案深刻影响着美国金融市场、制度建设以及宏观审慎框架，是美国金融监管体系演进过程中一个重要的里程碑。

## 二、美国金融监管体系改革进展

金融危机的爆发，给美国金融体系和实体经济带来了巨大的冲击，美国房地产市场价格下跌近30%，金融体系的问题资产近3万亿美元。美国宏观经济增长陷入大萧条以来首次连续4个季度衰退，失业率连续15个月超过9%，经历了大萧条以来失业率高企持续时期最长的阶段。直到2010年底，美国经济复苏的基础仍然不牢固，美联储甚至推出第二次量化宽松政策进行刺激（郑联盛，2010）。

金融危机的严重性和金融监管的缺失，使得金融改革的任务艰巨而急迫，"金融海啸"爆发之后，美国政府就着力进行金融体系和金融监管体系的改革，特别是金融宏观审慎管理机制的建立和微观审慎监管机制的强化。

### （一）布什政府的方案

布什政府的金融监管体系改革方案为美国金融监管体系改革奠定了良好的理论和政策基础。布什政府于2008年底出台了改革监管机制的"蓝图"，以期对美国金融监管体系进行系统性改善。

布什政府的改革计划主要基于短期和中长期的金融稳定诉求及其政策选择。在短期内，美国政府主要关注并解决三个方面的问题：其一，建立监管协调机制，计划强化总统金融市场工作小组在金融体系监管和政策应对上保持了一种有效和有力的机构协调人角色，提高监管主体协调的有效性。其二，解决抵押贷款危机揭示的金融监管体系缺陷，计划建立按揭贷款监管委员会，强化联邦储备银行对抵押贷款的专有监管职责，并加强联邦法律的执法权限。其三，联邦储备体系提供流动性，承担最后贷款人职能。联邦储备体系需要解决金融体系总体流动性供求相关的根本问题，在提供流动性、保持市场稳定性和扩大金融安全网等目标之间取得平衡。

中长期的改革计划主要是基于制度和宏观层面的改革：第一，废除不适用的制度法律，逐步废除并将联邦储蓄宪章转变为国民银行宪章，由于美国消费者抵押按揭贷款已经具有足够的资金来源，联邦储蓄宪章已经无法满足金融体系发展的实际要求。第二，加强联邦层面的宏观和微观审慎监管。一是加强对州注册银行的联邦监管；二是加强全国保险行业的联邦监管；三是加强期货和证券业的监管。第三，对金融体系的支付结算系统等基础设施的监管。

（二）奥巴马政府金融监管的改革历程

2009 年 6 月中旬奥巴马政府正式公布金融监管体系改革方案《金融监管改革：一个全新的基础》，该方案将在金融机构审慎管理、金融市场全面监管、消费者投资者保护、金融危机应对以及全球监管标准及合作等五个方面进行深入的改革。这一监管改革方案被认为是大萧条以来最为广泛和深入的金融监管方案，将给美国金融体系带来极其深刻的变化。

奥巴马政府的金融监管改革计划并不顺利。奥巴马预计 2009 年底能顺利完成金融监管改革的立法工作。由于改革方案涉及金融监管协调机制、美联储是否成为"超级监管者"、"大而不倒"问题的应对、消费者保护、对冲基金监管、银行传统业务与自营业务分离等重大事项，政策层内部以及政府与市场都存在实质性的重大分歧，而且金融宏观审慎管理框架建立、微观审慎监管标准的强化以及相关的制度及组织安排，涉及华尔街的根本利益、制度的根本性变革以及党派之争。基于奥巴马政府改革方案的提案在 2009 年底才在美国众议院获得通过（郑联盛，2009）。

2009 年 11 月，美国参议院银行业委员会主席克里斯·多德提交了美国金融监管体系改革提案，但是，民主党和共和党对该提案分歧巨大，提案一度被搁置。监管改革第一次受到立法程度的重大障碍。无奈之下，参议院银行业委员会对方案进行了较大范围的修改，经过修改之后的多德提案于 2010 年 3 月下旬提交参议院，共和党当时表示了一定程度的认同，但是在具体细节上仍在讨价还价，针对该方案的修正意见和建议达到了 400 多项。可见在国会中，两党关于监管体系改革的细节之辩的激烈程度非同寻常。

在参议院针对改革提案进行深度辩论的阶段，奥巴马极力认为应该在大型金融机构监管、自营业务、衍生金融产品监管和对冲基金及私人股权基金等方面强化监管，以确保金融体系的稳定。这些政策建议主要是美国联邦储备委员会前主席、"反通胀圣斗士"沃尔克在 2010 年 1 月提出的。奥巴马将这些改革建议称为"沃尔克规则"（Volcker Rules），基于"沃尔克规则"的一个提案（被奥巴马称为沃尔克提案，Volcker Bill）在 2010 年 3 月提交参议院。奥巴马甚至敦促参议院在金融改革提案修改中给予"沃尔克规则"足够重视和体现，否则他将在提案最后通过之后动用否决权。

原来多德提案就存在重大分歧，再加上沃尔克提案的强力措施，参议院关于新的监管方案分歧加剧，4 月 26 日美国参议院对金融改革提案进行程序投票未获通过。美国金融监管体系的改革再次遭遇立法障碍。立法进程的转机是在 2010 年 5 月，当时高盛欺诈案在华尔街和华盛顿掀起了较大波澜，民众和政府对于消费者保护问题的热情再次被点燃，奥巴马借机再次向参议院施加压力，敦促参议院尽快讨论和修改金融改革方案，并要体现沃尔克规则的基本精神，美国金融监管改革才驶入快车道（郑联盛，2010）。在美国政府施压、民主党强行推动以及民众对高盛欺诈案的愤恨等巨大压力下，2010 年 5 月 20 日美国参议院以 59 票赞成、39 票反对的结果通过了体现沃尔克规则的金融监管改革法案。与众议院的改革方案相比，参议院的法案由于加入了沃尔克提案而监管的力度更为严厉、影响更为广泛，特别是对混业经营和分业监管的制度错配的修正，一定程度上重新确立了商业银行与投资银行业务相互隔离的原则。

随后，美国国会立即启动了众议院和参议院法案的整合程序。由 27 名民主党议员组成的美国国会议案协商委员会对两院的法案进行整合，并于 2010 年 6 月 25 日达成共识。在完成两院法案的整合之后，7 月 15 日，美国参议院通过了最终版本金融监管改革法案，即《多德—弗兰克华尔街改革和消费者保护法》①。2010 年 7 月 21 日，时任美国总统奥巴马正式签署之后，这一法案走完了漫长的立法程序，正式成为指导美国金融监管体系改革及金融体系发展的新的法律基础。

（三）美国宏观审慎管理框架

美国金融监管体系的改革初始方案主要集中在金融机构审慎监管、金融市场全面监管、消费者投资者保护、金融危机应对以及全球监管标准及合作等五个方面，但是，当《多德—弗兰克华尔街改革和消费者保护法》通过时，与初始方案存在一定的差别，取得重大进展的包括三个层次：一是微观审慎监管的加强，二是宏观审慎管理体系的建立与完善，三是消费者保护。值得注意的是，这三个层次是金融危机之后美国金融监管体系改革的根本目标之所在，广义上都属于金融宏观审慎管理框架的问题。

1. 宏观审慎管理。金融危机的爆发最为重大的启示就是必须加强对系统性风险的管理和应对。从上文的分析可知，美国金融监管体系的重大缺陷是系统性风险产生、累积和爆发的重要根源：缺乏统一的超级监管人，监管体系的整体性、协调性和有效性较低，混业经营与分业监管的制度错配，影子银行监管的缺乏等。这些方面，广义上都是金融宏观审慎管理的范畴。金融宏观审慎管理和系统性风险防范是本次金融监管

---

① The Dodd – Frank Wall Street Reform and Consumer Protection Act，http://banking.senate.gov/public/_files/070110_Dodd_Frank_Wall_Street_Reform_comprehensive_summary_Final.pdf.

体系改革的核心。

一是建立宏观审慎管理的协调机制。新法案建立了一个由财政部部长作为主席和主要监管主体负责人的金融稳定监察委员会（Financial Stability Oversight Council），成员由负责监控和管理美国金融系统性风险的现有监管者组成。该委员会的主要职能体现在两个方面：其一是如果委员会在评估后认为某大型金融机构对金融体系稳定构成风险，则将建议美联储在资本金、杠杆率等方面对该机构实行更加严格的微观审慎监管要求；其二是在特别的条件下，该委员会有权对大型金融机构进行分拆，而无须动用纳税人的资金进行危机的救援和机构的救助。

二是美联储的超级监管地位的确立。新法案中美联储监管职能大幅扩大，成为超级监管主体，具有全局系统监管职能。新法案在保持美联储传统的监管职能之外，还授权美联储对大型、复杂、综合性（特别是业务在多个金融领域交叉）金融机构实施全面监管，以确保系统性信息及风险的了解、辨别与防范，并可以采取相应的微观审慎措施。经过金融稳定监察委员会的批准和授权，美联储可以拆分规模过于庞大的金融机构，从而防范"大而不倒"效应引发的系统性风险。美联储还保留对数千家社区银行的监管权。不过，新法案将限制美联储的应急借款权，即不允许美联储向私人公司发放紧急贷款，所有贷款计划均需要获得美国财政部部长批准方可实施，并禁止破产机构参与紧急贷款计划，以完善美联储最后贷款人制度，防止美联储最后贷款人职能的滥用。

三是系统重要性机构的审慎监管机制。新法案赋予联邦监管机构（金融稳定监察委员会）一项新权利，使其能够对未接受纳税人资金救助但陷入困境的大型金融公司进行接管和分拆（具体操作由委员会授权给美联储），以防止此类机构的倒闭引发整个金融体系的动荡。将设立一个由美国联邦存款保险公司负责的流动性应对计划以及金融机构清算程序。对于在危机中如何接管和清算金融机构问题，新法案规定美国财政部将预先支付有关接管倒闭金融公司的前期成本，但政府必须制订一项详尽的资金还款方案。法案规定，监管部门还必须对接管资产规模超过 500 亿美元的金融机构的相关费用进行评估审核，以便明确未来收回接管过程所需要支付的费用。

2. 沃尔克规则。新法案创立沃尔克规则，致力于打破混业经营和分业监管的制度错配。新法案除了上文提及的大型金融机构的监管新举措外，还将限制大型金融机构的自营交易业务，即将分离大型银行控股公司的传统商业银行业务和自营交易业务。沃尔克规则将商业银行和投资银行的业务重新进行分离，一定程度上，是打破 1999 年《金融服务现代化法》的混业经营模式，而重新确立《格拉斯—斯蒂格尔法》关于商业银行和投资银行的分立原则。沃尔克规则同时要求银行对私募股权基金和对冲基金的投资额不能超过所投资基金总资产的 3% 以及银行自身核心资本总额的 3%，据此限制金融机构利用自有资本进行自营交易。此外，沃尔克规则对银行规模也进行了限制，要求银行进行兼并重组时，收购后的关联负债规模不得超过所有金融机构负债规模的 10%。

上述监管协调机制、美联储监管职能扩大以及系统重要性机构的监管是原有奥巴马方案的重大内容，而沃尔克规则是 2010 年 1 月奥巴马授意美联储前主席沃尔克提出的，奥巴马随后要求沃尔克规则必须成为新监管法案的应有内容。由于自营交易的界定困难而且是华尔街最盈利的业务，此规则受到极大的阻挠，直至奥巴马以动用否决权为威胁才在 2012 年底得以通过。

3. 消费者保护。在金融全球化和金融创新盛行的市场环境中，金融产品极其复杂，消费者和投资者无法对交易成本、风险收益结构和法律义务等深入了解，因此，他们在与金融机构订立合同的过程中处于劣势地位。另外，消费者和投资者由于信息不对称，对金融机构的违约概率和偿付能力并不了解，一旦这些机构出现问题，消费者和投资者的利益将受到极大的损害。麦道夫欺诈案就是最为经典的例子。因此，消费者和投资者权益保护将成为美国金融监管的一个重要方面，以平抑消费者和投资者对金融机构欺诈的愤恨。消费者和投资者保护的一个重要途径就是填补信息缺口，那些几乎不受监管的金融机构和表外交易应该受到监管并披露信息。

消费者和投资者权益保护成为监管改革的一个重点，美国政府将消费者保护作为金融宏观审慎管理的立足点。《多德—弗兰克华尔街改革和消费者保护法》规定，在美联储内部建立一个新的消费者金融保护局（Consumer Financial Protection Bureau），该机构将负责向提供信用卡、抵押贷款等消费者金融产品及服务的银行和非银行机构颁布和实施相关监管。这个新监管机构研究和实施的规定适用于所有抵押贷款相关业务、资产超过100亿美元的银行和信贷机构，支票兑换机构以及其他某些非银行金融机构。新法案将允许各州自行颁布的更严格消费者保护法适用于全国性银行，州级首席检察官有权执行新消费者金融保护局颁布的部分规定。针对高管薪酬和丰厚福利问题，新法案规定公开上市的公司股东将拥有一票无约束投票权；美国证交会将有权赋予股东向董事会提名董事候选人的权利。法案还决定在美国证券监督管理委员会内部设立投资者顾问委员会和投资者保护办公室，并对信用评级机构要求更完全的信息披露，包括评级公司的内部运作、评级方法、历史表现等，要求监管机构建立新的信用评估标准。

4. 微观审慎监管。在强化对系统性风险应对的金融宏观审慎管理机制初步建立的同时，美国政府认为加强微观审慎监管也是金融宏观审慎管理的应有之义，这是金融宏观审慎管理有效性提高的微观基础。为此，美国金融监管体系的另一个核心层面就是微观层面的监管改革。微观审慎监管体系改革主要体现在：一是加强完善联邦层面的微观审慎监管体系建设，二是消除监管的漏洞、提高监管的覆盖面，三是强化微观审慎监管的指标要求，提高监管的有效性。

在微观审慎监管的联邦层级体系建设方面，《多德—弗兰克华尔街改革和消费者保护法》规定：第一，调整联邦层级的监管机构改革，重组银行监管机构，将储蓄机构监理署合并到货币监理署中，其部分职能转移到美联储和联邦存款保险公司；由美联储负责监管银行控股公司和部分州注册银行，货币监理署监管联邦注册银行，而联邦存款保险公司负责监管州注册银行。第二，在美国财政部内部设立一个新的联邦保险办公室（Federal Insurance Office），主要负责保险行业的监管工作，并向系统性风险监察委员会提供那些被视为具有系统重要性的保险商名单。这个新机构需要向国会提交改善保险业监管规定的意见和建议。第三，对于信用评级机构，将完善信用评级行业的监管，将建立一个新的半官方性质机构，旨在解决信用评级行业内惯有的利益冲突。如果信用评级机构故意或因疏忽而未能给出合理的评估结果，则投资者可以对评级机构提起诉讼。

在填补监管漏洞、扩大监管范围方面，第一，新法案将对场外衍生品交易市场实施全面监管，其中包括针对衍生品交易和出售衍生品的公司的监管；并要求日常衍生品交易在交易所或类似电子交易系统中进行，并通过清算所进行清算，将在资本金、保证金、报告、记录保存以及业务活动方面对从事衍生品交易的公司实施新的规定。第二，新法案要求对冲基金和私募股权基金以投资顾问名义在美国证券交易委员会登记注册，并要求其提供交易信息以帮助监管机构管控系统性风险。第三，要求银行剥离农产品、股票、能源、金属以及未清算的 CDS 等衍生品交易，不过保留银行从事的利率、外汇以及黄金和白银等掉期交易，即要求银行将风险最大的衍生品交易业务分拆到附属公司；绝大多数场外衍生品将通过第三方交易所和清算中心进行，以便市场和监管机构更容易跟踪这些交易；此外监管机构还将提高对拥有大额掉期头寸的公司的资本要求，并有权对单一交易者所拥有的合约数量加以限制。

在强化微观审慎标准，提高监管有效性方面，第一，在抵押贷款监管上，将设立新的住房抵押贷款国家最低承贷标准，将首次要求银行在放贷时对借款人收入、信用记录及工作状况进行查证，以确保借款人具备偿还贷款的能力。将禁止银行向引导借款人借入高息贷款的经纪人支付佣金。第二，在银行资本金要求方面，要求银行和具有系统重要性的非银行金融机构在法案通过后 18 个月内实施新的对资本充足率和杠杆比例的最低要求；将基于规模和风险等系统性指标重新设定新的资本金要求，对系统重要性的银行将实施更高标准的资本充足率和杠杆比率要求；对银行控股公司提出了与商业银行同样的资本充足率要求，禁止大型银行控股公司将信托优先证券作为一级资本。第三，在资产证券化方面，确立信用证券化产品的风险留存要求，对贷款进行打包的银行必须把其中 5% 的信贷风险保留在银行自己的资产负债表中。

5. 超级监管者。在美国金融宏观审慎管理框架中，美联储获得新的授权，对具有系统重要性、可能构成系统性风险、给整个经济造成损害的大型金融机构及其附属机构进行监管。美联储将成为美国金融监管体系中的系统性监管机构，即"超级全能型"监管主体，负责监督整个金融体系的健康与稳定。但是，美联储是否可以成为美国金融体系最为有力的统一监管者，一些研究对此提出了质疑。

自 1913 年成立以来，美联储在美国金融和经济体系中的职能不断扩展。新的金融监管体系运行之后，美联储具有执行货币政策、监管银行业、防范系统性风险和提供金融服务等四项基本职能。

但在本轮金融危机前，美联储的职能体现在货币政策、金融服务和银行监管等方面，防范系统性风险的责任并没有得到很好的体现和实践。因此，一些议员批评美联储未能成功地使用针对银行和抵押贷款的现有监管权，使得美国金融体系中的系统性风险未能被及时发现并消除。即使在银行业监管上，美联储在针对具有系统重要性的银行的监管也存在漏洞。因此，美联储在个体银行监管和系统性风险防范方面存在失职责任。

曾任美联储理事的哥伦比亚大学金融学教授米什金（Frederic Mishkin）认为金融危机警示金融监管应该个体监管和综合监管并重。一方面，个体金融机构（尤其是具有系统重要性的机构）在危机时期旨在保持偿付能力的努力，可能影响整个金融体系的稳定；另一方面，如果过分关注单个金融机构的监管，也可能导致监管部门忽视金融体系中的整体性重大变化。美联储在执行货币政策中与金融机构存在交易来往，了解个体和整体流动性情况；美联储具有维护宏观经济稳定目标，这与确保金融体系稳定的职能相匹配；美联储具有独立性，可以保证监管的长期性；美联储是唯一可能承担最后贷款人的机构。因此，美联储监管职能的加强是必然的，美联储成为系统性监管机构也是不二之选。

美联储已经成为美国金融体系的超级监管者，不仅可以对银行业进行监管，而且对所有具有系统重要性的机构（包括银行但不限于银行，比如大型金融控股公司）进行监管，同时还对整个支付、清算和结算体系进行监管。美联储的监管职能将得到进一步强化，监管有效性从而将成为美联储的重要目标。

但是，美联储监管有效性的目标，可能会妨碍其作为中央银行执行货币政策这一更基本目标的实现，即美联储在政策目标上具有多重性。即使极力支持美联储成为系统性监管机构的米什金也担忧，如果要同时考虑金融稳定目标，美联储实现产出与物价稳定（即货币政策）这一明确重点目标可能会变得模糊。而美国货币政策在保证物价稳定、充分就业、适度经济增长和国际收支平衡等方面发挥着基础性作用，如果货币政策目标被弱化，那么美国经济波动性可能加大，实体经济可能受到更加负面的影响。因此，美联储在拥有更大监管权力和致力于监管有效性目标的同时，如何保证货币政策效力是其最为重大的挑战。

另外，美联储的独立性可能受到一定影响。在新的金融宏观审慎管理框架中最为重要的举措之一是成立金融稳定监察委员会，该委员会由美国财政部长和主要监管机构负责人组成。该委员会可以就识别新出现的风险、如何识别那些破产可能会威胁金融体系稳定的机构（由于其规模、杠杆比率以及相互关联性等问题）向美联储提供建议，并为解决不同监管部门之间的管辖争议提供一个平台。这说明金融稳定监察委员会及其委员可以就新的系统性风险、具有系统重要性金融机构的监管等向美联储施加影响。市场更是担忧，这可能导致货币政策独立性在一定程度上受到冲击，进而影响美联储货币政策目标的实现。

美联储在货币政策目标和监管目标上可能面临顾此失彼的情况，但这并不一定意味着将货币政策责任和监管责任分开是更好的选择。以英国为例，1997 年布莱尔政府宣布对英国金融监管进行根本性改革，当时的财政大臣布朗认为，不同类型金融机构（银行、证券公司和保险公司）之间的界限正变得日益模糊，现代金融混业整合趋势明显，政府应创设单一监管机构对金融业进行监管。1997 年，英格兰银行完全从财政部独立，成为真正意义的中央银行，而金融监管权被赋予金融服务管理局（Financial Services Authority，FSA）。英格兰银行主要职能为货币稳定和金融稳定，即英格兰银行是货币政策的执行者和金融稳定的保障者。但是，英格兰银行的金融稳定责任是一种金融体系整体稳定的责任，而不直接监管金融机构。英格兰银行金融稳定理事会负责金融稳定优先事项和方向的确定。金融监管权由新成立的金融服务管理局负责，该局作为单一监管机构负责金融机构的审慎监管，同时提出金融业务行为和市场标准，并对银行和包括证券交易所在内的其他金融机构、清算支付体系等实施监管。

但在国际金融危机的发展过程中，超级单一监管机构英国金融服务管理局的监管有效性颇受争议，尤其是其对北岩银行、莱斯银行和苏格兰皇家银行等金融机构的监管不到位广受诟病。英国保守党影子财长奥斯本（George Osborne）认为，金融服务管理局并没有发挥应有的作用，英国金融监管体系改革应该恢复英国央行在规范大银行和金融机构问题上的主要责任，英格兰银行应该重新获得大部分管理和监督职能，以确保最大的银行和保险公司没有涉及过多风险，并保持足够的资本和流动资金。本书将在后面专门介绍该金融稳定框架的改革。

美国金融监管体系改革的初始方案主要集中在金融机构审慎管理、金融市场全面监管、消费者投资者保护、金融危机应对以及全球监管标准及合作五个方面，不过，当最终方案《多德—弗兰克华尔街改革和消费者保护法》通过立法时，取得重大进展主要涉及三个层次：一是微观审慎监管，二是金融宏观审慎管理体系，三是消费者保护。金融机构、金融市场和风险危机应对作为金融宏观审慎管理框架的组成部分，被纳入宏观审慎框架，而全球监管合作被淡化。

在美国金融监管体系改革和金融宏观审慎管理框架的建立中，最为核心的内容有四个：其一，金融稳定监察委员会的成立，由财政部部长担任主席，成员包括联邦层级监管主体的主要负责人，这个机构不仅对系统性风险具有监察、警示和建议权，更有处置权，甚至可以根据风险因素和金融稳定需要拆分大型复杂金融机构。其二，美联储成为超级监管人，新体系赋予美联储大型复杂金融机构的现场监管权以及金融稳定监察委员会的代理权，美联储可以就金融机构的风险提出更加严格的微观审慎监管要求，可以在监察委员会的授权下拆分大型金融机构。其三，沃尔克规则，即对银行的传统商业银行业务和自营业务的限制性规定。其四，填补监管漏洞，最为主要的是成立联邦层级的保险业监管主体以及将影子银行体系纳入监管框架。

相对于欧盟的微观审慎标准的强化而言，美国更加关注的是原则性监管，而不是限制性监管，在微观审慎标准提高方面的改革不如欧盟的力度大。但是，美国监管改革中的沃尔克规则对金融体系发展将产生最为重大的影响，一定程度上，沃尔克规则恢复了大萧条之后《格拉斯—斯蒂格尔法》规定的分业经营和分业监管的原则，而部分否定了1999年《金融服务现代化法》的混业经营与分业监管模式（郑联盛、何德旭，2012），为此沃尔克规则成为华尔街批评的主要监管安排，并持续意图改变这个监管要求。

## 三、美国金融监管放松改革及核心内容

特朗普政府开启了美国金融监管放松的进程。美国金融监管放松改

革形成的《经济增长、放松监管和消费者保护法》是特朗普政府上台以来最为重要的立法之一，也是《多德—弗兰克华尔街改革和消费者保护法》实施以来的首次重大修订。从改革的逻辑和内容看，经过多次博弈后的新法案没有全面否定《多德—弗兰克华尔街改革和消费者保护法》以及审慎监管的政策逻辑，但是，该法确实大幅度地降低了审慎监管标准，是对金融机构的一次较为显著的"松绑"。

（一）美国金融监管放松

金融监管体系改革尤其是金融监管放松一直是特朗普的重大关切。早在竞选阶段，特朗普就声称若其上台将废除《多德—弗兰克华尔街改革和消费者保护法》。上台执政不久，特朗普就于 2017 年 2 月 3 日签署行政命令，确定新政府实施金融监管改革、简化金融监管的基本诉求，并要求财政部和金融稳定监察委员会等对美国现行金融监管制度安排进行重新审查，以评估现行监管法律是否符合特朗普总统提出的金融监管改革最优"核心原则"。

2017 年是美国金融监管改革的酝酿准备时期。美国财政部在 2017 年 6 月发布题为《一个创造经济机会的金融体系——银行与信用联盟》的报告。该报告首度全面勾勒美国政府进行金融监管体系改革的核心原则、重点领域以及针对银行与信用联盟（或称信用合作社）的监管改革建议。2017 年 10 月美国财政部又先后发布了针对资本市场监管和资产管理及保险业监管的改革建议报告。

在立法进程上，针对金融监管放松的监管改革立法大致经历两个阶段。第一个阶段是特朗普上台至 2017 年底的全面否定时期。2017 年 4 月，美国众议院金融服务委员会主席杰布·亨萨林（Jeb Hensarling）提出了全面颠覆《多德—弗兰克华尔街改革和消费者保护法》（以下简称《多德—弗兰克法》）的"金融选择法案"，并于 2017 年 6 月 8 日在众议院获得通过。但是，该草案过于偏激，不利于金融监管体系稳定性，参议院未进行投票。第二个阶段是 2017 年底以来的理性改革阶段。2017

年 11 月 16 日反对"金融选择法案"的麦克·卡波参议员提出金融监管改革新方案，即《经济增长、放松监管和消费者保护法》。这是一个相对温和同时更加具有操作性的改革方案，很快获得两院的支持并通过投票，并经特朗普签署正式成为法律。

（二）美国金融监管放松的核心内容

1. 大幅提高系统重要性金融机构的认定阈值。美国金融危机爆发过程中，"大而不倒"效应或系统重要性问题是金融危机传染中的一个重要机制。金融危机之后，美国对银行控股公司这类复杂金融机构的监管大大强化，对资产规模不低于 500 亿美元的银行控股公司和大型非银行金融机构要求强化审慎监管标准，同时要求定期进行公司级压力测试并提供"生前遗嘱"。在华尔街等利益集团的游说下，特朗普也认为系统重要性的审慎标准对于中型金融机构的市场竞争力是严重不利的。

新法案在坚持系统重要性审慎监管的同时强调放松对中型金融机构的审慎监管标准。在对特定银行控股公司和受美联储监管的非银行金融机构的强化审慎监管标准（即系统重要性监管标准）上，该法案将系统重要性金融机构合并总资产阈值从 500 亿美元大幅提高至 2500 亿美元。资产规模在 500 亿美元至 1000 亿美元的机构在该法实施当日起就免除系统重要性审慎要求；资产规模在 1000 亿美元至 2500 亿美元的金融机构将在法案实施后 18 个月免除系统重要性审慎要求。新法案规定需要进行运营压力测试的银行控股公司资产规模阈值从 500 亿美元提高至 2500 亿美元。新法案实施之后，美国执行系统重要性审慎监管标准的银行数量将从 38 家减少到 12 家，资产规模在 500 亿美元至 2500 亿美元的金融机构获得了较为显著的监管放松。

2. 大力放松中小银行类金融机构的监管标准。在国际金融危机之后，美国社区银行和信用联盟等中小银行业机构的发展进入了一个低谷期。特朗普总统认为这是《多德—弗兰克法》制造的"灾难"，该法不公平地损害了社区银行的利益。本次改革中，中小型银行类金融机构的监管标准显著放松。

首先，监管指标低于一定阈值（比如，资产规模不高于100亿美元或者前两个年度每年发放的封闭式住房抵押贷款或开放式信贷少于500笔）的储蓄机构和信用联盟可以在其提供住房抵押贷款时免除特定的监管要求，同时对于特定贷款免除资金托管要求。

其次，显著简化社区银行资本金监管标准。新法案要求监管当局为社区银行提供简化的资本金监管要求，资产规模低于100亿美元的社区银行可仅以杠杆率作为核心监管指标，当社区银行杠杆率水平高于监管要求就自动认定其符合所有的资本金和杠杆率监管标准。

再次，积极拓展中小金融机构的业务。资产规模低于200亿美元的储贷机构（savings associations）在不改变章程的情况下可与全国性银行享受同样的权利。储蓄机构的交互存款（reciprocal deposits，即两家机构持有对方同样数量的贷款）规模不超过50亿美元或总负债的20%之孰低者，该储蓄机构将可以从事联邦存款保险公司法案中的经纪转存（broker deposits）业务。

最后，降低中小金融机构的运作监管要求。在执行补充杠杆率的监管要求时，联邦储备体系下的银行作为托管银行存在央行的托管资金将无须纳入补充杠杆率的计算范畴。金融机构在向客户发放第二笔贷款时如利率低于第一笔贷款就可以免除为期3天的抵押贷款披露期而直接发放贷款。资产规模低于50亿美元或符合联邦储备体系认定的其他标准的储蓄机构可以降低信息报告要求。资产规模低于30亿美元的机构的存款保险资格审查周期从12个月提高至18个月。

3. 显著放松沃尔克规则。沃尔克规则限制商业银行自营交易，限制商业银行发起及投资对冲基金或者私募基金，要求银行内部建立自营业务、对冲基金投资等相应的合规程序。自营交易及对冲基金是美国金融体系利润最为丰厚的领域，沃尔克规则触及了美国金融体系的核心利益。特朗普总统对沃尔克规则多有不满，认为其严重破坏美国金融体系的全球竞争力。

《经济增长、放松监管和消费者保护法》对沃尔克规则进行了调整，豁免了小银行相关的监管约束。对于合并资产规模低于 100 亿美元的银行主体且交易资产及负债总额不超过合并资产 5% 的银行主体可以免除关于银行控股公司的监管要求。允许特定基金使用其母公司或银行附属投资咨询公司的相同名称或相似名称。需要进行相关信息披露的小型银行控股公司资产规模阈值从 10 亿美元提高至 30 亿美元。

作为金融控股公司的主要监管主体，美联储出台了沃尔克规则完善方案。修正方案主要集中在六个方面：一是基于金融机构交易资产和负债规模实施合规要求，对交易规模最大的交易活动实施最严格的监管。二是对交易账户的界定进行完善。三是对规则允许的做市交易和承销活动进行明确的规定并施加内部风险限制。四是简化银行主体依靠自营交易进行对冲的监管豁免标准。五是限制沃尔克规则对外资银行在国外活动的影响范围。六是简化银行主体提交交易活动的信息要求。

在基于交易资产和负债规模实施分类监管上，美联储将银行分为三类并适用沃尔克规则的不同标准：第一类是规模至少 100 亿美元的，将严格执行沃尔克规则最为严格的标准；第二类是规模在 10 亿美元至 100 亿美元的，将执行相对温和的监管标准；第三类是规模低于 10 亿美元的，将无须自我证明遵循沃尔克规则。合并资产规模低于 100 亿美元且交易资产及负债总额占合并资产规模比例低于 5% 的银行机构将免除沃尔克规则的监管。

美联储的完善方案实际上是在《经济增长、放松监管和消费者保护法》条款及监管改革精神的基础上分类实施沃尔克规则，中小银行将受益于此，但是，对于交易规模较大的银行主体仍然没有放弃对其执行最严格的沃尔克规则标准，远没有达到此前特朗普总统所宣称的"废除"程度。

沃尔克规则从 2013 年 12 月发布以来，其严格的政策限制就受到华尔街银行的指责。同时，其某些部分的政策规定非常复杂，以至于监管机构在其后三年内发布了 21 套常见问题解答，但尽管如此，其正式实施的日期也一拖再拖。

2017 年 2 月，美国总统特朗普签署了一项行政命令，指示财政部部长姆努钦审查现行的金融监管法律条例，拉开了沃尔克规则修订的序幕。2017 年 6 月，美国财政部发布报告，列举了沃尔克规则带来的监管合规负担，建议免除合并资产低于 100 亿美元的中小银行的合规义务，并建议简化和完善自营交易及担保基金的定义，以便银行更容易对冲风险。2018 年 7 月 17 日，监管机构通过并公布了修改沃尔克规则的提案。2019 年 8 月 20 日，最终修订的沃尔克规则由五家监管机构审议通过①，并于同年 11 月 14 日正式出台，于 2020 年 1 月 1 日起正式实施。

根据发布的版本，新规则将在以下方面修改 2013 年规则，以使沃尔克规则提供更多的明确性（Clarity）、确定性（Certainty）和客观性（Objectivity），同时对相关规定进行调整，将监管重点放在交易较多的大型银行，即根据机构交易资产和负债的规模调整规则的合规要求，对交易活动最多的银行实体适用最严格的要求，而对于自营交易规模较小和频次较低的机构实行相对宽松的监管要求。

首先，新规则在合规要求和门槛限制上作出了较大的修改（FDIC，2018）。其一，将合并资产总额不超过 100 亿美元且交易资产和负债总额不超过合并资产总额 5% 的社区银行排除在沃尔克规则之外，同时允许对冲基金或私募股权基金与作为该基金管理人的银行附属投资顾问共享，只要投资顾问本身不是被保险存款机构、控制被保险存款机构的公司或银行控股公司。其二，采用一个三层合规方法，通过衡量银行实体及其子公司和关联公司的交易资产和负债将银行实体分为三类。其中，第一

---

① Office of the Comptroller of the Currency（OCC），Board of Governors of the Federal Reserve System（Board），Federal Deposit Insurance Corporation（FDIC），Securities and Exchange Commission（SEC），and Commodity Futures Trading Commission（CFTC）.

类是拥有"重大"（Significant）交易资产和负债的银行实体，其交易资产和负债总额应大于 200 亿美元，这些银行将继续执行更严格的合规要求，如六大支柱合规计划、年度 CEO 认证和指标约束；第二类是拥有"中等"（Moderate）交易资产和负债的银行，其交易资产和负债总额应介于 10 亿美元至 200 亿美元之间，接受更为简化的合规要求；第三类是拥有"有限"（Limited）交易资产和负债的银行，其交易资产和负债总额在 10 亿美元以下，按照合规性推定，此类银行实体可不必持续性地自证遵守该规则。其三，在计算外国银行的交易资产或规模时，新规则规定计算仅考虑合并后的在美国境内进行的业务所发生的交易资产或负债，而不考虑外国银行实体的全球交易资产和负债（OCC et al.，2019）。

其次，新规则在一定程度上放松了对银行自营交易的监管。其一，放松 60 天以内短期交易的监管要求。新规则明确持有时间少于 60 天的金融工具在交易账户的短期交易意图范围内，而持有 60 天或更长时间的金融工具不在交易账户的短期交易意图范围内，这使得商业银行不再需要向监管机构证明交易账户中 60 天以内交易的意图[①]。其二，新规则规定，受市场风险资本条款约束的银行实体也将不受短期意图约束，并且不受市场风险资本条款约束的银行实体可以选择应用该条款，在一定条件下作为短期意图条款的替代。其三，新规则修订交易平台（Trading Desk）的定义，以便在不同的监管制度之间对商业银行提供一致的处理。其四，新规则将修改自营交易定义中的流动性管理除外条款，以允许银行实体使用更广泛的金融工具管理流动性。同时，新规则将增加新的除外条款，比如除外错误交易、某些客户驱动的掉期交易（Customer - driven Swaps）、抵押贷款服务权对冲交易（Hedges of Mortgage Servicing Rights）等金融工具（McWilliams，2019）。

---

① 此前，沃尔克规则要求不管是否是 60 天以内的交易，均需要向监管部门提交交易意图，且交易主要意图需是对冲风险而不能是盈利。

最后，新规则适当放松了对银行参与担保基金的监管。新规则在一定程度上豁免了对银行从事承销和做市相关活动、风险缓释对冲活动（Risk – mitigating Hedging）、基础经纪交易（Prime Brokerage Transactions）以及外国银行仅在美国境外进行交易活动的监管。新规则规定在2021年7月21日之前，将不会对特定的外国基金进行限制。这将显著提高外国银行实体在美国以外进行交易和担保基金活动的灵活性。同时，新规则将简化对注册投资公司（RIC）及外国公共基金（FPF）的监管要求，以增强此类基金在基金行业中的竞争优势（FDIC，2019）。

4. 完善部分监管制度和强化消费者保护。值得注意的是，《经济增长、放松监管和消费者保护法》并非全面放松金融监管，对于部分监管问题还进行了补充完善。

新法案强化了对保险业的监管要求。该法要求美联储成立一个保险咨询委员会，在2024年底前提供年度报告并接受全球保险监管的政策质询，特别是全球保险监管政策对美国消费者和保险市场的影响。同时要求财政部长、美联储主席、联邦保险办公室主任联合发布国际保险监管标准的影响报告，此报告必须在国际最终标准达成之前发布。

新法案降低部分监管标准的同时又保留金融管理当局的监管权力。新法案在社区银行实施简单的杠杆率监管标准的同时，保留联邦银行监管机构对社区银行的认定权力。在提高系统重要性金融机构认定阈值的同时，保留了美联储对系统重要性金融机构的自由裁量权。在提高需要进行相关披露的小型银行控股公司资产阈值的同时，也保留美联储基于监管目的可不提高该阈值的权力。

新法案强化了消费者保护。新法案在降低储蓄机构和信用联盟监管标准的同时，要求这两类机构必须参与联邦存款保险计划，并同时保障消费者保护。新法案要求信贷机构保存消费者欺诈警示材料至少一年，对消费者安全冻结生效及取消提供无限且免费的服务。消费者通过电子或电话渠道的安全冻结申请必须在收到申请后1个小时内生效。要求联邦贸易委员会建设一个中央化网站以提供各个信贷管理机构的链接，方便消费者申请或撤销安全冻结及欺诈警示。这个服务还需要估计少数族裔和残疾人士的服务需求。

5. 致力于促进资本形成。中小银行在过去强监管过程中弱化了对实体经济的服务功能，是本次改革的一个重点。《经济增长、放松监管和消费者保护法》对小银行监管标准的放松、对小型金融机构豁免沃尔克规则、对系统重要性机构认定标准的提高等本质上都是为了提高这些机构的信用供给和金融服务能力，以促进居民消费和企业资本形成。

《经济增长、放松监管和消费者保护法》在促进资本形成方面的另一重点是资本市场的监管改革。首先，对于已经发行上市或在"全国性证券交易所"发行的证券在发行过程中豁免州监管。其次，要求美国证券交易委员会（SEC）对于小规模商业资本形成的状况和问题进行评估并对相关信息进行披露。再次，修改了1940年《投资公司法》，提高风险投资基金投资者数量限额从100人至250人，低于此限额的可以不向SEC注册为"投资公司"。此外，额外披露的强制保证制度的阈值提高，即发行人在12个月销售规模阈值从500万美元提高至1000万美元，这对于小企业的发行具有促进作用。最后，扩大了适用于"条例A＋"的发行人，豁免某些小型证券产品发行的登记要求。

## 四、美国放松金融监管的影响分析

纵览国际金融监管史，美国无疑是全球金融监管的风向标。本轮美国监管放松是基于其自身的政策考量，但形成"政策洼地"后，可能会引发多国政策共振，促使其他国家被动跟进放松金融监管，重构《巴塞尔协议Ⅲ》下的多边对话协商治理秩序，进而造成全球的金融监管集体放松、风险进一步积聚等后果，其影响需要予以高度关注（胡滨，2020）。

（一）全球金融监管合作秩序重构

国际金融危机后，主要经济体在金融监管方面达成共识，以多边协调机制为基础，成立金融稳定理事会（FSB），建立一个《巴塞尔协议Ⅲ》为核心的金融监管合作秩序。但是，自2017年特朗普上台以来，其一直在重新评估国际监管协调机制对美国的影响，开始试图推翻美国主导、多方协调建立起来的国际治理秩序，重新建立一个"美国优先"的新型监管体制。本次美国率先开始放松监管，就是想要尝试构建独立于巴塞尔协议的"美国规则"，考虑到美国在国际金融市场上的主导地位和影响力，未来《巴塞尔协议Ⅲ》等国际规则是否还会被各国严格遵守尚不明确，国际金融监管多边协调机制作用的发挥存在较大不确定性，国际金融监管合作秩序或将面临重构。为了提高中小银行的信用供给和金融服务能力，特朗普政府以杠杆率标准代替了资本充足率标准，这直接弱化了资本充足率的要求以及《巴塞尔协议Ⅲ》的监管标准性（郑联盛、周学子，2018）。自英国公投脱欧之后，以法国、德国为代表的欧盟各国迫切需要强化自身国际金融中心功能，而英国则要极力维护伦敦的地位，多国可能产生竞争性监管放松（宋湘燕、袁春旺，2018）。英格兰银行在《公平有效市场评估》中指出，英国占据国际债券交易三分之二份额以及全球外汇和OTC市场交易的40%，需要维系一个全球共同遵守的最高监管标准，但需要英国金融部门的市场竞争力（BOE，2018）。

（二）引发全球监管套利

在《多德—弗兰克法》出台不久，美国以减少同不满足法案的金融机构进行经济往来为理由，促使其他国家逐渐将《多德—弗兰克法》的严格法律条款内容融入本国金融监管体系中，《多德—弗兰克法》已成为国际金融监管体系的重要参考。欧盟和欧央行继续推进《巴塞尔协议Ⅲ》的实施计划，并明确多项审慎监管计划实施细则、强化新资本充足指令等以加强对于欧盟银行业的监管。在美国金融监管风向已经发生转变，而全球其他主要经济体还在跟随《多德—弗兰克法》和《巴塞尔协议Ⅲ》继续加强监管的情况下，跨境金融机构或会在利益的驱动下将大量国际资金在不同国家进行配置从而进行监管套利。巴塞尔银行监管委员会指出，各个国家实施巴塞尔协议标准的差异是监管套利以及银行业脆弱性的重要根源之一，全球应该提升《巴塞尔协议Ⅲ》的实施水平（Basel Committee，2020）。国际金融危机后，对冲基金被认为是金融风险放大的重要参与者，金融稳定理事会对对冲基金强化了全球统一化监管标准。但是，在美国放松金融监管过程中，美国对冲基金将会获得"监管红利"。

（三）对其他经济体产生外溢效应

当前，欧洲各国、中国、日本等经济体经济增长面临较大压力，美国发起的贸易摩擦引发新的不确定性，其他经济体境内金融市场格局动荡不安，各国政府基于宏观审慎性要求正在逐步加强金融监管。阿根廷、巴西等新兴市场经济体多遭遇严重的政策难题或面临严峻的经济困局，金融系统尚未从金融危机中完全恢复过来，内外部环境均较为脆弱，严格的金融监管才能维护国内市场进一步稳定。美国在经济处于历史性繁荣阶段，却大幅放松金融监管，同时匹配宽松货币政策和税收改革政策，使得国际资本流动更加频繁，其他经济体面临的外部冲击更为显著，金融稳定和金融安全的挑战更为明显。2018年后，阿根廷面临日益严峻的资本流出和汇率贬值难题，2018年4月底至2019年12月底，比索对美元贬值66.4%[①]。2019年8月阿根廷重新实施资本管制政策之后，比索对美元贬值才得以遏制。

（四）金融机构风险承担上升

放松金融监管是把"双刃剑"，在为金融机构带来活力的同时，往往也让金融机构主动或者被动地承担更多风险。例如，美参众两院通过的放松监管法案虽然本意是为中小银行减轻监管压力，但很大程度上也

---

① 数据来自 Wind，幅度由作者计算。

放松了对于大型金融机构的监管。本次放松监管只是拉开了美国金融监管放松的序幕，后续或将推出更多更细节的放松性法规，使金融机构承担更多风险，金融机构大型化、复杂化重拾升势，这将为金融过度自由化埋下隐患，增加整个金融体系不稳定性。美国金融机构大型化发展趋势有所抬升，2019 年 2 月，摩根士丹利宣布将以 9 亿美元收购一家加拿大大型资产管理公司（Solium Capital）。同月，美国地区性银行 BB&T（Branch Banking and Trust）公告将以 282.4 亿美元收购太阳信托银行，这是危机以来美国银行业最大并购案①。

（五）全球金融市场关联度提升

从理论上来说，金融管制放松有助于促进资本流动规模扩大、跨国投资者数量增加和加速全球金融市场一体化进程，带来各市场间的联系越发紧密、资产之间的相互替代效应越发显著、金融资产价格波动越发强烈等现象。首先是资本流动。基于外围经济体经济增长乏力和美国金融监管放松、税率降低等事实，部分国际资金转而集中投向了美国金融市场，形成了以美国金融市场为中心的跨市操作格局。正是这些跨市交易投资者、跨市溢出信息流，加强了国际上不同区域和国家的金融市场的联动，进而提升了全球金融市场的关联度和风险传染性。其次是混业经营。修订后的沃尔克规则为银行混业经营提供了便利，大型银行可以推出更多类型的金融产品，利用其广泛分布在世界各地的金融机构开展国际金融业务和进入不同的金融市场，从而提高了区域与市场关联的复杂性。最后是机构内部复杂性。新法案提高了系统重要性金融机构的认定标准，这会使中型金融机构具有多样化创新和关联交易的内在动力，大中型金融机构的内部关联性更为复杂。

金融监管放松改革中短期内将有利于美国经济增长。通过放松金融

---

① 参见中国新闻社. 监管放松与税改红利释放：美国银行业迎来新一轮并购潮［EB/OL］.［2020－03－18］https：//new. qq. com/omn/20190214/20190214A1AMLQ. html？pc.

监管，尤其是放松中小金融机构的监管，以提高信用供给能力及水平，从而促进资本形成和经济增长，这是《经济增长、放松监管和消费者保护法》的基本逻辑。法案以社区银行、信用联盟、储贷机构等为核心，在居民住房抵押贷款、中小银行监管标准以及小企业资本形成等方面具有较多的监管放松举措，对于夯实美国经济增长的微观基础是有利的。

金融监管放松改革对于小型金融机构的发展具有支撑作用。《多德—弗兰克法》以严格的宏观审慎和微观监管为支撑，合规成本高企迫使很多银行体系中的中小机构举步维艰，各类业务无法完全开展。新法案出台前8年，美国超过2000家社区银行、储蓄机构、信用联盟等破产、清算或合并。在新法案下，小型金融机构资本充足率、信息披露、合规监管、业务拓展以及沃尔克规则监管等的标准明显放松，其合规成本将大大降低，这将有利于小型金融机构的发展。

中大型金融机构将是本次改革的最大受益者。资产规模在500亿美元至2500亿美元的中大型金融机构可立即或稍晚豁免系统重要性审慎监管要求，将有利于它们再度从事高利润的业务并进行相应的业务拓展，比如资产证券化、自营交易、对冲基金以及私募基金等。2018年6月末，美国商业银行资产证券化产品规模逆转第一季度下跌态势达到1.88万亿美元，创历史新高。

美国金融监管改革使得国际监管标准受到一定的破坏。美国为了提高中小银行的信用供给和金融服务能力，其监管标准被大大放松，影响最为深远的一个改革就是以杠杆率标准代替资本充足率标准，其本质就是弱化了资本充足率的要求以及《巴塞尔协议Ⅲ》的监管标准性。

美国金融监管放松改革将使国际监管协调更加困难。欧洲以及阿根廷、巴西等新兴市场经济体的银行系统以及金融体系受到金融危机的影响仍然没有消退，意大利银行业风雨飘摇，欧洲正在寻求更为严格的资本和流动性要求，而美国方面却在降低此类要求，这使得未来国际监管协调将会出现更大的难题。另外，新法案体现出美国在国际监管协调上的强硬立场。新法案要求财政部、美联储、联邦保险办公室、证券交易委员会等全面评估保险业、资本市场、网络安全等国际监管协调对其国内的影响。

# 第五章 特朗普政府税改的
# 经济影响与政策应对

为了维系美国股市上涨和经济繁荣，特朗普上台后开始推动以企业所得税为主的税制改革。2017年12月22日，特朗普签署了由参议院和众议院协商并通过的最终版本税改法案，并于2018年1月1日开始实施。正式实施的《减税与就业法》(*Tax Cuts and Jobs Act*) 最核心的改革是将企业所得税税率从35%下调至21%。此次税改是一次力度较大的财政税收改革，特朗普政府称其为历史上"最大的"减税和税负改革。

特朗普政府税改主推企业所得税削减，是以推动美国再工业化为目标的。税改实施后的减税效应将刺激企业投资和居民消费，有助于拉动经济增长，但会扩大财政赤字，增加债务负担。再加上美联储"缩表"和加息政策的叠加影响，不仅会对美国经济产生重要影响，也会对全球经济产生显著的外溢效应。虽然外溢效应尚未充分显现，但是，厘清其传导机制及冲击环节是非常有意义的。美国实施的税改、加息和"缩表"等政策组合可能会改变国际资本流动格局，洼地效应引致资本回流美国，并可能引发国际税收竞争或其他相关的贸易摩擦。同时，中国也可能面临短期资本和长期直接投资流出的风险。对此，中国应该积极进一步推动以减轻企业税负为主线的税改，增强企业国际竞争力，同时需要做好相关的风险防范工作，确保经济金融稳定发展。

## 一、特朗普政府税改的经济背景

特朗普政府税改政策是1986年《国内税收法》(*The Internal*

*Revenue Code*）实施以来美国最为重大的一次财税体制改革。这个改革的出台与特朗普政府的国内政策压力、美国经济持续复苏诉求、美国再工业化与国际竞争力以及刻意"忽视"公共债务问题等紧密相关。

在税改之前，特朗普政府在医疗保障、财政预算、移民以及国际贸易等领域的政策遭遇了实质性的阻力，需要一个较为重大的胜利来重塑其政府的公信力。在全球金融危机之后，美国经济经历了一个显著去杠杆过程，企业部门（包括金融业）和居民部门的杠杆率明显下降，房地产市场也出现大幅度的调整，加上美国采取相对扩张的财政政策以及非常规货币政策，使得美国经济呈现较为持续的复苏。2016年，特朗普以全球化中的不平等问题、种族问题以及华盛顿—华尔街问题成功地赢得了总统选举，但是，又面临国内制度性、官僚体系、既得利益集团和民众的四个制约（张宇燕、牛贺，2017），为此，特朗普总统上台之后的经济政策面临着巨大的压力。经历几轮的政策"失败"，特朗普政府亟待一次立法胜利，联邦财税体制改革迎来了"机遇之窗"（李超民、胡怡建，2017）。

再工业化与国际竞争力是本次税改的核心目标。与1980年以来美国历次税改相比，特朗普政府税改的主要特点是主推企业所得税削减，期待推动美国再工业化。特朗普认为，美国需要重新审视财税体制与经济发展、结构调整以及国际竞争力的匹配性，这是重塑美国竞争力的基本保障（Trump Campaign，2017）。本次税改是在美国经济已经复苏的背景下推动的，而且改革力度最大的是企业所得税。可见，此轮税改在刺激经济增长之外，更重要的目标是增强美国企业在税负领域的相对竞争力，促进资本回流和资本形成，推动美国经济再工业化进程。

经济增长和充分就业是本次税改的两个重要目标。自里根政府"供给学派"政策实施以来，财税改革一直是美国政府的基础政策之一。税改是美国政治家获取民众支持的重要手段之一，1980年以来重要的税改有里根税改、小布什税改和奥巴马税改。美国税改减税与经济衰退有着紧密的联系，上面三次税改都是经济处于低谷时期推动的，税改成为拉动美国经济脱离低谷的政策选择。本次特朗普政府税改，不仅是特朗普在兑现其竞选的承诺，同时仍然具有夯实经济复苏基础的政策诉求。特朗普总统的税改政策受到了西方主流经济学界的反对（Summers，2017；Krugman，2017），但是，特朗普政府的经济政策是基于美国经济的核心问题，一定程度上具有逻辑自洽性和实践可行性，对于美国经济复苏可能有实质性利好（李向阳，2017）。

公共债务可持续是美国政府税收改革的核心考量，但是，特朗普本次税改则刻意忽视其对公共债务的影响。2015 年奥巴马政府提出了税收改革，其核心目标有两个：一是增加政府收入，缓释公共债务压力，这主要通过强化资本利得税和向大型金融机构征税来实现；二是提高抵免和税收优惠水平，为中产阶级减负，主要通过家庭额外税收抵免、儿童保健税收抵免、简化教育税制以及改进企业养老金计划进行。奥巴马政府的税改实际是在作结构性调整，核心目标是缓释美国公共债务压力。此前，小布什政府除了在"9·11"事件和全球金融危机之后实施较为显著的减税举措之外，也没有取得财税体系改革的实质性进展，其核心的约束也是公共债务压力。但是，本次特朗普政府税改是在明确知晓公共债务会显著提高的情况下强力推进的，最为关键的是忽视了其对公共债务的直接冲击。在众议院筹款委员会和参议院财政委员会以及后来参议院和众议院的投票中，法案都是因共和党掌控两院以微弱优势获得通过（Hughes，2017）。

## 二、特朗普政府税改的核心内容

此轮特朗普政府税改作为 1986 年以来最为重大的一次改革，涉及内容和细节非常之多。作为商人出身的总统，特朗普提出的最初税改方案与此前几任政府的财税改革具有较大的区别，具有三个核心目标（Gingiss，2016）：一是简化税制；二是大幅降低企业税负；三是保障家庭收入。本质上仍然是财税体系中制度、规模和结构三个核心问题。比如，在其改革方案中，个人所得税七档税率要简化为三档，减少税收申报数量，简化税收扣除问题，减少净投资税及替代性最低限额税（Alternative Minimun Tax），建议取消遗产税，计划取消除研发税收抵扣外的大部分税收优惠（姜跃生，2017）；企业所得税税率从最高 35% 下调至 15%，个人所得税最高税率由 39.6% 降为 33%（此前曾欲下调至 25%）；个人标准抵扣额从 6350 美元提高到 15000 美元，家庭标准抵扣额从 12600 美元提高到 30000 美元等（Irwin and Rappeport，2016）。

作为美国国内最为重大的经济政策之一，财税政策的调整涉及众多的利益调整，特朗普的税改过程就是一个利益博弈以及政治博弈的过程。最后通过的《减税与就业法》与特朗普最初提出的改革建议存在一定的差距，比如税制简化没有取得重大的进展，但是，仍然保留了特朗普对于企业所得税和个人税负降低的诉求。

《减税与就业法》主要内容包括企业所得税、海外企业利润汇回税、个人所得税和遗产税等内容，其中企业所得税削减是重头戏。最终税改方案主要内容（*Tax Cuts and Jobs Act*，2017）包括：（1）企业所得税税率从 35% 下调至 21%。其最初方案是下调至 15%。（2）对未缴税的海外企业利润一次性征税，汇回税率从此前最高 39.6% 的税率改变为按流动性分为两类：现金及其等价物形式的税率设为 15.5%，非现金资产的税率为 8%。汇回利润税率调整也属于企业所得税范畴。（3）个人所得税方面，没有成功减少至三档税率，继续维持七档税率但调低部分档位税率，将最高档税率从 39.6% 降低为 37%，比最初方案的 33% 高出 4 个百分点。个人税单身标准抵扣额度的提高额度比最初方案略有降低，个人税单身标准抵扣额度从 6300 美元提高至 12700 美元（最初方案是 15000 美元），夫妻标准抵扣额度从 12600 美元提高至 24000 美元（最初方案是 30000 美元）。（4）遗产税保留，起征点从 549 万美元调高至 1120 万美元，起征点提高超过 1 倍。① 此次税改还在房产税、教育、替代性最低限额税（没有取消但提高额度，对个人从 54300 美元提高至 70300 美元）等方面进行了相关的改革与调整。

本次税改最为重大的改革就是企业所得税税率的大幅下调，目标在于提升美国大型跨国公司的国际竞争力。企业所得税税率从 35% 下调至 21%，美国企业税税率将从中高水平降至中低水平。税改前，美国是经济合作与发展组织（OECD）成员中企业所得税最高的国家，企业所得税下调体现了特朗普政府"向内看"的政策逻辑。本次税改影响最大的是美国 C 型公司。美国公司报税体系分为穿透实体和 C 型公司两类，穿透实体包含个人所有制、两人以上合伙制以及 S 型公司，S 型公司是美国公民持有、股东不超过 100 人的国内公司；C 型公司就是标准股份公司。虽然 2014 年底穿透实体在公司数量上已经接近 92%，但是，C 型公司基本是大型跨国企业，对于经济增长和国际竞争力具有更重要的影响力（戴悦，2017）。为此，特朗普政府税改影响收益最大的可能就是美国的大型跨国公司。另外，海外企业利润汇回税率的大幅调整对于美国大型跨国公司的资本回流也是较为有利的。这充分说明特朗普极其重视美国跨国企业在其国际竞争力中的作用。

经济增长和充分就业仍然是本轮税改的重要目标，个人税负改革也是重要的改革内容，这将有利于促进居民消费和经济增长。美国是以消费驱动经济增长的经济体，削减个人所得税可以刺激消费，直接推动经济增长。从税率上，保持七档税率，最高税率从 39.6% 降至 37%，其余档税率从 35%、33%、28%、25%、15%、10% 分别调整为 35%、32%、24%、22%、12%、10%。个人税单身标准抵扣额度从 6350 美元

---

① Tax Cuts and Jobs Act. ［2017 - 12 - 28］ https：//www. congress. gov/115/bills/hr1/BILLS - 115hr1 enr. pdf.

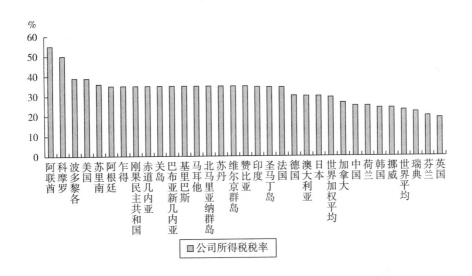

注：除中国外，其他国家的公司所得税均以复合所得税税率（Combined Corperate Income Tax Rate）计算，中国只列示企业所得税，不包括增值税、营业税等由企业负担的税种。世界加权平均是通过各个经济体 GDP 加权平均。

**图 5 - 1 美国税改前的公司所得税国际比较**

[资料来源：OECD（2018）、Jahnsen and Pomerleau（2017）]

提高至 12000 美元，夫妻标准抵扣额度从 12700 美元提高至 24000 美元。[①] 每个纳税户每年预计将减少 4150 美元的税负（Ruane，2018）。家庭税收抵扣方面，未成年成员税收抵扣额从 1000 美元提高至 2000 美元，税款返还部分最高可达 1400 美元，其他被赡养人抵扣额从 0 提高至 500 美元。家庭首套房产和第二套房产贷款利息抵扣额从 75 万美元提高至 100 万美元。

在遗产税上，起征点从 549 万美元调高至 1120 万美元。此前，美国遗产税的调整都是渐进式的，2001 年以来每年（除 2010 年）调整起征点或税率，2011 年以来起征点基本是一年提高几万美元，最高税率自

---

① Tax Cuts and Jobs Act. ［2017 - 12 - 28］ https：//www.congress.gov/115/bills/hrl/BILLS - 115hrl enr. pdf.

2012 年从 35% 提高至 40% 后保持不变。对于绝大部分美国家庭，此次遗产税起征点翻倍意味着该税形同虚设。合格医疗保险覆盖调整、个人及家庭抵扣额提升、税款返还提高、房产及房贷利息抵扣提高以及遗产税起征点翻倍等诸多调整，对于居民部门消费可能是一个有力的促进，对于消费支撑的美国经济也是一个较强的支撑。

## 三、特朗普政府税改对美国经济的影响分析

财政政策是直接影响总需求的宏观政策，特朗普政府实施的大幅减税政策将刺激企业投资和居民消费，有助于拉动经济增长，但是，会相应扩大财政赤字和公共债务水平。根据美国国会税务联合委员会（JCT）对参议院税改版本的估算①，2018—2027 年，新税改使得十年间国内产出大致提高 0.8 个百分点，就业水平也有望提升 0.6 个百分点。本部分将从特朗普政府税改的减税效应、增长效应、公共债务冲击以及对重要金融市场等领域进行影响分析。

（一）税改的减税效应

从减税的规模看，税改预计为美国家庭和企业减税约 1.455 万亿美元。根据美国国会税务联合委员会数据，特朗普政府的税改将带来总规模约 1.455 万亿美元的减税规模（JCT，2017），约占 2016 年美国 GDP 的 7.54%。从税收收入减少的总量变化来看，2019 年和 2020 年将是减税效果最大的两年，之后逐步下降，相对应的是 2019—2020 年将是美国财政压力最大的两年。

从减税的结构看，企业所得税下降幅度远大于其他税种，减税规模

① 参议院版本的法案与正式通过的《减税与就业法》存在一定的差异，但是，基本内容大部分是十分接近的，故中立机构国会税务联合委员会对参议院税改的经济影响与最终方案的影响应基本相似。比如，参议院版本的法案要将公司所得税最高税率从 35% 降低至 20% 并于 2019 年正式实施，但是，《减税与就业法》将公司所得税最高税率降低至 21% 并于 2018 年正式实施。

最大，同时个人所得税减税规模也较大。企业所得税税率下降幅度较大，下调了14个百分点至21%，是本次税改最重大的内容，也是本次税改被称为是"历史性"的核心表现。此次企业所得税调整之后，美国企业所得税的水平已处于全球中低水平（Medium – low）。同时，减税规模第二大的部分是个人税负。新税改实施之后个人所得税净变化大致是工资收入总额的1个百分点，但是，因为标准抵扣额提高等导致的减税效果大致是工资收入总额的2.4个百分点（JCT，2017）。企业所得税收入在美国联邦财政收入中所占比重较个人所得税低，2016年企业所得税仅占联邦财政收入的9.17%，而个人所得税占到了47.33%，个人所得税税率调整较为有限但是其占比较大，总体规模也较为显著。整体的受益结构大致是，公司部门所得税可能减少5280亿美元，税赋转由合伙人缴纳的企业（pass – through business）可能减税3620亿美元；个人所得税可能减少4440亿美元，遗产税大致削减830亿美元（CBO，2017）。

（二）税改的增长效应

整体而言，本次税改对于企业所得税和个人税负都有一定程度下降，特朗普政府税改将有小幅正向的经济增长效应。美国国会税务联合委员会基于参议院税改版本估计新税改使得未来十年国内产出水平平均每年额外扩张0.8%（不是增长率提高0.8%）[1]，税改在未来十年经济产出扩张总规模大概是1.895万亿美元，约为2016年美国GDP的10.2%。美国税收政策中心同样基于参议院版本法案预测2018—2019年美国国内生产总值每年额外扩张0.4%，该期间经济产出累积扩大9610亿美元（TPC，2017）。宾州大学沃顿预算模型则预测此次税改对于经济产出水平的影响范围是0.6% ~ 1.1%（PWBM，2017）。不同分析的结构差异根源有二：一

---

① 2017年12月22日的报告调低了增长效应，经济产出水平额外扩张幅度降低至0.7%。详见The Joint Committee On Taxation of Congress of the United States（JCT）．"Macroeconomic Analysis of the 'Tax Cut And Jobs Act' As Ordered Reported By The Senate Committee on Finance"．JCX69 – 17，December 22，2017。

是此次税改对高收入阶层的利好较大，但高收入阶层的边际消费倾向较小；二是企业所得税大幅下调是企业投资决策调整的重大因素但非充分因素。

税改对美国经济增长的拉动效应主要通过企业投资、消费提振和就业市场改善来实现。在资本形成方面，大幅削减企业所得税税率，一方面会增强企业竞争力，改善经营环境，另一方面也会吸引外商直接投资，如到美国投资建厂。同时，对跨国公司海外利润一次性优惠征税，促进海外利润回流，有助于提高储蓄率和资本形成。但是，长期资本的转移不仅需要考虑到税负成本，还需要全面考虑综合成本以及服务市场等因素，尤其潜在受益最大的大型跨国企业在资本回流权衡中更需要考虑核心市场远近及综合成本高低。同时，减税会造成政府债务上升，国债收益率上升，企业融资成本也将随之上涨，企业资本形成需要考虑长期利率和预期回报率的相对变化，这对于美国可能没有显著优势。从税改的宏观影响看，美国资本形成在税改实施下会有所增加，但是，可能不会出现长期重大的趋势性资本回流和产业扩张。为此，美国国会税务联合委员会将未来十年美国可用资本规模增加值从参议院投票前的 1.1% 下调至法案通过后的 0.9%（JCT，2017），从而使经济增长效应被拉低。

在消费促进方面，个人所得税和部分企业所得税削减会增加居民收入，刺激消费增加，有利于消费主导的美国经济。比如占比达到 69.8%的私人所有制企业（戴悦，2017），其企业所得税将转为由合伙人缴纳的企业个人所得税。虽然个人所得税税率下降幅度不如企业所得税明显，但是，由于消费主导性和个人所得税比重高，个人所得税降低对经济增长具有一定的积极意义。对税改经济影响作出预测的机构在消费促进上的分析逻辑及计算分歧较小，基本预计消费水平会额外增长 0.6%。

在就业市场上，减税可能会改变就业市场上的劳动力供给。特别是标准抵扣额等提高导致的实际减税效应还是有较显著的积极影响的，对于改善就业意愿是一个正向的激励。但是，就业改善效应可能在新税改实施后的中短期较为有效，在结构性税改实施一段时间后（比如 3～5

年），就业市场的改善效应可能就明显弱化。2018—2027 年，美国就业市场每年平均将改善 0.6%（JCT，2017）。但是，由于目前美国失业率处于历史最低水平，基本是充分就业状态，税改对于劳动力市场改善程度是否能够得到模型预测中水平值得深入观察。

（三）税改对公共债务的影响

减税对公共财政的短期影响是负面的，对于主权信用也有较为显著的负面冲击。从短期看，减税对财政收入具有强负向冲击，2019—2020 年是美国公共财政及债务上限调整的压力较为显著的阶段。由于税改给予企业海外利润一次性汇回优惠税率，美国跨国企业为避税而囤积在海外的 2.6 万亿美元利润将部分回流，增加一定的税收收入，但是，这难以改变税改对财政收支的负面冲击，无助于缓解美国公共债务短期快速上升的趋势。由于美国主权信用与美国公共债务水平支撑相关，这将直接影响到美元币值的稳定性。从外汇市场看，市场参与者对于减税引致的公共债务冲击较为担忧。一方面，减税是否能够有效促进经济增长并没取得共识，不同渠道的预测都说明减税的经济增长效应可能是小幅度的，依靠资本回流来强化美国经济增长的基础和国际竞争力存在不确定性。另一方面，里根政府的减税改革表明减税的经济增长的税收"反哺机制"并不显著，最后的结果是导致财政赤字扩大和公共债务提升。里根政府当时为了提振经济和促进消费，在 1981 年《经济复苏和税收法》中将中小企业（收入低于 22.5 万美元）的公司所得税税率从 17% 降至 15%，资本利得税税率从 25% 降至 20%；在 1986 年《税制改革法》中将个人所得税最高税率从 50% 下调至 35%、将公司所得税最高税率从 46% 降至 33% 等（李栋，2012）。截至目前，里根政府的减税规模和范围应是美国历史之最，但是，美国联邦债务总额从 1980 年 9090.4 亿美元飙升至 1989 年的 2.868 万亿美元。[①]

---

① 数据来自 CEIC。

公共债务上限问题将直接引发美国主权信用风险。税改后联邦政府赤字将迅速上升，突破联邦政府法定债务上限，将迫使国会提高法定债务上限。2017 年 3 月联邦法定债务上限提高为 19.8 万亿美元，而 2016 年美国联邦政府总负债就已经达到 18.5 万亿美元，接近债务上限。税改后财政收入减少，而财政支出短期难以削减的背景下，联邦政府债务迅速上升将是不争的事实，那么提高法定债务上限将是近两年美国国会的重要讨论议题。2018 年 1 月 20 日美国参议院投票因不达五分之三多数未能通过联邦政府拨款的临时预算法案，美国政府非必要部门自 21 日起暂时关闭。特朗普政府将其归咎于参议院反对党的责任，称其为"舒默式关闭"，反对党领袖舒默参议员则认为根源在于特朗普总统，是"特朗普关闭"。未来特朗普政府在预算上限问题上可能将继续遭遇类似问题，无法获得五分之三支持票。此前，美国财政部长努姆钦要求国会在 2018 年 2 月底之前就提升联邦政府债务上限。

此次税改对于联邦财政长期的收支平衡基本是负面影响。在中长期内，减税可以通过激活企业活力和竞争力、增加税基的方式改善财政收入，这是减税对经济增长的"反哺"。但是，企业和个人能动的反应以及实体经济周期或结构性影响，可能使得通过税改增加税基的机制难以有效实现，税改实施后十年可能相应导致美国国家债务提高 1.455 万亿美元。美国绝大部分经济学家认为，特朗普政府的减税改革在中长期将增加联邦政府负债压力，即此次改革所带来的税基增加可能无法抵消减税及税率下降的影响（Enten，2017）。

（四）税改对利率、汇率和资产价格的影响

对国债收益率和利率影响方面，利率上行是大趋势，上升节奏仍由美联储把控。美国国债收益率的变化既影响自身融资难易程度和成本，也会影响全球利率，因为美国国债收益率是全球的无风险利率。美国税改对国债收益率和利率的影响，要从国债的供给和需求两方面来看。供给方面，联邦政府债务增加，将直接增加债券市场的国债供给量，推动国债收益率上行。需求方面，税改会吸引短期和长期资本流入，吸收部分国债新增规模。美联储 2017 年 10 月开启缩表计划，也会推动国债收益率在未来 3~5 年内逐步上升。

值得注意的是，税改对美国经济的影响将是 2018—2019 年美联储货币政策决策的重要考虑，不过，预计美联储加息节奏不会受到税改的过多影响。美联储在 2020 年以后的中长期目标利率是 2.75%，目前联邦基金目标利率为 1.5%。这样来看，2018—2020 年每年可能加息 2~3 次①。如果税改后国债收益率上升过快，美联储会相机抉择减少加息次数，美联储独立性及其对加息、缩表的把控一定程度上有利于缓释减税导致的公共债务上升对主权信用及国债收益率的不利冲击。美联储的能动性可以保障美国国债的需求缺口尤其是国外投资者的需求缺口不至于过大，防止国债收益率进一步提升并加大公共债务的偿付压力。

在税改和美联储缩表、加息共同作用下，美元具有一定的基本面支撑。汇率方面，税改对企业投资、家庭消费和经济增长的促进作用将整体有利于美元的基本面，同时美国国债收益率和利率提升有利于外汇市场上美元的需求，美元走稳或一定程度走强。但是，美元是否会走强，需要市场对美元背后的主权信用及公共债务的判断，同时需要看欧元、日元、英镑等其他货币及经济基本面的表现。

税改导致财政赤字扩大和公共债务提升可能大大弱化美元的信用基础，甚至使美元成为一个相对弱势的货币。美元本位制下，美国公共债务提升，意味着美国主权信用弱化，对于美元可能是一个较为显著的负冲击。特朗普政府税改方案通过之后，外汇市场并没有显示税改对于美元及其相关公共债务、主权信用的信心，美元指数反而出现明显的弱势，从 2017 年 12 月 22 日的 93.3 较快下跌，2018 年 1 月 24 日美元指数跌破

---

① 此处的数据均为美国税改后市场较一致的预测。但是由于 2019 年美国经济增长出现放缓迹象，在特朗普政府的压力下，美联储 2019 年就开始降息。

90。① 美元的市场表现与美国主流经济学家对特朗普政府税改的观点基本一致：税改将显著恶化美国财政赤字和公共债务水平，这对于美国长期发展和美元信用反而是一种约束。

公共债务政治化将使美国信用及美元面临更复杂的变数。逻辑上，由于共和党"控制"了参议院和众议院，共和党政府的财政预算方案应该较为容易获得国会通过，但是，由于特朗普领导的共和党政府和参议院、众议院在医保、移民、贸易等领域的立法冲突累积较为显著，特朗普未来的预算方案特别是债务上限问题可能会面临较为激烈的冲突，即立法层面对行政层面的不信任可能使未来联邦政府债务问题更加突出。债务上限问题在国际金融危机之后更加频繁出现，除了美国政治制度的两党博弈之外，更重要的是，美国利用美元国际地位，将金融危机中的私人部门风险集中化、集中风险债务化、公共债务货币化，即以政府部门加杠杆来缓释私人部门去杠杆的经济冲击。由于美元的国际储备货币地位和美国国债国际储备资产的特殊地位，美国政府可以通过美元贬值和通货膨胀的办法摆脱自己的债务负担；即便美国政府希望保持美元的强势，美国政府为克服金融危机所采取的扩张性财政和货币政策，也可能会最终导致美元贬值和通货膨胀（余永定，2010）。减税对公共债务的冲击可能进一步使美国陷入一个信用弱化的螺旋，并对美元带来新的冲击。

总需求上升和资本流入将推高美国通货膨胀和资产价格，需要关注资产价格泡沫及未来的回调风险。从当前美国宏观经济运行来看，2017年第三季度 GDP 同比增长率 2.3%，10 月 CPI 同比增长 2%，11 月失业率 4.1%②，增长复苏态势较好，失业率也已降到 8 年来最低点。在美国经济可能已经达到潜在增长水平时点出台减税刺激，总需求上升会更多

---

① 数据引用自 Wind。
② 数据引用自 CEIC。

导致通货膨胀率上升。在居民收入增加、企业税负降低、通胀上升和资本流入等背景下，美国股市和房地产价格理论上将会被推高，但是，由于美国股市和房地产价格已经处于高位，税改反而可能成为一个估值调整的重大信号，资产价格波动可能加剧。

从更长期的角度，需要关注美联储加息、缩表以及减税中美国国债收益率上行对资产定价机制的内在影响。美国国债是全球无风险资产的核心表现形式之一，其收益率也是全球无风险收益率的核心指标，同时也是其他风险资产定价的基准。如果美联储加息、缩表以及减税显著提高了美国利率水平，那么美国风险资产及全球风险资产的估值可能会重构，资产价格可能具有较大的下跌压力，尤其是房地产和股票市场。对新兴市场经济体国家，美元大幅波动的汇率风险需要重点警惕。

## 四、税改对世界经济与中国经济的影响

美国是全球最大的经济体，其政策调整对于世界经济都会有显著的外溢效应，对于直接投资、资本流动、财税改革以及国际贸易等都会有显著的影响。尤其是针对企业所得税的改革可能会影响大型跨国企业的资本配置和投资决策，这对于直接投资和全球产业链可能会有一个较为显著的影响。

（一）特朗普政府税改的全球影响

1. 税收洼地效应引致资本流入美国。企业所得税大幅降低的税改带来显著的减税效应，使得美国的长期投资环境更有政策优势，将产生一个由中低税率为主导的洼地效应，会吸引外国直接投资资本流入美国，同时美国在国外的直接投资资本回流本土。尤其是美国在境外高达 2.6 万亿美元的累积利润走势可能影响全球外商直接投资（FDI）的流动和分布格局。当然，这个回流机制是否能够有效建立，需要看特朗普政府政策的稳定性和可预期性，同时还需要关注大型跨国公司对于资本回流

可行性的综合权衡。

2. 税改、缩表和加息组合改变国际资本流动格局。2017—2019 年美国税改、缩表和加息三项政策效应叠加在一起，打破了国际资本流动相对均衡的状态。美联储的缩表操作和加息将会提高美国利率，从而吸引短期资本流入以及部分中长期资产配置资金的流入。三个政策的结合，可能使美国在获得国际长期资本和短期资本方面都具有一定的相对优势。目前，主流经济学家对于优势的认识基本偏悲观，认为特朗普政府的税改对于经济增长、资本回流有积极作用，但并非是实质性的改善。但是，对于企业部门而言，特朗普政府税改确实触及了企业运营的核心要素，是一种实质性的成本降低和优势强化。不能因为主流观点而忽视了这种实质性改革的潜在收益及其长期影响。此消彼长的资本流动格局将使得税负较高、预期投资收益降低、金融稳定性较差的经济体面临较为显著的资本流出压力，国际资本流动格局发生显著变化。为此，2017 年以后，美国股票市场仍然持续上涨并屡创新高。

3. 美国税改引发国际税收竞争。随着特朗普政府税改法案落地，可能出现全球主要经济体争相减税的局面。为减少企业竞争劣势，更多国家可能会加入减税行列。英国和法国在 2018 年预算案中实施了部分减税计划，德国也在考虑减税方案。法国将实施减少居住税、取消私营企业职工两项社会保险税、削减巨富税等"全面受益"的举措，其中将在 3 年期间分阶段取消 80% 家庭或 1700 多万纳税户的居住税。

美国税改整体将打破国际贸易及相关税收安排相对均衡的结构，使得税率较高国家的企业处于不利地位。此外，美国减税也将会冲击以出口为主导的亚洲经济体，倒逼这些国家减税，以重新获得出口的竞争力。对于东亚出口型经济体而言，对国内企业减税，可以减小企业生产成本，增加其在国际市场的竞争力，促进出口、增长和就业，但是，由于此类经济体对于出口行业、相关制造业及税收的依赖程度较高，减税可能使这些国家面临财政收入的较大困难。税收竞争引发财政领域潜在的困难可能比美国税收改革的外溢冲击本身更为显著，相关经济体政府必须权衡美国税改的负面影响和自身税改的综合影响。

（二）美国税改对中国的影响

作为全球第二大经济体，中国与世界经济联系日益紧密，美国政策调整势必对中国产生显著影响。单从特朗普政府税改本身而言，对于中国的直接影响可能主要体现在资本流动上。但是，由于税改将会叠加美联储的加息、缩表政策，对于中国经济的影响将是一个更加复杂的过程，需要重点警惕特朗普政府税改对中国直接投资、资本项目、金融稳定以及包括财税体系在内的经济改革的影响。2018 年美国政府发动单边贸易保护主义后，这种影响及其叠加效应基本持续到了 2019 年。

1. 美国税改对中国外商直接投资的影响。从长期资本流动方面看，美国税改引发的国际税收竞争，会对中国外商直接投资的流入影响较大。2016 年美国在中国的外商直接投资中所占的比重仅为 1.89%，欧洲占到 7.49%，亚洲占比为 78.44%。① 表面上，即使一部分美国直接投资回流也不会对中国外商直接投资流入产生较大影响，但是，一方面，美国外商直接投资较大一部分是通过中国香港、新加坡、避税地等迁回投资中国境内，国际资本回流美国，也将使中国香港、新加坡等地的资本回流，减少对中国境内的直接投资；另一方面，美国税改如引发欧洲和亚洲的减税浪潮，那将会对外商直接投资的流入造成新一轮影响。

2. 美国税改对中国资本流动的影响。整体而言，美国税改对于中国的资本流动带来了一定的冲击。除了企业所得税降低对长期直接投资的影响较为实质之外，中国短期资本流出压力也可能由此增加。短期资本流动对短期预期变动、利率变动和收益稳定性较为敏感，美国利率上升是导致短期资本流出中国的重要原因之一，国内对于人民币及其相关资产的回报率预期发生了重大的改变，2005 年后长达 10 年时间中，国际

---

① 原始数据引自国家统计局，比例由作者计算。

资本投资中国可以享受资产投资收益率和人民币升值双重收益，但是，随着人民币双向波动加剧，国内各种投资收益率下降，以及金融市场波动性加剧，国内实体经济和金融体系一度出现"资产荒"，这将使国际收支中金融项目的资本流出较为显著。2015—2016 年，金融项目的资本流出压力是巨大的，2017 年由于美元汇率下行和人民币逆周期因子政策实施，资本流出压力有所缓释，但是，美国税改叠加美联储加息、缩表可能再度引发资本流出的预期，给中国国际收支带来新的不确定性。

3. 美国税改对中国财税体系改革的影响。美国政策外溢效应对于中国经济冲击主要表现在贸易与投资上，为此，上述两个方面的影响是较为普遍的影响，并且中国长期面临上述两大不确定性。但是，对于中国财税体系改革的影响，美国政策相关的外溢效应则是较弱的，但是，此次税改将使中国财税体系改革面临更大的急迫性以及更复杂的政策选择。

一是中国企业部门税负相对美国偏高。在税改之前，美国企业所得税在全球处于中高水平，改革之后，美国企业所得税将处于全球中低水平。相比美国和全球的企业所得税水平，中国企业部门的税负压力相对较高。表面上，中国企业所得税的税率为25%，仅比美国税改后的21%高4个百分点，但是，实际上，中国企业部门还需要负担增值税和营业税①，其中增值税税率是17%。随着中国经济下行，投资回报率下降，企业税负压力将更为显著。而美国大幅降低企业所得税，大型跨国企业将综合权衡成本尤其是税负成本，并调整其投资决策与结构。

二是中国税收结构决定税改空间相对有限。从税收收入的结构看，2016 年中国企业所得税占全国税收收入的22.1%，与企业税负相关的增值税和营业税分别占全国税收收入的31.2%和8.8%，仅仅这三项来自企业部门的税收占中国税收收入比重就超过60%。同时，城市维护建设

---

① 2017 年 10 月 30 日国务院常务会议通过《国务院关于废止〈中华人民共和国营业税暂行条例〉和修改〈中华人民共和国增值税暂行条例〉的决定（草案）》，营业税被废除。

税，土地增值税、资源税、城镇土地使用税等也主要由企业部门缴纳。2016 年美国企业所得税占联邦政府收入的比重仅为 9.17%。2016 年美国企业的总税率为 44%，中国企业部门总税率为 68%，在全球 190 个经济体里税负排第 12 位（连平，2017）。"营改增"对于企业减负有一定的帮助，但是否能够实质性降低企业税负、大中小企业是否具有相似的减税效应以及是否能够降低企业税源在税收收入的比重，仍然需要观察。中国税收结构决定了中国企业部门的税收收入在全国税收中的核心地位，这决定了中国企业部门的税率难以大幅调整，否则政府的收支结构以及经济的平稳发展将出现重大的变数。李明等指出，中国国有及规模以上工业企业税负呈现顺周期特征，企业所得税较难进行逆周期调整（李明等，2016）。但是，较高的税负可能使企业部门的竞争力面临硬约束，对于财税体系的可持续则是一个重大的结构性错配，二者如何权衡将是中国未来财税体系改革的一个基本问题。

三是加剧了中国财税体系和经济结构改革的紧迫性。中国的税收收入是以企业为主导的，美国的税收收入是以居民为主导的，背后的根源在于财税体系和经济结构的差异。一旦国外资本逐步流出，同时国内民营资本流出可能增加，结果是国际大企业和国内民营大企业资本可能因此部分"搬出"中国。有研究基于中国 2006—2014 年制造业上市公司企业所得税负担及影响因素分析得出结论，区域因素已经不再成为制造业上市公司所得税税负的影响因素（李建英等，2015）。一旦企业"搬出"中国的状况大面积发生，那中国税基将大大弱化，以企业收入为主导的财税体系将面临巨大的可持续问题。

4. 美国税改对中国金融稳定的影响。从逻辑上，一个经济体的财政政策对于外围经济体的金融稳定可能没有非常直接且显著的影响，但是，美国是国际货币体系的核心国家，美元本位是现行国际货币体系的基础，而美元本位的信用基础与美国国家主权信用及债务水平紧密相关，因此，美国税收改革对包括中国在内的国际货币体系和金融市场稳定将可能有潜在的重要影响。对于中国金融安全和金融稳定而言，美国税改的影响主要体现在内外两个方面。

在内外平衡的影响上，一是如果美元指数波动加剧，对于人民币汇率稳定将是一个直接的影响。二是美国多项政策叠加可能使国际资本流动加剧，国内资本流出压力可能重现，对于国际收支平衡将是显性的压力。2015—2016 年中国国际收支出现了"衰退式"贸易顺差和"趋势性"资本逆差，这对于中国国际收支稳定和外汇市场稳定都是显性冲击，美国税改可能使这种冲击重现。三是汇率贬值和资本流出双重压力，可能使中国外汇储备安全面临新的不确定性。如果中国继续维持对美元双边汇率的相对稳定，那可能在面临贬值压力和资本流出压力时，需要干预外汇市场，可能需要消耗外汇储备，直到面临稳汇率和保储备的政策两难。

在内部政策方面，美国政策外溢效应将影响中国的宏观政策独立性。在美国税改、美联储加息和缩表的政策叠加下，美国利率走高是一个相对长期的趋势。2017 年 3 月和 12 月，美联储加息之后，中国央行也微幅提高了政策利率。没有证据证明人民银行提高政策利率是为了稳定汇率，也不存在人民银行被动跟随美联储缩表的问题（盛松成，2017）。但是，美国政策变化对于资本流动、汇率稳定和货币政策都可能带来显著的影响，比如短期流动性管理的难度将进一步提升，而中国银行间市场流动性在金融去杠杆中长期保持相对紧张，利率持续上升，波动性在加大，人民银行对于短期利率定价的影响以及中长期利率的引导都面临显著的压力。在财政政策上，短期可能可以暂时搁置美国税改的冲击及其对中国财税体系的潜在改革影响，但是，中国在世界银行全球营商环境评估中的税负评级仅位列 190 个经济体中的第 130 位（营商环境总体排名为 78 位）（World Bank，2018），中长期中央政府不得不考虑中国财税体系、收入结构以及收支匹配的体制性约束和结构性约束，亟待构建现代财税体系。

最后是外部风险触发内外风险共振，引发系统性风险。相对于美联储加息和缩表，美国税改对于贸易、外商直接投资等与实体经济直接相关领域的影响较为直接，加上外汇、金融、政策等领域的影响，将会逐步冲击经济基本面、财政税收以及金融稳定。虽然概率较小，但如果美国税改导致大量企业回流美国，对于中国产业发展、结构调整、经济增长以及财政税收都将是重大的冲击。在国内经济下行压力仍大、经济结构调整艰难、经济体制改革整体有待深化、金融风险日益显性化的背景下，美国税改引发的外溢效应可能导致内外风险的共振，引发潜在的系统性风险。

## 五、结论与建议

### （一）美国税改的主要结论

特朗普政府积极推进的税收体制改革是 1986 年以来美国政府最为重要的一次税收改革，本次税改具有促进美国再工业化、缓释政府政治压力、夯实复苏基础等重要背景。本次税改以企业所得税降低为核心、家庭税负降低为重要补充，兼顾简化税制，美国企业税负将从全球中高水平降低为中低水平，税改的核心目标是推进美国再工业化和经济持续复苏，并提升美国企业的全球竞争力。企业所得税税率从 35% 下调至 21%，对于美国大型跨国公司具有最大的政策红利。

特朗普政府税改进一步增加了美国经济政策体系的不确定性，短期对于资本回流、经济增长、就业提升可能有一定的促进作用，但是，中长期面临日益强化的公共债务问题，将使政策变数逐步显现。叠加美国政府面临的贸易、医疗、移民等政策难题，特朗普政府因税改导致的公共债务压力将更为显著，特别是债务上限政治化可能使美国公共债务和美元信用面临较大的不确定性。

特朗普政府减税叠加美联储加息、缩表对世界经济造成新的外溢效应，可能对直接投资、国际资本流动以及税收安排等造成明显影响。短期内，税改导致的洼地效应可能使产业资本部分回流美国，同时国际资本流动可能更加频繁。美国税改对于全球主要经济体的财政税收体系的影响可能是深远的，可能使全球进入一定程度上的降税及税改热潮。2019 年以来，虽然美国货币政策出现重大的转向，从加息转为降息，从缩表转为扩表，但是，外围经济的风险更加凸显，国际资本流动仍然十分嬗变，对于国际资本流动的风险不能放松警惕。

（二）中国应对美国税改的政策建议

特朗普政府的政策使得中国面临的外部环境更加复杂，进一步强化了全面深化经济体制改革的必要性。在战略上，需要全面统筹内外两个大局，构建内外经济互动和平衡发展的新机制。在具体政策上，需要夯实经济基本面，减轻企业税负，盘活市场主体活力；完善人民币汇率机制，发挥市场调节功能；实施稳健宏观政策，重点把控内外风险共振引发的系统性风险；守住风险"篱笆"，必要时强化资本流动管理。

第一，进一步推动以减轻企业税负为主线的税改。首先，面对美国的减税可能带来的一定冲击，国内应立足自身实际情况明确未来的减税政策方向，加快推进预定的相关税制改革，打造新一轮"减税降费"的升级版方案，包括增值税税率的简并、完善企业所得税政策、继续推进清理收费等。其次，以税率降低为主，以结构性调整为辅，适度降低企业和居民税负。中国已实施多项结构性财税体系改革，比如营业税改增值税，但是，诸如降低税率、提高标准抵扣额等改革对于企业或个人的税负降低更为普遍、更加直接、更具有市场预期引导功能。再次，中国应该基于国际比较衡量家庭和企业的真实税负水平、在国际社会中的相对位置以及公共服务提供的质量和数量，具有国际竞争力的财税体制是中国在日益开放的全球经济中保持相对竞争力的基础。最后，对于美国减税可能引发的新一轮国际税收竞争，对各国的税改进展要保持密切关注，并做好相应的应对预案。

第二，改革政府主导的经济发展模式，大力降低政府性或政策性资产扩张水平。首先，降低政府主导经济增长的水平和程度。国际金融危机以来，中国经济增长中消费贡献有所提高，但是，仍然没有摆脱投资主导的发展模式，尤其是政府代替私人部门进行固定资产投资的趋势较为明显。其次，严格控制政府性或政策性资产扩张。过去几年是政府性或政策性投资强化而民营部门投资弱化的阶段，结果是政府性或政策性资产迅速膨胀以及投资效率低下，比如 PPP 项目规模超过 10 万亿元，但是，中国增量资本产出比却高于 6.3，几乎是日本的 2 倍。这些资产扩张的支持实际上就是公共财政，但是，这些资产的过度扩张最后可能"拖垮"公共财政。再次，提高公共财政资金使用效率，促进经济可持续发展。高效的经济增长是财政资金使用效率提高的出发点。未来需要改变政府主导的发展模式，接受速度较低但可持续的增长，提高财政资金使用效率，重点发挥其在经济结构升级和公共服务供给中的基础职能，弱化其在项目投资、资本形成以及增长促进中的主导功能，强化微观主体尤其是私人部门企业和家庭的功能，促进经济向高质量增长转型。最后，严格控制以财政税收为支撑的加杠杆行为。需要重点把握负债水平的总量和结构，一方面，有效调控宏观经济政策特别是财税政策，降低相关经济主体的经济增长冲动和负债运行冲动，降低全社会总体杠杆率上升的速度甚至使杠杆率绝对下降。另一方面，重点关注结构问题，重点防范地方政府、国有企业的负债行为，减少负债，提高负债有效性，并密切关注居民负债率的快速上升及其内在动因。无效甚至负面的负债行为是降杠杆的最大阻碍，是公共财政最大的"敌人"。尤其在内外经济风险相互叠加的状况下，在发挥财政逆周期功能的同时保持财政政策审慎性是中国经济保持稳定的基础。

第三，关注税改对人民币汇率和资本流动的影响，减少外汇市场干预，增强人民币汇率弹性。在汇率稳定成为主要政策目标之后，当面临资本持续流出时，货币当局为了防止本币迅速贬值，可能对外汇市场进行干预，以维持币值稳定。但是，这样操作的缺点是催生了本币单边贬值预期，因为一旦市场参与者预期现行汇率与均衡汇率存在偏差，本币会继续贬值，并且进一步强化贬值预期。中国经济基本面尚好，外汇储备规模超过 3 万亿美元，物价水平保持稳定，人民币不具有长期贬值的基础，但是，外汇市场更加关注短期的供求和预期变化，一旦人民币遭遇显著的贬值预期，基本面良好的多头货币就可能在外汇市场上变成一种空头货币。如果汇率形成机制缺乏弹性，或可以保持汇率稳定，就需要消耗外汇储备来干预外汇市场，最后形成稳汇率和保储备的两难。因此，如果美国税改、联储政策调整以及贸易摩擦等造成新一轮资本流出压力，央行应以市场化和具有弹性的汇率形成机制来缓释人民币短期波动风险，避免单边预期产生，避免消耗大量外汇储备。

第四，实施稳健、弹性、适宜的货币政策，保障金融体系稳健性。利差是国际资本流动的重要决定因素之一，一般情况下，当美国加息时，为了维持利差相对稳定，外围经济体就采取提高利率的方式，来保障利差的相对稳定。但是，在国际资本流动中，除了短期利差因素之外，投资的长期回报率和稳定性是更重要的因素。国内货币政策在面对美国税改和美联储加息的过程中，确实需要考虑利差的影响，但是，更为核心的工作是保证金融体系的稳定性，防止"明斯基时刻"和系统性风险，稳定资本流动、防止资本大量流出更为核心。中国应实施货币政策和宏观审慎政策双支柱调控框架，货币政策立场应该是稳健中性，稳步降低金融部门杠杆率和宏观经济杠杆率，防止内外风险共振引发系统性风险，以有效应对美国等国家政策的外溢效应。

第五，把握资本账户开放节奏，必要时加强资本流动管理。中国在 20 世纪 90 年代开放了经常项目，资本账户受 1997 年亚洲金融危机影响开放进度缓慢。但自 2011 年之后，为配合人民币国际化，人民银行加快了资本账户开放进度并取得了积极的进展，比如部分开放证券市场跨境投资、开放银行间债券市场等。然而，开放这些证券投资和债务投资项目，会加大短期资本流动规模。因此，受美国多项政策叠加影响，中国内外部经济均衡面临更复杂的挑战，应根据人民币汇率市场压力和外汇储备稳健性情况，统筹人民币汇率形成机制、国际收支以及资本项目开放，把握资本账户的开放节奏，必要时仍然可以采用加大资本流动管理的方式来缓释外部冲击，防止资本巨量流出，防范系统性金融风险。

# 第六章　欧元区危机应对和
# 金融稳定之策

2007 年中期之后，美国次贷问题不断升级为次贷危机，由于欧洲主要银行持有大量的次贷资产或次贷证券化资产，这些机构旋即陷入资产负债表困境，流动性面临巨大挑战，欧洲金融市场和金融机构开始面临系统性金融危机的冲击。欧央行逐步启动危机模式来应对系统性风险，但是，由于德国央行对货币政策框架的坚守尤其是对潜在通胀压力的警惕，欧央行在美国金融危机的冲击应对中表现相对谨慎。

欧元区在 2007 年中期后至 2010 年中期前面临着严重的流动性风险和系统性危机的冲击，欧元区金融部门遭遇重创，经济随即下挫，失业率快速上升。欧元区开启了危机应对模式，但由于相对保守，危机应对的绩效较弱。这造成欧洲金融市场受冲击程度不亚于美国金融市场体系，同时使得金融风险不断扩散至财政及经济体系，随后在欧洲部分国家脆弱的公共债务风险中演化为欧洲主权债务危机。

面临欧元区的制度约束，欧元区量化宽松政策的出台及实施经历了一个较长的历程。2010 年欧洲主权债务风险爆发，2011 年底，德拉吉取代特里谢出任欧央行行长后，欧洲版量化宽松政策就开始启动。但是，直到 2015 年 1 月 22 日欧央行才宣布，从 2015 年 3 月开始欧央行将实行每月 600 亿欧元的债券购买计划，预计到 2016 年 9 月欧央行将购买超过 1 万亿欧元的债券（ECB，2015）。自 2012 年 9 月 6 日提出直接货币交易计划后，经历艰难的内部争论，欧央行至 2015 年才实质性开启了"欧洲版"量化宽松政策。

在美联储将逐步退出量化宽松政策之时，欧元区量化宽松货币政策才缓缓到来，该政策的内在根源、运行机制、潜在影响和面临的问题等都广受关注。欧元区量化宽松政策整体有利于欧元区经济复苏和全球经济增长，但是，中长期而言，受制于欧洲联合的体制机制制约，欧洲量化宽松政策的效力可能有限。欧洲量化宽松政策将为全球经济格局、资金流动、汇率变化、贸易投资以及大宗商品市场等带来重大的不确定性，全球经济面临更加复杂的外部环境，贸易、汇率、资本流动等面临重大的风险。

## 一、欧元区量化宽松政策：根源、进程与机制

### （一）欧元区量化宽松政策的制度根源

欧元区量化宽松政策的出台具有一定的必然性（郑联盛，2015）。欧元区经济复苏不力、就业市场疲软和财政整固等使得欧元区逐步滑向通缩的风险，欧洲议会和希腊大选等政治事件使得欧元区面临一定的分裂风险，拯救欧元具有经济和政治意义。欧元区量化宽松政策是一个涉及政策制定、执行、关键环节、工具以及风险管控等的综合体系，到2016年9月欧央行购买了超过1万亿欧元的债券。其后，欧元区量化宽松政策进一步深化，甚至出台负利率政策。至2018年6月末，欧央行体系下的资产规模进一步膨胀至4.5万亿欧元，比2013年底增加了2.5万亿欧元。

2012年9月，欧央行出台长期再融资计划和提出直接货币交易计划之后，欧洲主权债务危机得到较为有效的应对。一方面，银行体系的流动性问题在长期再融资计划实行后得到实质性解决；另一方面，直接货币交易计划的提出使得市场预期发生实质性逆转。直接货币交易计划虽引而不发，但相当于是欧央行承担了最后贷款人职能，意大利、西班牙等欧元区重债国以及欧元体系所面临的重大风险因此快速缓解，相关国

家国债收益率明显下降，欧元整体保持相对稳定，2012年底欧洲主权债务危机实质性缓解，其后系统性风险的压力也逐渐缓释，部分重债国甚至一度回到国际资本市场以较低成本融资。2014年5月葡萄牙10年期国债收益率回落至低于4%的水平，并宣布退出援助计划。

从美、欧、日等发达经济体的经验看，在金融危机之后，发达经济体应对危机的政策框架主要是：私人部门风险集中化、私人部门债务公共化、公共部门债务货币化。2013年之后，由于欧洲债务危机基本告别系统性风险的冲击，政策的重点逐步从危机应对转向经济复苏。但是，由于欧元区成员国内部的结构差异性以及政治问题经济影响的显性化，欧洲在转向复苏模式的过程中困难重重，使得欧央行最后不得不实行内部分歧较大的量化宽松政策。

过去一两年欧洲经济整体处在重大的通缩风险之中。由于外部冲击、内部体制和政治协调等方面的问题，2013年至今欧元区和欧盟经济基本处在通缩的边缘，特别是2014年下半年以来实质通缩的风险日益显现。2014年第三季度欧元区和欧盟经济同比增长0.8%和1.3%，而2014年12月欧元区通胀率从上月的0.3%进一步下滑至-0.2%，其中非能源工业品价格为零增长（ES，2015）。欧洲面临严重的通缩压力，亟待更大的宽松政策以走出通缩。

相对于经济复苏不力，欧洲经济更大的问题在于严重的失业问题，且失业问题的风险不断扩大化至社会及政治领域。由于经济增长不力，截至2014年第三季度末，欧元区平均失业率高达11%，欧盟失业率为9.7%，其中马其顿、希腊和西班牙失业率分别高达27.9%、25.6%和23.7%，意大利和法国失业率分别为11.8%和9.4%。整个就业市场改善的进程较为缓慢，2014年欧元区和欧盟的失业率仅比2013年改善0.5个百分点和0.8个百分点（ES，2015）。更为严重的是，失业问题已经由经济领域向社会领域传染，社会稳定和政治稳定成为欧洲的重大挑战。

欧洲当局经济复苏促进的政策效率日益疲弱。2012年欧央行长期再融资计划有效解决了银行部门的流动性问题，但是却无法有力促进私人部门的信用扩张。第二轮操作的需求为1300亿欧元，而前两轮吸纳量总计仅2120亿欧元，远低于4000亿欧元的限额。2014年6月欧元区步入负利率时代，这是全球货币史上重要的货币当局首用负利率的非常规政策，但是，该举措无法改变欧洲私人部门的投资和消费行为，经济依然徘徊在通缩的边缘。欧元区长期再融资计划和负利率政策效果不及预期，与安倍经济学下的信贷投放不力相似，直接的原因就是私人部门的信贷需求疲软。

政治问题的和解是欧央行最终走向量化宽松政策框架的催化剂（郑联盛，2014）。2014年5月欧洲议会大选中，对财政整固严重不满的民族主义政党取得了历史性的进步，其席位数从上一届的50席暴增至本次的近150席，约占总席位的20%。更为重要的是，欧元区可能面临新的分裂风险。这种分裂最早的可能是来自希腊的大选，在三轮大选都无法选举出总理的情况下，主张抵制救援、反对紧缩和支持脱离欧元区的极左翼联盟的优势则明显扩大，并在1月25日的大选中取得了历史性的胜利。拯救欧元成为包括欧央行在内的重大使命。政治问题对欧洲联合的冲击也是德国放弃反对量化宽松立场的基础。2013年1月德国宪法法院认为，欧央行宣布成员国政府在面临无法融资风险之时欧央行将购买它们的债券，这已经明显超越了欧央行的法定职权范围，欧央行的政策违反了欧盟条约。2015年1月15日欧洲法院裁定欧央行量化宽松政策的行为符合欧盟法律后，德国宪法法院放弃争辩且不反对德国央行参与该计划，这才使欧央行的量化宽松政策得以顺利实施。不过，2017年以来，德国央行持续警告欧央行需要警惕潜在的通胀风险。

（二）欧洲量化宽松政策的实施进程

1. 应对流动性风险阶段（2009年5月至2012年12月）。在这一阶段，欧央行的主要调控目的是向金融市场提供大量流动性，更加侧重于稳定金融市场，以防止次贷危机和随之而来的债务危机造成的流动性紧缺的风险。鉴于前期通胀率和货币供给量急剧收缩，以及欧债危机的蔓延形势，欧央行实施非常规货币政策的态度较为坚决，主要的非常规货币政策内容包括：一是启动一系列长期再融资操作计划（LTRO），向信贷机构提供了近万亿欧元的流动性供给（其中5000亿欧元是贷款的以旧换新）；二是启动证券市场计划（SMP），欧央行前后执行两轮担保债券购买计划（CBPP）在一级和二级市场购买了近800亿欧元的公共和私人债券。三是不断下调利率水平和法定准备金率，并在2012年7月11日将存款利率下调为零。

通过这一时期的量化宽松货币政策，尤其是在两次大规模的LTRO操作之后，欧元体系资产负债表迅速膨胀，到2012年3月，欧元区的基础货币比2007年1月增加了近260%，年增长速度超过50%。欧元体系资产总量从2007年1月的11383亿欧元扩张到2012年12月的30248亿欧元。不过，由于受到多国财政约束以及法律对欧央行"最后贷款人"角色的限制，欧元体系资产负债表的膨胀程度仍明显低于美国和英国央行。

2. 偏紧货币政策阶段（2012年12月至2015年1月）。这一阶段实施了错误的偏紧货币政策。在此阶段，鉴于欧债危机的流动性压力基本缓和，欧元区经济开始缓慢复苏，货币供给和通胀指标逐渐回升，加之成员国对于宽松政策态度存在分歧，欧元区量化宽松政策开始放缓，从而表现出相对偏紧的态势。欧元体系的资产负债表显示，自2012年12月之后，欧元体系的资产负债表规模开始逐渐下降，资产总量从2012年度末的29627亿欧元下降至2014年末的22082亿欧元，资产规模缩小了近四分之一。

在该阶段的前期，欧元汇率变化反映了欧元区相对谨慎的货币政策姿态。美国退出量宽的市场预期日益强烈，新兴市场资金大量回流美欧，加之日本的宽松货币政策持续打压日元汇率，这些外部因素均促使欧元汇率在2013年度出现明显的止跌回升趋势。

在该阶段的后期，鉴于欧元汇率的坚挺以及通货紧缩风险的出现，欧元区货币政策才不得不转向实质性宽松阶段。2014 年 6 月，欧央行最主要的非常规货币政策是，将存款利率下调 10 个基点，从而出现了"创新"的名义负利率。但是，名义负利率并没有产生足够的量化宽松货币政策效果。这是因为，央行本来的目的是迫使商业银行减少在央行的存款，并努力实现存款向贷款的转化。然而，当负利率手段开始发挥政策效果的时候，欧央行发现商业银行存款减少，在某种程度上意味着央行资产负债表的收缩，使得货币政策变得偏紧。

3. 全面量宽政策阶段（2015 年 1 月至 2017 年 12 月）。这一阶段的主要特征是欧央行全面启动量化宽松货币政策，其目的主要是化解通货紧缩风险。通货紧缩的风险最直接的影响将并提高了原有的债务的实际价值，使借款人的去杠杆进程受阻。

此轮货币政策的内容包括：第一，2015 年 1 月 22 日，欧央行宣布扩大资产购买计划。一是欧央行扩大采购范围，包括欧元区成员国中央政府、机构和欧盟机构发行的债券。二是每月资产购买总额达 600 亿欧元。该计划将包括资产支持证券购买计划（ABSPP）和第三轮担保债券购买计划（CBPP3）。此外，欧央行还连续下调存款利率，降至 −0.40%。第二，实施两轮长期再融资操作（TLRO），以加强欧央行货币政策宽松的程度，并促进新的贷款。

通过负利率与购买资产的组合工具，欧元体系的资产规模终于走出了收缩的格局，并不断抬升至 2017 年 10 月的 44872 亿欧元，通货紧缩的风险也有所缓和，HICP 增长指标由负转正，并于 2017 年达到 1.5%。

4. 量化宽松结构性调整阶段（2018 年 1 月至 2019 年底）。这一阶段主要特征是：欧元区全面量化宽松政策力度开始减弱。欧央行在第二阶段对通胀形势的错误判断导致货币政策偏紧，对于欧洲主权债务危机的冲击也有所低估，对于欧央行直接购买成员国国债极其谨慎。2012 年以来，即使是新任德拉吉行长突破了欧央行在购买成员国国债上的制度性约束，2012 年至 2014 年欧央行在量化宽松的规模和力度上仍然是有所保留的。在 2014 年 6 月实施负利率政策之后，2015 年年初开始进一步加大量化宽松政策规模。

2016 年以来，欧元区经济复苏刚刚确立之时，欧央行对于退出量宽政策的态度还较为谨慎。2016 年下半年以来，欧元区经济增长复苏形势较为稳定，2017 年前三季度的 GDP 年度增长率均超过 2%。2017 年 10 月 26 日，欧央行宣布，尽管欧元区经济复苏势头基本确立，但是失业率仍然较高，通货膨胀持续上升的基础尚不稳定，量化宽松政策尚不能全面退出，因此，自 2018 年 1 月开始将资产购买计划的额度从每月 600 亿欧元下调至 300 亿欧元，并持续至 2018 年 9 月。但是，欧央行同时表示如果经济复苏不扎实，欧央行可能将资产购买计划延长至更长的时间。

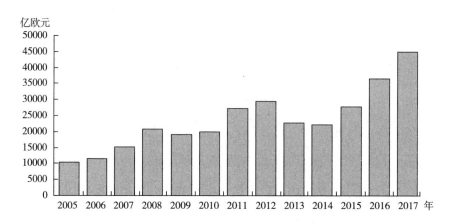

**图 6 – 1　欧元体系的资产规模扩大情况**

（资料来源：ECB）

（三）欧洲版量化宽松政策的运行机制

虽然直接货币交易计划在 2012 年就已经提出，但是，直到 2014 年 10 月欧央行出台资产支持证券和资产担保证券购买计划，欧央行的资产购买计划一直缺乏明确框架且没有实质施行。2015 年 1 月 22 日欧央行宣布了其扩大的资产购买计划，该计划主要目的在于应对长期低物价可能引发的经济萎缩冲击。这里以全面实施量宽政策作为论述对象来描述欧元区量化宽松的运行机制。

该计划的运行机制主要包括四个重要的环节（Mario，2015）：一是欧央行扩大资产购买计划，可以购买欧元区成员国中央政府、机构和欧盟机构所发行的债券；二是每月购买资产的规模上限为600亿欧元，该规模包括2014年10月所施行的资产支持证券购买计划（ABSPP）和资产担保债券购买计划（CBPP3）；欧央行此次宣布的购债计划是一个"扩大的"计划，是针对此前资产支持证券和资产担保债券购买计划而言的；三是购债计划预期至少执行至2016年9月（实际上持续到2018年9月）；四是购买资产计划与物价稳定法定目标相协调。

欧元区量化宽松政策运行机制主要体现在以下几个方面：第一，从政策制定和执行的逻辑上，此举主要是基于货币投放、信用扩张与物价回升的内在关联。欧央行将以更强有力的货币政策防范低物价及其引发的负面通缩风险，特别是低物价对工资以及价格决定机制的冲击。可以看出，欧央行是基于货币政策这个总量机制通过私人部门的投资和消费提振来促进物价回升及经济增长的。

第二，从政策执行的落脚点上，主要是企业部门的投资和家庭部门的消费。在欧洲基准利率降低至零甚至负利率的条件下，资产购买计划将有助于刺激经济，使得企业部门和家庭可以更低成本进行融资，有望刺激投资和消费，并最终使通胀率回升至2%。

第三，从政策实行的媒介上，主要是依靠二级市场及其传递效应。欧央行将直接在二级市场购买相关的债券，目标在于相关机构可以获得融资购买其他资产并扩大实体经济的信用基础，以促进资产价格回升和实体经济融资扩大从而改善金融环境。在一定层面上，欧央行的购债行为弥补了此前两轮长期再融资计划中信贷投放不力的负面影响。

第四，从政策执行的层次上，分为欧央行和各国央行两个层次分散进行。欧央行将采取分散式的操作方式来施行资产购买计划，以提高成员国货币当局的主导性，更有针对性地提升私人部门的信心。基于欧央行资本金比例的分散购买机制，实际上是将资产购买计划的权力"归还"给了各成员国央行，使之成为一定意义上的最后贷款人，特别是对于重债国这个"归还"意义重大。但是，欧央行仍将负责整个购债计划的目标、机制、规模、结构以及所有技术细节。

第五，从政策风险的管控上，欧央行设置了风险共担机制。购买欧盟机构债券（占购债计划总规模的12%）的潜在损失将被共同承担，同时，欧央行将承担欧盟机构债券之外其他债券（占8%）的风险，即资产购买计划中20%的资产风险将是共担的（ECB，2015）。但是，成员国中央银行所购买的资产损失则不适用风险共担机制。

## 二、欧元区金融危机应对的政策工具

在宏观经济方面，由于美国次贷风险升级为系统性危机，欧元区经济产出的同比增长速度从2007年第三季度的3%持续下行，2009年第一季度欧元区经济增长创出−5.7%的历史低点，欧元区经济已经进入大幅衰退。作为滞后性指标，欧元区各经济体的就业数据在次贷危机后约1年开始显著恶化，并急剧攀升。欧元区失业率从2008年4月开始暴露重大风险，此后持续上升，在2010年4月欧元区失业率达到10.3%的历史高峰。超过10%的失业率是第二次世界大战以来欧洲未曾面临的困局。在物价方面，欧元区通胀率在金融危机爆发初期呈现出先高后低的走势。在能源和原材料等大宗产品价格上涨的推动下，欧元区通胀率从2007年第三季度的1.7%逐渐攀升至2008年7月4.1%的历史高点。然而，随着经济形势的恶化，欧元区整体呈现由通胀逐渐转向通缩的局面。2009年6月，欧元区通胀率下降到−0.6%的历史低点。

欧元区整体面临重大的通缩压力。欧元区货币政策由欧央行统一制定，而欧央行以德国央行为班底，对潜在通胀具有天然的抵触，为此，在次贷危机和美国金融危机爆发阶段，欧央行整体较为审慎，这使得欧洲经济下挫比美国更为严重。货币政策面临欧央行的约束，而财政政策同样具有相对弹性的逆周期性，并且财政政策是由欧元区各个主权国家自主决定的。伴随着经济的下滑，欧元区各个国家政府开始扩大财政支出以应对经济和金融风险，欧元区大部分国家的财政赤字占 GDP 的比例从 2007 年第四季度的 0.64% 提高到 2010 年上半年的 6.42%，增长近十倍。欧元区对于财政赤字是有制度约束的，即财政赤字水平一般不得超过 GDP 的 3%，如此大规模的财政赤字使得欧元区部分国家的主权信用被弱化，点燃了主权债务危机的"引信"。

以 2008 年 9 月"金融海啸"为分界，此前次贷危机对欧元区的影响不大，且主要是货币市场受到美国次贷危机的间接性影响为主。欧央行的货币政策工具操作以长期再融资操作为主，辅以临时性的微调操作和防御性的货币互换工具为主要支撑，主要是缓释次贷资产恶化带来的流动性压力。

2008 年 9 月以来，欧央行货币政策开始进入危机应对模式，实施以利率工具为基础，并通过扩大交易对手和抵押品范围及延长操作期限对再融资操作，货币政策工具有所创新使其成为应对危机升级的主要工具（EC，2009a）。2009 年 7 月，欧央行出台首个担保债券购买计划（CBPP1），规模为 600 亿欧元，用于缓解欧元区银行体系遭遇的资产持续下跌风险。这是具有量化宽松政策实质的一种政策工具创新，但是，欧央行始终不愿意正式开启大规模量化宽松政策（EC，2009b）。

（一）微调操作

2007 年下半年，美国次贷危机的影响逐渐暴露出来，由于金融市场的传染性，欧洲货币市场也明显受到波及。2007 年 8 月中旬，欧央行密集动用微调操作向隔夜市场提供流动性，其中 8 月 9 日提供的金额达到 948 亿欧元，随后逐渐下降，8 月的最后一次微调的金额仅为 77 亿欧元。

此前欧央行未曾采取如此大规模的微调操作。

微调操作可以采用快速招标程序，能快速起效。欧央行此次微调的目的是为市场提供紧急性融资，对冲意外性的流动性波动所引起的利率风险，因此微调提供的临时流动性资金的金额也波动很大。随着金融危机的发酵，市场流动性日益枯竭，微调操作也难以发挥作用。

（二）货币互换

金融危机前，发达国家商业银行发行了大量以外币计价的表外短期资产。金融危机爆发后，短期融资市场率先受到冲击。为了降低海外金融机构在融资紧张时抛售欧元资产的影响，欧央行也积极开展国际货币合作。2007 年 12 月以来，欧央行分别与美联储、瑞士央行、苏格兰银行签署了货币互换协议。欧央行互换协议的实际使用规模达到 620 亿欧元，潜在可动用资金规模高达 2500 亿欧元。货币互换协议的签署和使用，在向欧元区银行提供外币流动性的同时，也有助于欧元区汇率的稳定。更为重要的是，货币互换具有更强的货币政策信号作用，有助于市场信心的稳定。

（三）下调基准利率

虽然次贷危机在 2007 年第三季度逐渐发酵，但危机的传导在经济增长、就业、产品和原材料供求等方面存在不同的滞后性。受到原油等工业原料价格上涨影响，通胀率在危机后不断攀升，2008 年 7 月 HICP 达到 4.1% 的历史最高点。伴随着通胀率的提高，欧央行也不断提高主要再融资利率，从 2007 年初的 3.5% 提高到 2008 年 7 月的 4.25%，提高了 75 个基点。

2008 年下半年以来，伴随着美国次贷危机的持续发酵，欧元区经济增速快速下降，原油等大宗商品价格急剧下跌，通胀压力快速切换为通缩风险。2008 年 9 月"金融海啸"爆发后，欧央行连续七次降低基准利率，使得欧元区进入超低利率区间。2009 年 5 月，欧元区主要再融资利率已经降低至 1%。为了抑制货币市场利率的大幅波动，欧央行主动缩小"利率走廊"的幅度，从 200 个基点收窄至最低 100 个基点。欧洲货币市场利率被刻意保持在低位、窄幅区间内波动。

（四）长期再融资操作

长期再融资操作（Long Term Refinancing Operation，LTRO）是欧央行公开市场操作中期限较长的政策工具，主要致力于向市场和机构提供中长期的资金支持，使短期利率在向长期利率的传递中保持相对稳定。美国次贷危机演进为系统性金融危机后，欧洲市场流动性迅速萎缩，为了解决美国金融危机引发的欧洲市场流动性枯竭难题，欧央行加大长期再融资操作的频率和规模，通过延长期限和放松对交易对手抵押品限制来拓展长期再融资工具的覆盖范围，使得金融机构获得融资的可得性大幅提升，一定程度上缓解了欧洲市场日益严峻的流动性危机（EC，2009a）。

1. 大幅拓展长期再融资操作期限。在期限结构上，再融资操作的期限不断拓展至中长期。前文就介绍欧央行长期再融资的"长期"实际上是中短期融资工具，欧央行每月进行一次，主要是 3 个月的流动性支持。2008 年 3 月，贝尔斯登濒临破产的困境使得美国和欧洲货币市场的隔夜拆借利率大幅提升，货币市场各项利差迅速扩大，欧洲市场暴露了流动性风险，欧央行为此创设 6 个月期限的"补充性"长期再融资操作，使得长期再融资操作从 3 个月期拓展至 6 个月期。

其后，欧央行不断延展长期再融资操作的期限，2009 年 6 月，欧央行推出了 3 轮期限为 12 个月的长期再融资操作，2009 年 6 月 25 日、10 月 1 日、12 月 17 日分别进行规模为 4422.4 亿欧元、752 亿欧元和 969 亿欧元的 12 个月期限的操作。

2. 实施固定利率的全额配给。为了充分满足金融机构的流动性需求，欧央行采用长期再融资操作实行固定利率的全额配给制度（Fixed - rate full allotment），即以固定利率招标、全额配给的长期再融资操作。在固定利率招标的全额配给下，商业银行只要拥有足够抵押品就能够获得央行无限的流动性资金供给。央行的这一"兜底性"操作，为金融机构提供了强有力的信贷支持，有效地避免了银行间市场流动性的急剧萎缩。2011 年后，3 年期再融资操作的出台，使得欧元区金融机构的流动性问题得到了较大程度的缓解，长期再融资期限品种不断拓展以及固定利率下的流动性"无上限"供应，使欧央行资产负债表规模出现实质性扩张。

3. 扩大合格抵押品范围。在长期再融资操作中，欧央行不断扩大进行再融资操作业务的合格抵押品范围，增加特定外币资产和某些非监管市场发行的证券作为抵押品，并将抵押品可接受的最低评级标准降至BBB −。欧央行这一举措相当于为大量非优质资产进行"增信"，避免了不良资产被大量抛售和市场融资利率的大幅飙升。

4. 扩大金融机构范围。长期再融资操作此前最主要的金融机构是银行，主要致力于为银行体系提供较为充足的流动性支持。在美国次贷危机不断升级过程中，欧央行逐步接纳更为广泛的金融机构作为货币政策操作的交易对手。2009 年 7 月，欧央行将向欧元区为中小企业提供贷款的欧洲投资银行纳入合格对手方，有效地缓释金融风险对实体经济的冲击，尤其是对中小微企业和就业的负面影响。

表 6 −1　欧央行长期再融资操作（仅统计 6 个月及以上的 LTRO）

| 日期 | 期限（日） | 利率（%） | 金额（亿欧元） | 利率类型 |
|---|---|---|---|---|
| 2008 年 04 月 02 日 | 189 | 4.55 | 250 | 差异 |
| 2008 年 07 月 09 日 | 182 | 4.93 | 250 | 差异 |
| 2008 年 10 月 08 日 | 182 | 5.36 | 500 | 固定 |
| 2008 年 11 月 12 日 | 182 | 3.25 | 416 | 固定 |
| 2008 年 12 月 10 日 | 182 | 2.5 | 381 | 固定 |
| 2009 年 01 月 07 日 | 182 | 2.5 | 76 | 固定 |
| 2009 年 02 月 11 日 | 182 | 2 | 107 | 固定 |
| 2009 年 03 月 11 日 | 182 | 1.5 | 108 | 固定 |
| 2009 年 04 月 08 日 | 182 | 1.25 | 361 | 固定 |
| 2009 年 05 月 13 日 | 182 | 1 | 207 | 固定 |
| 2009 年 06 月 10 日 | 182 | 1 | 182 | 固定 |

续表

| 日期 | 期限（日） | 利率（%） | 金额（亿欧元） | 利率类型 |
|---|---|---|---|---|
| 2009 年 06 月 24 日 | 371 | 1 | 4422 | 固定 |
| 2009 年 07 月 08 日 | 189 | 1 | 91 | 固定 |
| 2009 年 08 月 12 日 | 182 | 1 | 119 | 固定 |
| 2009 年 09 月 09 日 | 182 | 1 | 37 | 固定 |
| 2009 年 10 月 07 日 | 182 | 1 | 24 | 固定 |
| 2009 年 11 月 11 日 | 182 | 1 | 8 | 固定 |
| 2009 年 12 月 09 日 | 182 | 1 | 17 | 固定 |
| 2009 年 12 月 16 日 | 371 | 1 | 969 | 固定 |
| 2010 年 03 月 31 日 | 182 | 1 | 179 | 固定 |

资料来源：欧央行。

（五）资产担保债券购买计划

欧洲金融市场是一个以银行为主导的金融体系，货币市场和信贷市场是欧洲金融市场体系的核心。当次贷危机演变为系统性金融危机后，欧洲货币市场首当其冲受到冲击，并逐步向信贷市场蔓延。为了缓释金融危机对欧洲银行信贷市场的冲击，2009 年 7 月欧元体系启动了首个资产担保债券购买计划（Covered Bond Purchase Program，CBPP），用于改善债券市场流动性状况和促进信贷机构增加信贷投放。根据资产担保债券购买计划，欧央行将在 2010 年 6 月 30 日前在一级市场和二级市场购买担保类债券，规模上限为 600 亿欧元。

资产担保债券购买计划实施期间，欧元区 600 亿欧元资产担保债券购买计划得到了有效执行，同期各类金融机构共计发行了高达 1500 亿欧元资产担保债券。在购买结束后，欧央行表示将持有担保债券至到期。资产担保债券购买计划能直接作用于银行资产负债表，使得银行的负债端压力能够得到有效的缓释，从而使银行可以更加有效地配置资产端，同时可降低企业和家庭部门的负债成本，即降低实体经济的融资成本。

在系统性金融危机的应对处置之中，欧央行的货币政策工具进行了较大程度的创新，特别是"金融海啸"爆发之后，欧央行突破了一定的制度约束，承担了更大的最后贷款人职能。从货币政策工具的指向上看，本阶段欧央行的工具主要运用在货币市场和银行体系，主要目标是缓解部分金融市场的流动性危机，避免流动性枯竭的进一步升级。

从货币政策工具启动的进程上，欧央行的非常规货币政策工具相对较早，且使用较为灵活，但是，欧央行新型货币政策工具以较为审慎的再融资操作、临时性的微调操作和防御性的货币互换工具为主。金融危机导致信贷利率大幅提升、银行惜贷严重，市场流动性整体呈现萎缩状态。欧元区 M3 增速从 2007 年 10 月的 12.5% 逐步下降到 2010 年 2 月的 -0.4%。欧央行货币政策工具运用的相对不足，仅仅能够缓解流动性的枯竭，并没有阻止流动性的进一步降低，欧元区金融市场仍面临较为显著的流动性风险。

货币政策工具使用的力度整体相对较弱。欧央行货币政策工具以利率为核心，主要通过对长期再融资工具进行创新使其成为最主要的政策工具。资产担保债券购买计划实施只是向银行系统提供了 600 亿欧元的流动性支持，并不能实质性推动银行信贷向实体经济提供充足的信用支持。因此，在本阶段欧元区的货币政策也并未表现出较强的刺激性作用。欧央行的政策实践及创新对实体经济复苏提供了一定的支持，但是没有实质性逆转疲弱的经济态势。2010 年第一季度，虽然欧元区失业率和政府赤字率等滞后性数据达到历史最低水平，但是，经济增长呈现触底回升态势。欧元区 GDP 增速于 2009 年第一季度开始回升，在 2010 年第一季度实现了 1.2% 的增长。通缩压力得到了有效缓解，HICP 从 2009 年中期逐渐提升到 2010 年 5 月的 1.6%。不过可以看出，欧元区的经济复苏力度相对有限。对于欧洲而言，一波未平一波又起，美国金融危机的冲击仍在深化，而欧洲主权债务危机又接踵而来，欧央行不得不面临更为重大的挑战。

## 三、欧洲主权债务危机与金融稳定之策

### （一）欧洲主权债务危机

在美国金融危机的冲击之下，欧元区和欧盟的金融市场和实体经济均受到了较为重大的冲击。欧元区内部不同成员国的经济基本面差异较大，诸如希腊、意大利、西班牙、葡萄牙等经济基本面迅速恶化，而房地产泡沫较为严重的爱尔兰同样面临巨大的衰退压力（何帆等，2013）。金融市场和金融机构的资产负债表问题不断向政府部门的资产负债表问题演进升级，欧洲主权债务风险开始逐步显现，并在 2010 年中期后不断升级，直至爆发欧洲主权债务危机，欧央行非常规货币政策才系统性推出（李文浩、张洲洋，2018）。

2009 年 10 月希腊主权债务风险逐渐浮现。希腊新政府上台后发现此前政府隐瞒了公共债务数据水平，同时由于美国金融危机的冲击，希腊政府预计至 2009 年末政府财政赤字和公共债务占国内生产总值（GDP）的比例将分别达到 12.7% 和 113%，远超欧盟《稳定与增长公约》规定的 3% 和 60% 的上限。

希腊是引爆欧洲主权债务风险的"引信"。2010 年 4 月 27 日，美国评级机构标准普尔下调希腊主权评级 3 个级别至 BB＋级，并给予"消极的"前景展望，同时还下调了葡萄牙主权评级 2 个级别至 A－级，并给予"消极的"前景展望。随着主权债务问题的深化发展，葡萄牙、爱尔兰、意大利、希腊和西班牙（PIIGS，"欧猪五国"）等的主权债务危机逐渐浮现出来，欧洲主权债务危机不断升级并爆发。欧元区发达经济体在经济制度和财政体制上整体趋同，希腊主权债务危机的背后折射出欧洲高债务经济体所存在的潜在巨大风险（郑联盛，2010）。

经过危机救助特别是欧央行的政策宽松以及成员国的财政扩张，在 2010 年第三季度至 2011 年第二季度，欧元区经济连续四个季度实现

2.3%以上的中高增长，对于成熟经济体而言，这是非常良好的经济增长。但是，随着欧元区主权债务问题的逐步显现，叠加金融危机的经济冲击进一步恶化以及刺激政策边际弱化或部分退出，欧元区经济增长随即逐渐下滑至2013年第一季度1.2%的负增长，同时欧元区以及整个欧盟的失业率继续走高，尤其是希腊、西班牙、意大利等的失业问题极为严重。即便是欧央行随后又开启了重大的刺激政策，欧元区失业率也难以逆转趋势，2013年4月欧元区失业率达到12.09%的历史高位。

（二）欧债危机与政策应对

2010年5月，希腊引爆欧洲主权债务危机后，欧央行整体仍然是采用审慎政策框架，在将利率降至极低水平之后进一步采用流动性平滑工具，以缓释希腊债务风险对欧洲货币市场特别是银行间市场造成的系统性冲击。2010年5月，欧央行出台了以证券市场计划（SMP）和直接货币交易（OMT）计划为主的流动性支持政策。但是，随着希腊债务危机演化为欧主权债务危机，"欧猪五国"债务风险集中暴露后，欧元区面临新的系统性危机的威胁，2011年底，欧央行开始实施新一轮资产担保债券购买计划（CBPP2）。在零利率的基础上，欧央行面临"零约束"或失去了利率做中间目标的政策空间，转而重点突破制度约束，通过一系列结构性货币政策工具为货币市场和信贷市场提供良好的货币金融环境，以应对欧洲主权债务危机。

1. 证券市场计划。证券市场计划（Securities Market Program，SMP）是欧央行在一级和二级市场上购买特定类别担保债券，以填补债券市场供求缺口，并为实体经济部门融资。2010年5月10日欧央行正式推出证券市场计划，安排2010年5月至8月在一级和二级市场上购买600亿欧元担保类债券，主要是针对希腊。证券市场计划可以为实体经济部门提供部分资金救济，同时可以减少金融市场资产需求不足的困境，缓释金融市场体系和实体经济部门的冲击压力。

2010年5月至2011年8月是证券市场计划的实施阶段，计划购买规模为 600 亿欧元，但是，欧洲主权债务危机的严重程度超乎欧央行的想象。欧央行首先购买了希腊政府债券，随后又继续购买爱尔兰、葡萄牙、西班牙和意大利等主权债务危机严重国家的政府债券，累计购买规模高达 2142 亿欧元，购买期限一度延迟至 2012 年。

中央银行的资产增加对应的就是负债的增加，即货币发行增加。证券市场计划实际购买规模是计划规模的 3 倍多，为了消除证券市场计划对流动性的影响，欧央行以特定操作重新回收通过证券市场计划注入的流动资金，以确保货币政策相对稳健的立场不会受到实质性影响，货币总量整体保持相对稳定。

证券市场计划有利于缓释债务负担较为严重国家的国债需求缺口，同时使其收益率保持在相对稳定的水平，使其融资得以继续。但是，证券市场计划受到德国等欧元区"中心国家"的强烈反对，德国等认为证券市场计划本质上是欧央行直接为重债国融资，并以欧元区的整体信用来补贴高债务国家，使得其财政风险被缓释，但也使得债务负担较低的国家承受额外的成本。这使得证券市场计划在 2012 年 9 月被终止。

2. 直接货币交易。在欧洲主权债务危机深入发展阶段，由于德国等的坚决反对，2012 年 9 月欧央行终止证券市场计划。欧央行推出直接货币交易（Outright Monetary Transaction，OMT）以替代证券市场计划，其目的在于维护适当的货币政策框架、坚守央行不直接向主权国家融资的底线以及确保欧元区货币政策的统一。首先，该项目最重要的特征是以加入欧洲金融稳定基金/欧洲稳定机制（EFSF/ESM）计划作为前提条件。并且，欧央行保留了在有关国家达成目标或不遵守宏观经济调整或预防措施时终止该交易的权利。其次，直接货币交易聚焦收益率曲线的短端，特别是期限在 1~3 年的主权债券，且欧央行没有对直接货币交易的规模事先设定数量限制。再次，欧元区国家发行并由欧元系统通过直接货币交易购买的债券与私人或其他债权人的权利相同，不享受优先受偿权。最后，欧央行将全额冲销由直接货币交易购买所增加的市场流动性，并定期公布直接货币交易及持有债券的数量、价值、平均期限、国家/地区等方面的信息。

3. 升级版长期再融资操作。长期再融资工具是欧洲主权债务危机阶段最为重要的货币政策工具。2011 年 12 月，欧央行推出被称作欧洲版 QE 的期限为 36 个月的长期再融资操作（VLTRO），操作金额高达 4892 亿欧元。2012 年 12 月，欧央行再度推出期限为 36 个月的长期再融资操作，规模高达 5295 亿欧元，且交易对手可以根据协议选择在一年后提前还款（见表 6-2）。这两个超长期再融资操作交易规模巨大，是此前美国次贷危机时的 10 倍有余，同时交易对手众多，共有 523 家欧洲银行参与交易。

表 6-2　欧央行长期再融资操作（仅统计 6 个月及以上的 LTRO）

| 日期 | 期限（日） | 利率（%） | 金额（亿欧元） |
| --- | --- | --- | --- |
| 2010 年 05 月 12 日 | 182 | 1 | 357 |
| 2011 年 08 月 10 日 | 203 | 0 | 498 |
| 2011 年 10 月 26 日 | 371 | 0 | 569 |
| 2011 年 12 月 21 日 | 1134 | 0 | 4892 |
| 2012 年 12 月 29 日 | 1092 | 0 | 5295 |

资料来源：欧央行。

2014 年 6 月，为了激励银行增加对实体经济的贷款，欧央行将再融资的获得与信贷投放挂钩，推出为期四年的定向长期再融资操作（TL-TRO）。由此，欧元区长期再融资操作形成了 3 个月、6 个月、12 个月、3 年、4 年的期限结构，加上主要再融资操作，欧洲中央银行就形成了一个以公开市场操作为核心支撑、以中短期利率为主的"央行型"收益率曲线，而在中长期收益率上，仍然以各国的中长期国债收益率（5~10 年）为锚定基础。

超长期再融资操作被称作欧洲版 QE，对缓解欧债危机起到了重要的作用。超长期再融资操作的推出，帮助商业银行更加从容地实现了去杠杆，有效地缓解了商业银行的资金压力。同时，VLTRO 为更多的欧洲银行提供了低成本的流动性资金，使其能够参与高收益欧洲政府债券的套利交易，有助于欧债危机的缓解。VLTRO 的推出使欧央行的资产负债表大幅扩张至 3 万亿欧元, 推动了货币市场流动性的改善。但是, 欧央行向金融市场注入的流动性, 并没有推动商业信贷的大幅增长, 更多的是商业银行将部分流动性以超额准备金的形式保留在欧央行的负债端, 即信贷市场并未实质性改善。

4. 资产担保债券购买。除了证券市场计划、直接货币交易计划和升级版长期再融资计划三个重大创新之外, 欧央行仍然将传统的利率、货币互换等工具进一步深化, 同时还推出新一期资产担保债券购买计划。自 2010 年下半年以来, 欧元区经济经历了三个季度的复苏, 受此影响, 欧央行主要再融资在 2011 年 4 月和 10 月两次提高基准利率各 25 个基点, 使得政策利率达到 1.5%。但是, 由于欧洲危机的爆发, 主要再融资利率自 2011 年 11 月起至 2013 年 5 月经历 4 次下调至 0.5%。

欧元区主权债务危机的发酵, 导致投资者大量出售欧元资产, 欧元资产价格持续下挫, 重债国家的主权信用利差大幅扩大, 而欧元对美元汇率则大幅下跌。为了应对欧元区各类债券收益率的大幅提高以及欧元汇率的持续走低, 2010 年 5 月, 欧央行恢复与美联储的无上限货币互换协议, 并进行了三次续约, 将货币互换的期限延长至 2013 年 2 月。为了保障欧元区债券融资顺利进行, 2011 年 11 月欧央行启动了第二个担保债券购买计划 (CBPP2)。根据担保债券购买计划, 欧央行于 2012 年 10 月 31 日前在一级市场和二级市场完成总额为 400 亿欧元的担保类债券购买。对担保债券的信用评级要求仅为不得低于 BBB 级, 最长剩余期限长达 10.5 年。由于重债国主权信用风险飙升, 信用利差极速扩大, 重债国实际上较难在市场上获得新的融资。担保债券购买计划在执行中面临的问题是新增担保证券发行不足, 最后实际发生额仅为 164.18 亿欧元, 完成计划约四成, 其中, 一二级市场购买的比例分别为 36.7%、63.3%。欧央行将购买的有担保债券保留至到期。

(三) 债务危机应对的绩效

在欧洲主权债务危机阶段, 欧央行货币政策立场明确, 升级、创设了诸多结构性货币政策工具，并突出传统政策工具和结构性工具的统筹作用。利率是欧央行最重要的基础工具，始终伴随着宏观经济和金融市场变化进行动态调整（李奇霖，2015）。巨额的长期再融资操作（VL-TRO）是欧央行应对欧债危机的核心工具，既能够及时地对市场进行针对性干预，又不影响欧央行的货币政策立场。

货币政策的力度较金融危机早期明显更加宽松，力度大大增强。一方面，两轮 3 年期总规模约 1 万亿欧元的升级版长期再融资操作（VLTRO）的出台使得欧央行货币政策具备明显的"量化宽松"的特征。另一方面，欧央行无上限的货币互换和直接货币交易的出台，为市场流动性进行了"兜底"，从而稳定了市场预期。此外，货币政策具有一定的稳定性和连续性。一方面，欧央行的量化宽松在此阶段始终是以长期再融资操作为核心，保持了货币政策的稳定性。另一方面，欧央行推出CBPP2，但金额较 CBPP1 降低 1/3，既保持了欧央行货币政策在资产购买上的一致性和延续性，也体现出其并非欧央行最为核心的工具。

整体来看，受欧债危机影响，欧元区的经济增速、就业等数据持续下滑，货币政策宽松进入新的阶段，结构性货币政策工具的广泛实施，为经济复苏提供了较为扎实的货币金融基础。随着量化宽松政策的出台，欧央行的信贷增速有所回升。2010 年第四季度，欧央行广义货币（M3）实现 1% 的增长。2012 年 10 月，欧央行广义货币增速创下 3.8% 的新高。2013 年广义货币增速开始下降，但在上半年仍然保持了 2.85% 的增速。但是，由于欧元区困境是由多种因素造成的，更为重要的约束在于经济结构与欧元区体制机制，宽松的货币政策及较多的工具创新并没有使欧元区经济实现实质性复苏。

## 四、经济复苏与货币政策创新

在全球非常规货币政策持续深化的过程中，欧央行开启了以长期再融资操作为核心的政策操作，实质性地开启了欧元区量化宽松政策，欧央行不断弱化了央行的传统立场，非常规政策操作持续升级。2013 年 7 月，由于欧元区实施了实质性的量化宽松政策以及其他多项政策，欧洲主权债务危机得到实质性缓解，重债国主权信用风险下降较为明显，市场融资可得性实质性提升，欧洲债务危机引致的流动性危机及系统性风险大大缓解。或者说，欧元区中央银行通过一系列传统及新型结构性政策工具较为有效地解决了流动性问题，本质上就是中央银行政策意图在货币市场得到了体现。

但是，主权债务危机对实体经济的冲击则处于一个漫长的深化过程中，低增长、高失业、低物价一直是笼罩在欧元区挥之不去的阴影，如何使货币政策意图在信贷市场或实体经济复苏上得以实现仍然是欧央行面临的问题。2013 年 11 月欧元区物价指数（HICP）降低至 0.7%。2015 年 1 月，HICP 进一步降低至 −0.6%，欧元区面临显著的通货紧缩风险，直到 2017 年 2 月欧元区物价水平才在主权债务危机后首度回升至 2%（国金证券研究所，2019）。由于欧元区经济复苏不力、失业保持在较高水平而物价处于通缩压力，欧央行从危机模式进一步转为经济复苏模式，负利率、定向长期再融资操作、多样化资产购买计划以及前瞻性指引等政策工具层出不穷，欧元区在非常规货币政策的路途上越走越远。

（一）负利率政策

美国金融危机以来，欧央行不断加大货币政策的实施力度，但并未能阻止金融危机影响的不断扩大。2011 年底以来通胀指标不断恶化，物价指数（HICP）在 2014 年 5 月降低至 0.5%，严重背离"接近 2% 的货币政策目标"。同时，广义货币并未伴随量化宽松政策实施保持稳定增长，反而掉头下滑。广义货币增速自 2013 年下半年开始下降，并且在 2014 年 4 月下降至 0.8% 的历史低谷。同时，非金融企业和居民实际信贷额明显下降。在通胀和信贷双紧缩的背景下，通过货币政策的实施促进信贷增长成为欧央行应对危机的重要任务。

2014 年 6 月，欧央行实施了历史性的负利率政策，将存款便利利率

下降至 -0.1%。其后，在经历了 2014 年 9 月和 2015 年 12 月的两次下调后，欧央行在 2016 年 3 月将存款便利利率进一步降低至 -0.4%。欧元区负利率政策实施的本意是通过对银行存在中央银行的超额存款准备金实施具有惩罚性的负利率举措，将商业银行超额准备挤出其在中央银行的资产端，更多地配置在为实体经济服务的信贷上，以有效促进投资、消费以及实体经济的增长，最后推动物价水平的提升和通缩压力的缓解。欧央行负利率政策的本质就是通过干预货币市场，促使金融机构将更多资金投入信贷市场，从而促进企业投资、居民消费和经济增长，仍然是一个货币政策工具—货币市场—信贷市场的货币政策传导体系。

（二）定向长期再融资操作

金融危机以来，长期再融资始终是欧央行应对危机的最主要工具。2014 年，其在货币政策所提供的流动性中长期再融资中的占比达到33.5%。虽然欧央行资产购买力度不断加大，导致长期再融资提供的流动性占比有所下降，但在 2017 年其对流动性的贡献仍高达 19.4%，特别是其绝对规模仍然相当可观。

表 6-3　欧央行长期再融资操作（仅统计 6 个月及以上的 LTRO）

| 日期 | 期限（日） | 利率（%） | 金额（亿欧元） |
| --- | --- | --- | --- |
| 2014 年 09 月 18 日 | 1463 | 0.15 | 826 |
| 2014 年 12 月 11 日 | 1379 | 0.15 | 1298 |
| 2015 年 03 月 19 日 | 1281 | 0.05 | 978 |
| 2015 年 06 月 18 日 | 1190 | 0.05 | 738 |
| 2015 年 09 月 24 日 | 1092 | 0.05 | 155 |
| 2015 年 12 月 11 日 | 1015 | 0.05 | 183 |
| 2016 年 03 月 24 日 | 910 | 0 | 73 |
| 2016 年 06 月 23 日 | 819 | 0 | 67 |
| 2016 年 06 月 24 日 | 1456 | 0 | 3993 |
| 2016 年 09 月 22 日 | 1463 | 0 | 453 |
| 2016 年 12 月 15 日 | 1456 | 0 | 622 |
| 2017 年 03 月 23 日 | 1456 | 0 | 2335 |

资料来源：欧央行。

国际金融危机以来，欧央行通过各项政策措施向金融市场提供了大量流动性的同时，也极大地改善了商业银行的资产负债表。但是，面对国际金融危机以及欧洲主权债务危机深化带来的巨大不确定性，商业银行并不愿意将资产配置于居民部门和企业部门的信贷上，而是将大量资金作为超额准备金存储在央行账户上，为此，实体经济的消费和投资并未获得信贷支持。当然，商业银行的信贷供给也受制于实体部门的信贷需求不足。

受制于实体经济部门的信贷需求不足以及商业银行的风险偏好，欧元区在实施负利率之后仍然未能实质性改善超额准备金高企的状况。为了提供银行对实体经济支持力度，欧央行在长期再融资操作上再做进一步的创新，2014 年 6 月推出为期四年的定向长期再融资操作（Targeted Long Term Refinancing Operation，TLTRO）。定向长期再融资操作在为银行提供长期低利率贷款的同时对商业银行的资金投向提出了明确的"定向要求"，即从定向长期再融资操作获得的资金只能提供给非金融企业和私人部门，特别是其规定商业银行从定向长期再融资操作获得的融资规模与其向实体经济投放的贷款规模成正比。TLTRO 设立定向投放资金的机制，使得商业银行信贷支持功能进一步明确化，疏通了银行信贷渠道的货币政策传导功能，有利于实体经济的复苏。

由于 2015 年欧元区陷入较为严峻的通缩压力，2016 年 3 月欧央行提前 3 个月启动该年的定向长期再融资操作（被称为 TLTRO II）。TLTRO II 包括 4 个为期四年的定向长期再融资操作，每季度一次。TLTRO II 将银行的再融资上限提升到了贷款总规模的 30%，对给予定向贷款规模较大的商业银行将借款优惠利率降低至存款便利利率水平。

与 TLTRO I 相比，TLTRO II 更为激进，主要表现在两个方面：一是建立了激励机制。TLTRO II 的操作利率与银行定向贷款规模负相关，银行向非金融公司和居民发放的贷款越多，该银行在再融资操作中的利率就越低，实际上获得货币当局的"补贴"就越多。TLTRO II 利率上限是主要再融资操作利率，但主要再融资利率为零，所以商业银行获得 TL-TRO 的成本是零，而该操作的下限为存款便利利率（DFR，－0.40%），即商业银行还能获得额外的收益。这种举措实际上是一种风险转移机制，即将商业银行信贷资产的风险转移至欧央行的资产负债表上。二是没有惩罚举措。如果银行未达到贷款基准条件，欧央行不会强制要求其偿还贷款，只是其无权获得 －0.4% 的最低利率，较 TLTRO I 的要求明显放松。

（三）资产购买计划

由于欧央行已启动了负利率，常规价格型货币政策工具的使用效果相对有限。定向长期再融资虽然能够刺激商业银行的放贷意愿，但实际信贷和投资增长仍需要经济基本面的支持和市场信心的扭转，其发挥效果存在被动性、不确定性和滞后性。

相比之下，资产购买方式对金融市场的支持作用更为直接，同时货币政策当局释放的市场信号也可以通过资产购买进行传递，有助于进一步强化量化宽松货币政策的效能，进一步改善货币政策传导机制。为了应对经济通缩、信贷下滑的困境，同时配合负利率和定向长期再融资，欧央行于 2014 年 10 月启动了大规模资产购买计划（Asset Purchase Program，APP）。欧元区资产购买计划分为两个部分：一是第三轮资产担保债券购买计划（CBPP3）；二是资产支持证券购买计划（ABSPP）。欧元区量化宽松政策与美国量化宽松政策框架基本相似，前者主要用于成员国国债的购买，后者主要用于政府债券及私人部门债券的购买。

1. 公共部门债券购买计划。作为扩大版资产购买计划的一个重要创新，公共部门债券购买计划（PSPP）于 2015 年 1 月正式推出，并于 3 月启动。PSPP 旨在通过大规模的资产购买，改善信贷条件、促进消费和投资增长，以减轻价格稳定所面临的风险。根据资产组合再平衡效应，金融机构在从 PSPP 获得大量供流动性的同时，能够为欧元区实体经济提供更多的信贷支持。

从规模上看，其每月高达500亿欧元。2018年3月，PSPP购买限额增加至每月750亿欧元。从购买范围上看，主要是二级市场上合格对手方的可出售的各类公共债务证券，包括欧元区各成员国中央政府债券以及欧元区认可的机构、地区性和地方政府、国际组织和多边开发银行所发行的债券，覆盖了欧元区金融资产的20%。实践中，政府债券和公认机构占欧元体系投资总额的90%左右，而国际组织和多边开发银行发行的证券约占10%。更为广泛的购买范围，为欧元区注入大量的流动性，基础货币供给相应大幅增加。从标的资产的期限上看，期限范围在为2年至30年，长期资产的占比较高。截至2018年12月末，PSPP持有规模为2.1万亿欧元，为资产购买计划中占比最大资产。

2. 企业债券购买计划。企业债券购买计划是扩大版资产购买计划的另一个重点。企业债券购买计划（CSPP）于2016年3月出台，6月开始实施，用于购买欧元区非金融机构发行的投资级债券，从而缓解非金融企业由于利率上升和银行惜贷所造成的融资困难。CSPP的推出进一步加强了欧元体系资产购买对实体经济融资条件的影响，有助于推动价格稳定目标的实现。截至2018年12月末，CSPP持有规模为1780亿欧元，相对于公共部门债券规模计划而言，CSPP的规模和作用相对较小。

（四）欧元区前瞻性指引

前瞻性指引（Forward Guidance）是美联储货币政策的重要创新，对于在量化宽松货币政策实施过程中的预期引导起到了重要的作用。2013年7月，欧央行表示在经济增长和就业率没有实质性变化的情况下，政策利率将在较长时间内维持在当前水平或较低水平，前瞻性指引首次相对明确地成为欧央行的创新型货币政策工具。2013年后欧央行的重要政策工具使用中，基本上都嵌入了前瞻性指引的政策功能。与美联储相似，欧元区的前瞻性指引设置了较为明确的"阈值"指引，包括时间指引和量化指引。

一般地，货币政策当局会将前瞻性指引与利率走廊相结合使用，这样在提高利率政策操作有效性的同时，可有效避免由于政策利率变动引发的市场重大波动，从而维持利率水平相对稳定，即将利率波动限制在一定的区间之内，同时通过前瞻性指引将利率引导至货币政策当局合意的水平上。2013 年 11 月，欧央行保持存款便利利率不变的同时下调边际贷款便利利率，将利率走廊收窄至 75 个基点。在 2014 年 6 月的负利率操作中，欧央行通过下调存贷款便利利率进一步将利率走廊收窄至 40 个基点。可见，欧元区央行有意地将利率波动限定在更为狭窄的区间内。

在公共部门和企业部门的资产购买计划中，欧央行将资产购买与货币政策目标实现相结合，设置条件性前瞻性指引。公共部门债券购买计划规定，无论如何都将购买计划延续进行到 2016 年 9 月，直到理事会看到对通货膨胀演进路径与其实现低于或接近 2% 的通货膨胀率目标形成一致。企业部门债券购买计划规定，资产购买计划将持续至 2017 年 3 月，并强调，如果有需要仍可再延期，进一步加强前瞻性指引。

（五）通货紧缩政策应对的绩效

2014 年下半年，经济增速和信贷增速虽然有所提高，但通胀指标仍进一步下滑。2015 年 1 月，HICP 进一步降低至 - 0.6%。"通胀率接近 2%"的货币政策目标越发难以实现。同时，德国、法国等对于大规模资产购买计划（APP）的风险承担机制存在疑问，认为这是将重债国的融资缺口由所有成员国来承担，即德国等承担了额外的成本。欧央行再度调整资产购买计划，在大规模提高资产购买计划数量的同时出台包含公共部门购买计划（Public Sector Purchase Program，PSPP）和企业部门购买计划（Corporate Sector Purchase Program，CSPP）的扩大版资产购买计划（Expanded Asset Purchase Program，EAPP）。

由于德国和法国等的担忧，扩大版资产购买计划采取了风险共担原则，即 EAPP 的损失由成员国各国央行和财政部共同承担，以避免风险资产购买计划中受益的重债国无须承担成本，并使风险从高债务国家转移到中心国家（如德国、法国等）。为了提高货币政策的透明度和资产购买计划的审慎性，资产购买计划规定，欧央行每周要发布资产购买计划所持有的证券的账面总价值，每月要公布持有证券的加权平均剩余期限。即便采用了风险共担原则，扩大版资产购买计划已经使欧元区量化宽松政策及其实施的范围比美国有过之而无不及。

从欧央行的各类资产购买计划（PSPP、ABSPP 和 CBPP3）的总规模来看，其经历了从大幅攀升到稳步下降的过程。从 2015 年 3 月到 2016 年 3 月，购买计划合计为 600 亿欧元；2016 年 4 月，欧央行提高月度购债规模至 800 亿欧元。随着经济逐渐好转，欧央行从 2017 年 4 月开始逐步缩减资产购买计划，即月度购买规模从 800 亿欧元减少至 600 亿欧元。2018 年 1 月开始进一步缩减至 300 亿欧元，9 月缩减至 150 亿欧元，12 月底结束新增资产购买，但是保持资产购买计划到期后资产再投资[①]。2018 年底欧央行基本结束欧洲版量化宽松政策的新操作，但是量化宽松引致的资产负债表则仍然保持相对稳定。

在欧元区应对通货紧缩的政策实施后，特别是欧洲版量化宽松政策工具全面实施后，随着美国经济繁荣和外部其他经济体相对复苏，欧元区经济增长、就业率、通胀率和信贷增长等指标确实有所改善。经过 3～4 年缓慢复苏，至 2018 年中期欧元区经济基本恢复到金融危机前的水平，并表现出相对稳定的发展势头。2018 年 6 月欧央行正式宣布于 2018 年 12 月末停止新增购买资产，欧央行从 2018 年下半年开始结构性调整非常规工具使用引致的央行资产负债表，货币政策正常化逐渐被提上日程。欧央行本计划持有现有资产至到期，同时将维持利率水平（-0.4%）至 2019 年中期然后择机进行利率水平调整，甚至恢复至零利率之上。

遗憾的是，由于美国发动针对多个国家的贸易冲突，全球经济增长应声而下。2018 年第三季度以来，欧元区经济状况出现明显下挫，失业

---

① 具体信息及数据详见欧央行的政策公告。

率水平有所上升，与此同时，包括美联储在内的全球主要货币当局的货币政策逐渐从正常化发展重新转向宽松。2019 年 9 月 12 日，欧央行宣布下调存款利率 10 个基点至 -0.5%，这是该央行自 2016 年 3 月以来的首次降息。欧央行同时宣布，重启量化宽松政策（QE），即从 2019 年 11 月 1 日起，以每月 200 亿欧元的规模重新开始进行净购置，并且资产购买将持续较长时间，用于保持政策利率的宽松。虽然欧元区量化宽松的资产规模计划相对有限，但标志着欧元区又重新走上再度宽松的政策道路，欧元区货币政策开始进入新的轮回。

2020 年 3 月，新冠肺炎疫情的冲击，加速了欧央行重启量化宽松政策的进程，欧央行在 3 月就出台了高达 7000 亿欧元的量化宽松政策，以保障疫情期间市场流动性的相对稳定并为复工复产提供较为宽松的货币金融环境。欧元区量化宽松新的轮回被实质性开启，甚至未来欧元区由于严重的负增长可能出台新的结构性货币政策工具，以应对疫情的重大冲击。

# 第七章　欧盟金融监管体系改革

在国际金融危机中，欧盟（除英国）主要经济体基本是以银行主导的金融体系，受危机的冲击相对美英而言较小，但仍然是系统性的冲击，欧洲金融体系和实体经济受到严重的损害。金融危机仍然在深化，继冰岛、希腊危机之后，欧洲主权债务以一个"普遍性"问题引发了国际社会对欧洲经济及稳定的广泛关注和担忧（郑联盛，2010）。

欧盟认为，金融危机暴露出欧盟金融监管相对分割，无法进行相对统一而完整的监管，特别是金融机构的跨境业务以及系统性风险，从而弱化了欧盟整体以及成员国监管体系的有效性，使得欧盟难以应对跨境金融风险的传染和系统性风险的防范（EC，2009）。在此背景下，由美国次贷问题引发的金融风险迅速在欧盟大部分成员国传播和深化，欧盟的金融风险及其引发的经济风险不断升级，直至主权债务危机的普遍出现。

美国金融监管体系改革的核心是在维系现有金融监管框架下强化系统性风险的应对，建立宏观审慎框架、强化微观审慎标准以及加强消费者保护。而欧盟金融监管的重点是在维系欧盟统一市场的基础上，强化对欧盟层面的系统性风险的管理，以及加强微观层面的审慎标准。

欧盟金融监管改革和宏观审慎体系建设进展重大。本轮金融危机之后，欧盟深刻认识到改革欧洲金融监管体系的重要性和必要性，特别是泛欧的跨境金融风险监管。但是，由于欧盟理事会中各国政府的分歧较大，金融监管体系改革进展相对缓慢。美国金融监管改革取得里程碑式的进展之后，欧盟金融监管改革和成员国合作才加速，2010 年 9 月欧盟理事会和欧洲议会就包括宏观审慎和微观审慎两个层面的泛欧金融监管新体系达成妥协，9 月 22 日欧洲议会正式通过改革方案（EC，2010）。泛欧金融监管体系改革的深刻影响在于，它改变了欧盟内部各国相对独立分散的监管格局，初步建立了第一个相对超越国家主权的监管体系。但是，欧洲金融监管体系的改革仍有许多问题有待解决，2009 年提出的欧盟监管体系在成员国层面的直接监管权以及三大监管机构的监管权力集中于单一监管机构等改革仍处于争议之中（EC，2009a）。

欧盟金融监管体系改革集中在宏观和微观两个层面：与美国不一致的是，欧盟在宏观层面强调的是跨境风险的传播和顺周期效应引发的系统性风险，而美国相对集中在本国系统性风险特别是系统重要性机构的监管，对顺周期效应相对关注较少；在微观层面，欧盟主要致力于提高微观审慎监管的标准，致力于限制性监管，而美国是扩大监管范围、填补监管漏洞以及提高监管有效性，不过仍然是倾向于原则性监管。

## 一、欧盟监管体系的演进

由于欧盟是一个超主权的区域政治经济合作实体，其金融合作以及金融监管的相关问题一直以来是与欧盟一体化进程相匹配的。整体而言，欧盟金融货币合作以及金融监管合作主要是以欧元的发展作为基础的，1999 年欧元正式流通，开辟了欧盟金融货币合作的一个里程碑，此后欧盟的金融监管合作进入一个合作深化阶段。2001 年《莱姆法路西框架》得以实施，这是欧洲金融监管合作的分水岭，这个框架的实施意味着欧洲金融监管进入超主权层面。经过近 10 年的发展，欧盟层面的金融监管实际上取得一定的进展，银行、证券和保险行业在欧盟层面的监管协调责任分属于欧盟的三个委员会（EC，2009b），但这三个委员会并非监管实体。

美国金融危机爆发之后，金融风险在欧盟层面传染。欧盟认为，为了应对金融危机和防范金融风险的跨境传染，需要夯实监管主体的权力以及加大欧盟层面的监管力度，2010 年 9 月欧洲议会批准《欧盟金融监管体系改革》方案，致力于建立宏观审慎和微观审慎两个层面相结合的新的金融监管体系。

（一）1985—1998 年欧盟金融监管

经过 20 多年的发展，欧洲共同体终于在 1991 年 12 月通过了《马斯特里赫特条约》，即《欧洲联盟条约》，欧洲一体化取得了里程碑式的进展。相应地，在这前后，金融货币合作以及金融监管合作也取得了实质性的进展。

从 20 世纪 70 年代中后期开始，欧洲一体化进程不断深入，欧共体认为在实现了国民待遇之后，需要就阻碍要素自由流动的各国法律差异进行重点解决。1985 年欧共体理事会发布《关于建立内部市场的白皮书》，欧共体立法机构遵循服务自由和设立自由的基础精神，在欧共体金融市场一体化方面坚持"最低限度协调"原则（Principle of Minimal Harmonization），以"相互承认"原则（Principle of Mutual Recognition）为补充，以"母国控制"原则（Principle of Home Country Control）为表现形式，推进欧共体新的法律机制一体化，共同促进欧洲金融体系和市场的一体化进程（CEC，1985），《关于建立内部市场白皮书》是欧共体以及其后欧盟金融服务和监管体系合作的基础文件。

欧共体时期金融监管合作实践重大的进展是《第二号银行指令》。在 1983 年的《并表监管指令》的基础上，欧共体在 1989 年出台了《第二号银行指令》，这基本奠定了欧洲金融行业监管一体化的法律基础。在这个监管指令中，欧共体理事会在银行领域推行两个原则：一是单一银行执照原则，二是母国控制原则。单一执照原则（A Single License System）是指在欧共体一个成员国注册成立的银行可以自由地在欧共体其他成员国开设分支机构；在欧共体某一个成员国注册成立的银行，其在该国所从事的业务也可以在其他成员国开展，东道国不得施加额外的注册要求和营业条件。母国控制原则要求在欧共体范围内通过开设分支机构以及提供跨境金融服务等方式从事银行业务活动的金融机构，原则上应该由该机构成立注册地成员国的监管当局承担监管责任，特别是并表监管责任。由于实行相互承认和单一执照原则，母国控制原则将是一个必然的政策选择。

服务自由、单一执照、母国控制以及相互承认等原则，已经基本奠定了欧共体金融体系和金融监管的合作基础，特别是母国控制原则在一定程度上使东道国的金融监管主权部分让渡给银行的注册国监管当局。当然，这种权力的让渡让一些成员国担忧，认为这不仅是监管主权的让渡，更重要的是在金融环境恶化条件下的处置权力的让渡，是金融稳定保障机制的一个漏洞。为此，欧共体将银行日常业务操作的直接监管权保留给东道国，并保留了三种特别情况处置条款，给予东道国实行金融监管的权力：一是东道国出于公共利益考虑，仍然保留在必要情况下对在其他成员国注册成立的银行分行及其跨境金融服务进行监管的权力；二是基于《第二号银行指令》，东道国为实行货币政策所采取的监管措施不受母国控制原则的约束，从而保障货币政策的独立性；三是银行流动性监管由东道国监管当局承担（CEC，1989）。

（二）1999—2001 年过渡期

1999 年 1 月 1 日至 2001 年 1 月 1 日为欧元流通的过渡期，也是欧盟金融服务体系和监管体系改革的过渡期。欧元开始流通之后，为了适应新形势下的金融监管，欧盟对 1989 年《第二号银行指令》进行了全面的修订，在 2000 年出台了欧盟《2000 年银行法》[《欧洲议会和理事会关于信用机构设立和经营的指令》（2000/12）]，规定一家银行可以经营传统的存贷款业务，以及金融租赁、汇款、信用卡、旅行支票、保函等业务，还可以经营债券、咨询、证券和债券管理及保险箱业务等"全能业务"，相应的监管转向全覆盖监管，并再次重申此前欧共体关于银行业自由服务、单一执照、母国监管和相互承认等监管原则（EC，2000）。

为了配合欧元的启动以及欧盟区域内信用机构业务的全能化，1999

年欧盟委员会颁布了《欧盟委员会金融服务行动计划》（*The Financial Services Action Plan of the European Commission*，FSAP），2000 年里斯本首脑会议上该计划签署通过，成为欧盟金融服务和金融监管合作新的法律框架。该计划对建立欧洲单一金融市场的优先指标和事项进行了分析，并提出了在 2005 年完成欧洲金融市场一体化的时间表，同时为了保证单一市场目标的实现，提出了三个战略安排：一是建立单一的金融服务批发市场，二是确保金融零售市场的开放及安全，三是加强审慎监管。这个计划对银行、证券、保险、混业经营、支付清算、会计准则、公司法、市场诚信以及纳税等金融市场的各个要素都作出了统一安排，致力于统一规范涉及金融服务业监管的各个环节（汤柳，2010）。而且，该计划强调金融监管应该及时适应金融业发展与创新的步伐，加强金融行业风险管理以及强化投资者、消费者保护等（EC，1999）。

（三）莱姆法路西框架

2002 年 1 月 1 日欧元正式取代主权货币全面流通，欧盟经济一体化迈入了一个新的纪元，这对欧盟层面的金融货币合作以及金融监管提出了新的要求。2000 年 3 月通过的《欧盟委员会金融服务行动计划草案》将金融一体化要求细致化，要求在承认各国差异的基础上实现更好的监管协调，提高监管效率。2000 年欧盟委任"名人委员会"对欧盟的证券行业监管一体化进行研究，这个研究小组以莱姆法路西为主席，并于 2000 年 11 月形成了初始建议报告，经过各成员国的审议及其后修改，在 2001 年 2 月形成了最终报告（Committee of Wise Men，2001）。

莱姆法路西报告对欧盟证券行业监管提出了基本原则及具体建议。欧元全面流通之后所建立的欧盟证券行业监管体系就是基于莱姆法路西报告构建的。该监管框架在承认各成员之间的立法原则和技术规则差异的基础上，从四个层级的维度提出了欧盟证券行业监管体系的建设方案：层级 1 是欧盟委员会，该层级在保持欧洲金融市场开放和公平竞争方面加强工作，强化最上层的立法权，即立法和规则制定权（Lamfalussy，

2000）。层级 2 是与欧盟传统的立法程序相协调，建立广泛的欧盟监管规范，建立欧盟证券委员会（EU Securities Committee），强调其监管规范细则制定权；层级 3 是根据市场的发展和变化，审议评估和完善欧盟的监管框架原则，建立欧盟证券业监管者委员会（Committee of EU Securities Regulators）对监管政策加以指导和评估，加强其顾问、咨询和指导职能；层级 4 是成员国有责任在这个框架内实行欧盟监管规范以强化监管合作，促成不同监管主体形成监管网络，强调具体监管责任的落实。

莱姆法路西报告为欧盟证券行业监管提供了蓝本，根据相应的建议，欧盟建立了新的证券业监管体系。这个监管体系在欧元全面流通之后使欧盟监管机构更具弹性地应对市场变化，加深了欧盟及成员国之间证券监管的合作，提高了监管协调效率和监管的有效性。2003 年莱姆法路西报告的体系建设建议被推广适用于银行业和保险业，使欧盟层面的金融监管体系更加全面，从而开启了欧盟基于莱姆法路西框架的监管体系建设。2004 年欧洲议会通过了金融监管体系改革方案，将基于莱姆法路西框架 42 项建议中的 39 项定为欧盟监管规范，要求各成员国执行，欧盟金融体系的监管逐步建立起上至欧盟下至成员国的四层监管体系。

莱姆法路西体系在2003—2006 年深入发展，欧盟层级和各国监管当局协调不断加强，欧盟不断完善其四层监管体系，直至美国金融危机爆发。在欧盟莱姆法路西监管体系中，第一层级是框架性、原则性的立法层级，即原则性条款的制定权。一般是欧盟委员会提出立法建议，欧盟理事会、欧盟委员会和欧洲议会三方共同决策。一旦立法建议被通过，就适用于欧盟范围内所有的金融机构的监管。

第二层级是细化第一层级的法律规范，相当于是第一层级的法律"解释"。该层级包括欧洲银行委员会、欧洲证券委员会、欧洲保险和职业养老金委员会及欧洲金融集团委员会等四个委员会。每个委员会由欧盟成员国财政部的高级官员组成，主要任务是建议、明确和决定有关对第一层级原则、指令和条例的实施细则，解决法律的实施程序问题，建立完整的监管法律规范，并可以根据实际情况有效地调整和变更规章的细节。该层级实际上具有金融监管技术性条款的制定权。

第三层级由非约束性体系组成，主要包括三家委员会：欧洲银行业监管者委员会、欧洲证券业监督者委员会及欧洲保险业和职业养老金监管者委员会。这三个委员会由各个成员国中的银行、证券和保险行业监管当局的代表组成。值得注意的是，三个委员会提出的指示都是非约束性的，都不执行对金融机构的日常微观审慎监管，仅作为欧盟层面和成员国监管当局之间的一个联系桥梁，主要是促进欧盟与不同成员国以及成员国之间的信息交流和监管合作，推动欧盟金融监管的趋同化，提高监管的有效性。该层级具有非约束性以及倡议性条款的制定权。

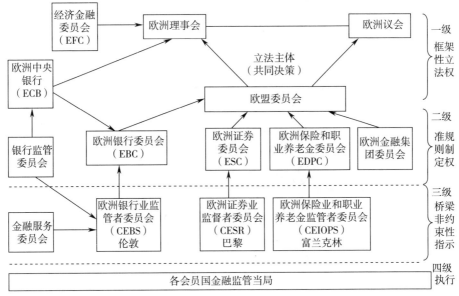

**图 7-1 扩展至整个金融体系的莱姆法路西框架及四层体系**

（资料来源：中国保险学会①）

---

① Committee of Wise Men on the Regulation of the European Securities Markets, "Financial Report on the Regulation of the European Securities Markets", 15 Feb., 2001. pp9. 该框架的示意图由中国保险学会翻译，详见中国保险学会. 欧盟金融改革动向［EB/OL］. http：//www. iic. org. cn/D _ infoZL/infoZL _read. php? id = 9388，2010 - 03。

第四层级即执行层次，由各国监管机构实施欧盟指令、条例，欧盟委员会担当监督、促进实施的责任。执行层次在欧盟监管体系中是最为重要的载体，是欧盟金融宏观审慎管理和微观审慎监管的主体力量，也是体现金融监管主权的载体。该层级具有实际监管权。

## 二、欧盟金融监管体系改革及宏观审慎管理框架

全球金融危机对欧盟金融经济体系也造成了巨大的冲击。欧盟认为基于莱姆法路西框架的监管体系在实现金融风险的早期预警、金融风险的跨境传染以及系统性风险防范和应对方面存在不足，为此，需要对金融监管体系进行改革，特别是金融宏观审慎管理的改革，以完善欧盟层面的金融监管框架，维持欧盟金融体系的稳定性。

（一）欧盟金融监管体系改革的历程

"金融海啸"爆发之后，欧盟金融监管体系改革随即提上日程。在欧盟委员会的请求下，2008 年 11 月以法国央行前行长德拉罗西埃（Jacques de Larosière）为主席、包括欧元之父之一的奥托马·伊辛（Otmar Issing）等其他 7 名委员的欧盟金融监管高级小组（de Larosière 委员会）开始进行研究，对欧盟的金融监管体系改革提出政策建议。

2009 年 2 月，de Larosière 委员会出台了建议报告，认为需要进行金融监管体系的重大改革，以实现三大政策目标：一是建立一个新的完善的监管框架，以减少金融风险、提高风险管理效率，提高金融体系吸收系统性冲击的能力，弱化顺周期放大效应，强化透明度原则，并完善金融市场公平的激励机制。二是强化欧盟的金融监管协调，特别是宏观审慎和微观审慎监管协调。基于现有的监管框架，建立更加强势的欧盟层级监管主体以监管欧盟范围内的金融参与者。三是完善风险应对管理机制，在监管领域建立信心和信任。委员会认为欧盟的金融监管必须在以邻为壑和强化合作中选择后者，以发挥统一市场的优势（High - Level

Group，2009）。该报告的核心是欧盟未来的金融监管构架是金融宏观审慎管理和微观审慎监管相互结合的双层体系，最主要的建议是建立一个委员会和一个监管系统：欧洲系统性风险管理委员会和欧洲金融监管系统，欧洲金融监管系统由银行、证券、保险三个监管主体组成，三个监管当局分别由此前的三个监管者委员会实体化而成，并赋予相应的监管权力。同时，该报告在银行资本金、信用评级机构、以市定价原则、影子银行体系、证券化及衍生品、投资基金等微观审慎监管方面提出了具体的政策建议（High – Level Group，2009）。

基于 de Larosière 委员会的政策报告，欧盟各成员国于 2009 年 5 月达成初步协议。经过欧盟和成员国的广泛讨论和协调之后，基于 5 月份的改革建议，2009 年 6 月 19 日欧盟理事会通过了《欧盟金融监管体系改革》（*Reform of EU's Supervisory Framework for Financial Services*）方案，确立了欧盟金融监管体系改革的框架建议，核心的改革措施主要包括四个方面重大内容：一是成立欧盟系统风险委员会，建立宏观审慎管理机制；二是建立欧洲金融监管系统，加强欧盟层级的微观审慎监管及其协调；三是减少金融体系的顺周期效应；四是强化以银行为主导的金融机构的全面风险管理（EC，2005）。

2009 年 9 月底，欧盟委员会公布了欧盟金融监管改革方案的细节（EC，2009）。但是，对于金融监管改革的细节，欧盟成员国仍然存在较大的争议，比如英国和德国在欧盟系统风险委员会的职权及其与监管主权的平衡就存在分歧，德国强力要求泛欧监管主体扩大直接监管权，而英国持反对意见。欧洲议会热衷于欧盟金融监管体系特别是系统风险委员会和三大金融监管主体具有直接的监管权力，但是遭到不少成员国政府的反对，原因是担心其国家主权特别是金融监管权被部分削弱。

由于金融危机的逐步远去，而欧洲又出现了新的问题——主权债务危机，欧盟及其成员国的注意力转向了主权债务问题，而金融监管合作协调的力度相对降低。直到 2010 年 7 月美国参议院通过了最终版本金融监管改革法案，并由时任总统奥巴马于 7 月 21 日签署成为法律，一直处在全球金融监管改革特别是国际标准制定前沿的欧盟才感到改革的压力。

经过一年的博弈，2010 年 9 月 7 日欧盟成员国对金融监管改革方案达成妥协。一是同意建立系统风险委员会和由三个监管实体组成的欧盟金融监管系统。二是欧盟层级的监管机构只有在特别情况下具有直接监管权，可以直接对成员国的金融体系进行监管。三是日常的监管权仍然由各国监管当局保留。四是更具争议的事项留待未来三年协商解决：其一是欧盟金融监管系统对泛欧金融机构的直接监管权；其二是将三个欧盟监管主体的监管权力统一成为单一监管主体的职能，即建立统一监管体系（Morrison，2010）。在达成这些妥协之后，2010 年 9 月 22 日，在所有成员国都同意的条件下，欧洲议会通过了欧盟金融监管改革计划。欧盟理事会经济金融委员会于 11 月 17 日最终通过了该计划，并确定欧洲系统风险委员会和三个欧盟监管主体在 2011 年 1 月开始建立运行，以替代此前的监管委员会。2010 年 12 月 16 日，欧洲系统风险委员会正式成立运行，2011 年 1 月 1 日，三大监管主体也正式运行，欧洲新的金融监管体系正式建立。

（二）欧盟宏观审慎管理框架

在欧盟的金融监管体系改革中，金融宏观审慎管理从一开始的 de Larosière 委员会政策报告就是核心的改革内容，一定意义上说，欧盟的金融监管改革的出发点就是金融宏观审慎管理。不管是建立新的监管框架，还是提高欧盟层面的监管协调，或者是提高监管的有效性和风险应对能力，都是"保障欧盟金融整体稳定和单一市场的必要举措"（High – Level Group，2009）。

如果从广义的宏观审慎管理改革出发，欧盟金融监管改革的宏观审慎框架主要包括三个方面：其一，建立泛欧的系统性风险应对机制，成立欧洲系统性风险委员会；其二，建立欧盟金融监管系统，成立三个监管实体；其三，强化微观审慎的监管指标。这三个方面是欧盟金融监管体系改革相辅相成的内容，构成了欧盟新的金融监管体系的核心内容。

1. 宏观审慎管理机制。在金融全球化和欧盟一体化不断深入的背景下，金融风险在全球和欧盟区域内传播，金融危机具有更大的区域和全球传播性，但是各国金融监管者对金融机构和全球金融市场的杠杆率、风险敞口和风险管理安排等的全面信息是不足的。而且各个国家监管当局的监管水平和机制存在很大差异，各个国家监管机构也无法独立承担区域监管责任，因此，必须强化欧盟整体的有效监管，需要在欧盟层面建立完善系统性风险应对机制，建立健全金融宏观审慎管理框架。

在宏观审慎管理方面，新成立的欧洲系统性风险委员会将在欧洲中央银行的支持下，执行宏观层面的审慎监管。欧洲系统性风险委员会的宗旨是对欧盟金融体系的宏观审慎管理负责，适应金融体系发展带来的风险挑战，并考虑宏观经济的发展，避免金融紧张局势和金融风险大肆传染，削弱或消除影响欧盟金融稳定的系统性风险，以利于欧盟内部市场的有序运行，确保金融部门对经济增长的可持续贡献。该委员会具有三大职能：一是建立早期金融风险预警机制；二是监控和评估金融稳定性的冲击因素及其危害；三是提供应对系统性风险的政策措施。在必要的情况下，该委员会可以对成员国的金融体系进行直接但秘密的警示（EC，2009）。在欧洲系统性风险委员会成立之后，该委员会将其职能细化为十个方面：甄别和预判系统性风险；收集分析信息；发布系统性风险预警甚至公开化；发布风险应对的政策建议；在紧急情况下可以向欧盟理事会发布秘密性的预警，以便理事会能够调整政策以提高欧盟监管主体的紧急应对能力和政策空间；关注预警及政策建议的后续发展；与欧盟其他监管主体组成紧密合作，必要时可以向欧盟监管主体提供关于系统性风险的信息；创立和发展可以量化的高质量风险指标以辨别系统性风险；必要时参加欧盟金融监管系统的联合委员会；加强与国际金融组织及第三国的监管合作以及实行欧盟法律框架下的其他相关监管任务。①

欧洲系统性风险委员会由总理事会、指导委员会、学术顾问委员会、技术顾问委员会以及秘书处组成。其中，总理事会是确保欧洲系统性风险委员会履行职能的最主要机构，其具有投票权的委员包括欧洲中央银行的行长及副行长、成员国中央银行行长、欧盟委员会一名代表、三大监管机构的主席、学术顾问委员会的主席及两名副主席以及技术顾问委员会主席，其没有投票权的委员包括各成员国各监管当局的一名高级代表以及欧盟经济金融委员会主席。其首任为期5年的主席由欧洲中央银行行长担任。该委员会秘书处设在法兰克福，与欧洲中央银行一同办公。

欧盟对系统性风险的防范除了设立系统性风险委员会之外，还特别对顺周期效应作出相关的审慎监管安排。欧盟认为，金融监管体系中的一些要素带有顺周期特征，甚至放大了顺周期效应，比如资本金要求和会计准则等，是系统性风险的重要来源。2009年7月7日欧盟委员会经济与金融会议上，各成员国就如何削弱和消除金融体系及其监管的顺周期性取得一致意见，计划实行具有前瞻性的会计标准，实行坏账准备动态拨备机制，设立逆周期的资本缓冲机制、加强金融机构高管报酬改革以及对以市定价及公允价值规则进行修改。

2. 欧盟金融监管系统。此前，欧盟层级的金融监管协调主要是由银行、证券和保险三个监管者委员会来履行，但是，由机制相对松散的三个委员会来履行主要金融部门的监管技术条款研究、协调和制定，并与成员国进行互动，相对而言是心有余而力不足的，而且欧盟的法律框架并没有赋予委员会相关的监管权力。为此，在金融风险跨境传染的防范中，三个监管者委员会无法胜任。de Larosière 委员会政策建议，必须夯

---

① European Systemic Risks Board. Mission, Objectives and Tasks [EB/OL]. http：//www.esrb. europa. eu/about/tasks/html/index. en. html.

实欧盟层级的监管主体，将三个委员会实体化，并赋予相关的监管权力，这最后演化成为欧盟银行监管局、欧盟证券市场监管局以及欧盟保险和职业养老金监管局三个监管主体，共同构建欧盟金融监管的执行体系。

欧盟金融监管系统的三个机构继续承担过去监管者委员会作为咨询主体的有关职责之外，其权限大幅扩大并拥有了法人地位，单个监管局的主要职责包括：一是对成员国监管机构之间的分歧具有法定的仲裁权；二是具有制定约束性金融监管指标的决策权；三是向欧盟范围内的金融机构颁发准入许可证；四是与欧洲系统性风险委员会合作，防范系统性风险；五是在紧急情况下，可以向金融机构采取直接调查并作出技术性决定；六是可以禁止或限制被认为会影响金融稳定的金融活动和产品（EC，2009b）。整体而言，三个监管局最主要的职能是建立一整套适用于欧盟的趋同性监管规则和一致性监管操作，按照共同性条约的有关规定发展约束性协同技术标准，制定非约束性技术标准供各国监管者自行决定是否采纳，确保欧盟的一致性微观审慎监管操作以及维护共同市场的稳定性（汤柳，2009）。

3. 加强微观审慎监管。除了建立欧洲系统性风险委员会以应对系统性风险、施行金融宏观审慎管理，以及设立欧盟金融监管系统进行欧盟层面的微观审慎监管标准制定及协调，欧盟认为，还需要强化微观审慎的监管指标，夯实微观审慎监管的基础，才可能达到金融宏观审慎管理的效力，建立一个稳定的金融体系以及有效的共同市场。

欧盟在微观审慎监管的强化方面主要关注三个方面：一是加强对系统重要性机构的微观审慎监管指标；二是强化资本金机制；三是完善风险和危机管理体系。以资本金为例，在银行资本金要求方面，欧盟委员会在 2008 年 10 月和 2009 年 7 月先后向欧盟理事会和欧洲议会提交了关于修改《资本金要求指令》的提案，建议对银行的交易账户不同时期建立额外资本缓冲机制，增强违约风险管理，并制定交易账户下证券化头寸的风险要求；在再证券化业务方面，提出更高的资本金要求，对银行从事复杂的再证券化投资业务加以一定的限制。欧盟还对储蓄担保计划、信用评级机构监管、风险预警、证券化的留存要求、交易账户的额外资本金、信息披露、流动性风险管理以及影子银行体系的监管都制定了严格的监管指标（EC，2010）。

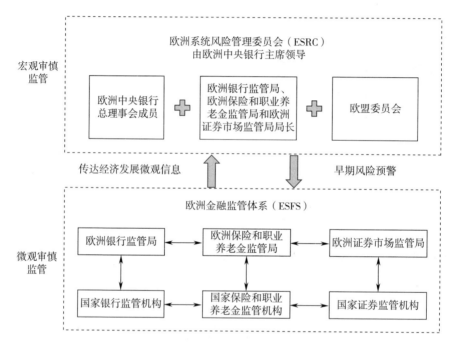

**图 7 - 2 基于宏观审慎和微观审慎的新欧盟金融监管体系**

（资料来源：中国保险学会①）

## （三）小结

由于欧盟是一个超越国家主权的联盟，其基于欧洲中央银行的货币体系已经实现了一体化，运行体系基本平稳，各成员国将货币主权让渡给欧洲中央银行。从目前的形势看，虽然欧洲债务危机给欧盟货币合作

---

① 该框架的示意图由中国保险学会翻译，详见中国保险学会. 欧盟金融改革动向［EB/OL］. http：//www.iic.org.cn/D_infoZL/infoZL_read.php? id=9388，2013 - 03。

带来了一定的冲击，但整体仍然是相对稳定的，为欧洲区域内部的贸易投资往来提供了便利。

在金融监管层面，欧盟金融监管框架此前是基于欧盟层面的三个行业监管委员会，但是，委员会的职能主要是协调和政策建议，并没有直接监管权。更重要的是，成员国的监管协调相对处在较低层面，特别是监管标准趋同化以及跨境监管的协调相对不力，这无疑弱化了欧盟层面金融监管的有效性和整体性。欧盟认为，这样的监管框架无法规避金融风险跨境传播以及系统性风险的防范及应对。为此，需要从整个欧盟层面的监管体系进行改革，一方面匹配货币合作一体化的制度适宜性，另一方面从系统性风险空间演进的维度进行风险的防范和应对。

欧元的诞生对欧洲金融货币体系以及金融监管框架带来了根本性的变革力量。2001年底形成的欧盟证券行业的监管改革方案，即莱姆法路西报告，奠定了欧元流通后欧盟证券行业监管体系的初步框架。莱姆法路西框架随后从证券行业向银行、保险行业扩展，成为欧盟层面的金融监管框架。莱姆法路西体系是由四个层面组成的：最上层的欧盟委员会，以及相关的欧盟理事会和欧洲议会，拥有立法权和框架规则制定权；第二层级是监管规则的细化，监管规范的制定，是承接立法权和执行权的中间环节；第三层级是指导、咨询和顾问环节，作为欧盟原则监管和成员国实际监管的协调环节，拥有建议权，但建议不具有约束性；最底层是成员国的现场监管权。

本轮金融危机之后，欧盟认为莱姆法路西框架在欧盟层面的监管、成员国监管协调以及系统性风险防范等方面存在不足，为此，确立了欧盟金融监管体系改革的框架建议，核心的改革措施主要包括四个方面重大内容：一是成立欧盟系统性风险委员会，建立金融宏观审慎管理机制；二是建立欧洲金融监管系统，即建立银行、证券和保险三个监管局，加强欧盟微观审慎监管及其协调；三是减少金融体系的顺周期效应，建立相应的微观指标；四是强化以银行为主导的金融机构的全面风险管理。

最为核心的是，建立欧盟系统性风险委员会以及欧洲金融监管系统。

虽然欧洲新的监管体系区分为宏观和微观审慎两个层面，但是仍然没有打破莱姆法路西框架的四个层级的大体系，只是在莱姆法路西框架的第一和第二层级强化了金融宏观审慎管理的职能，在第四层级通过强化微观审慎指标来促进成员国监管的趋同性，以提高欧盟监管的整体性和有效性。当然，在新的监管框架中，欧盟层面的监管设有紧急情况条款，在紧急情况下，欧盟层面的系统性风险委员会和三个监管局可以直接向成员国发布监管建议，如有必要可以行使直接监管成员国金融机构的权力。

不过，值得注意的是，在金融危机中，欧盟监管体系并没有根本性的失败，因此，欧盟的监管改革基本没有改变原有的监管框架，是原有框架的升级和职能的强化。而美国的金融监管改革，特别是沃尔克规则，则是意在解决分业监管模式和混业经营模式的制度错配，而欧盟层面的制度错配问题并没有美国那么明显。为此，金融监管体系改革对欧美金融体系的影响可能是不一样的，美国的监管改革影响更加重大，而欧盟的监管改革更多是在欧盟层面的金融宏观审慎管理的强化。

# 第八章  财政政策与货币政策协调：
# 基于美、欧、日的经验

在金融危机的应对中，美国、欧元区和日本等都实施了全面的危机应对和经济复苏计划，其中货币政策和财政政策的各自出台和有效统筹是危机应对和经济增长的基础保障。欧元区由于制度约束和欧央行政策实施等方面的问题，财政政策和货币政策一度出现了相对不协调的地方，这是欧元区统一货币政策和分散财政政策二元矛盾的体现，但是，带来的经济后果却是非常糟糕的。可见，不管是在风险的处置还是在经济的提振上，财政政策和货币政策都是基础的政策选择，二者的协调是极其关键的。

## 一、财政政策与货币政策的协调机制

### （一）总需求的拉动效应

财政政策和货币政策都是调控社会供求总量的工具，财政政策和货币政策在调节社会供求总量中通过不同的途径和作用来表现，它们之间需要相互协调。财政政策通过直接方式对社会经济发生作用，通过直接拉动总需求方式对供求总量发生作用，而货币政策作用于总需求的效应是间接的，需要通过微观经济主体对于利率、汇率等货币政策工具作出能动反应，对于经济供求关系的调整相对于财政政策不那么直接。

从政策调控来看，财政政策首先起到调节社会经济结构的作用，运用税收政策、财政贴息等形式起到控制和缓和社会需求总量的作用，侧重调整产业结构，使民经济结构趋于合理化；货币政策则是通过储备金、信贷投放、利率或利率走廊（上下限）、汇率等方式调控货币供给从而实现对货币总量和社会需求的影响。

从时效性来看，财政政策和货币政策在时效方面有着很大不同，是两种时效性不同的政策调控方式。财政政策以行政政策介入，适合于短期使用，在对付经济衰退时起到积极效应，而货币政策适合于长期调控，在控制经济过热与社会经济产生通货膨胀时起到积极作用。因此应发挥两者的长处，协调配合，取长补短，发挥合力。

（二）财政政策与货币政策的四种协调机制

财政政策与货币政策的协调机制有以下四种：一是政策工具的协调。国债是财政政策和货币政策协调的"中间"工具。以国家信用为基础而发行的国债是财政政策运用的基础工具，是财政赤字融资的基础手段，而货币政策中的利率及流动性调节主要通过公开市场操作进行，中央银行公开市场操作的基本工具就是国债。

二是政策时效的协调。在微观领域，货币政策起着重要作用，它可以起到抑制经济过热，有效调控通货膨胀发生，形成长效机制的作用，但在促进经济增长方面稍有不足。相对而言，财政政策在拉动内需，促进产业发展，拉动经济增长等方面有着明显的效应，但财政政策的不当处理，常会引起财政赤字、经济过热、通货膨胀等一些严重的后果，所以财政政策适合作为短期内促进经济增长的外力因素，不适宜长期使用。

三是财政功能的协调。在不违背银行经营初衷的基础上，可以采取积极的货币政策，鼓励以货币拉动经济的发展，减少财政政策给银行运营带来的"信贷"危机的发生。财政政策的投资范围与货币政策有所区别，国家基础设施建设和整体发展规划项目以财政政策和国家投资为主，而一些开发项目、高新技术等则以货币政策、银行贷款形式为主。两者协调，有针对性地进行投资，使国家资源趋于合理化。

四是调控主体、层次、方式的协调。货币政策包括两个层次：宏观和中观层次。宏观层次是指货币政策通过对货币保有率、利率等方面的影响，调控社会总供求、就业、收入等宏观经济变量；中观层次是指贷款政策，通过积极调整贷款数量和结构，有效促进产业结构优化和经济的可持续发展。

（三）财政政策与货币政策的三种配合模式

财政政策与货币政策的配合模式有以下三种：一是"双松"政策——松的财政政策和松的货币政策。松的财政政策是通过扩大政府支出、减少税收等方式扩大社会需求，松的财政政策是通过降低利率、降低银行准备金率等方式扩大贷款支出，以货币拉动经济增长。二是"双紧"政策——紧的财政政策和紧的货币政策。紧的财政政策是指通过减少政府财政支出、增加纳税等方式缩小社会需求，紧的货币政策是指通过提高利率、提高银行准备金率等方式缩小贷款支出，抑制经济增长。三是"一松一紧"政策——财政政策和货币政策的松紧搭配。为了保持经济和金融的平稳秩序，除特殊情况外，根据客观经济发展的不同情况，财政政策、货币政策本身松紧力度要适宜，也应有所差异，适应经济发展的实时变化，以收到良好效果。

基于财政政策与货币政策的协调机制和协调模式，下文主要关注美国、日本和欧元区这三大世界主要经济体近 10 年的财政政策和货币政策措施以及它们是如何搭配与协调的。

## 二、美国财政政策与货币政策的协调

（一）危机救援：货币财政双松应对流动性危机

在美国金融危机的应对中，美国货币政策应对流动性危机，财政政策主要用于稳定总需求水平。经历 2007 年次贷危机和 2008 年金融危机后，美国出现"两高一低"的经济形态，即高失业、高赤字、低增长。面对危机，美联储、财政部相继采取了传统货币政策和凯恩斯式的财政政策来干预经济。

在危机最危险时刻，美国政府采取货币政策为主导、财政政策为支撑的政策框架。在货币政策方面，采取扩张性货币政策：一是下调联邦基金利率，直至零利率；二是三次量化宽松，公开市场投放美元；三是"扭转操作"，压低长期利率，以降低企业长期融资成本，刺激投资。在财政政策方面，2007 年 12 月，财政部提出市场救援计划，通过与贷款公司、投资者等谈判，冻结两年以内发放的浮动利率抵押贷款，以减轻房屋贷款的还贷压力。2007 年 12 月 20 日，总统签署了《抵押贷款债务减免的税收豁免法》（*Mortgage Forgiveness Debt Relief Act*），对房屋所有人住房按揭贷款减免的同时进行税收豁免援助，以增强房屋所有人的债务偿付能力。

在流动性危机得到缓释之后，美国政府以财政政策作为防止美国陷入经济危机的基本手段。由于货币政策对于当前危机作用不显著，布什政府为拯救经济下滑开始启动更加积极的财政政策。2008 年 2 月布什政府签署议案，宣布实施个人税收减退及总额为 1680 亿美元的经济刺激计划，拟通过大幅退税刺激消费和投资，以刺激经济增长。同年 9 月，财长保尔森宣布针对"两房"的一揽子措施，启动对房利美、房地美两家住房抵押贷款机构的救赎计划，企图通过国有化救市。此外，10 月布什总统签署《经济稳定紧急法》，即涉及 7000 多亿美元的金融救援方案，授权财政部建立受损资产处置计划，允许财政部向金融机构受损失资产提供保险，并为不良资产救助计划（TARP）提供资金支持，使得金融机构获得资金以充实资本，刺激信贷市场运转，致力于应对流动性危机。此次大规模金融救助计划也是大萧条以来美国政府对市场最大力度的干预。

2009 年奥巴马上任以后，于同年 2 月签署了《美国复兴和再投资法》，通过了总额为 7870 亿美元的经济刺激计划，具体包括 2860 亿美元的个人和企业减税措施，以刺激市场消费需求，以及 5000 多亿美元的政府开支计划，分别用于基建计划和科学研究投资、环保节能项目、医疗和教育建设等方面，以此促进市场需求，降低失业率，缓解危机。总的来说，2008 年金融危机之后，为使经济走出衰退，美国主要采取"双松"的财政货币政策相搭配，共同刺激国内消费和投资，优先解决国内就业问题，可见在此阶段，美国财政货币政策是同向作用的。2009 年底，美国经济基本渡过危机，走向复苏阶段。

（二）经济复苏：宽松货币政策与中性财政政策

2009 年之后，美国实体经济部门并未再出现"多米诺骨牌"式的破产现象，金融机构破产的蔓延得到了一定程度的遏制，GDP 增长率也由 2009 年负增长到 2010 年出现正增长（3.02%），因此"双松"政策在危机期间一定程度上抑制了经济急剧下滑，失业率也于 2012 年 12 月稍下降至 7.8% 的水平。整个市场仍处于需求疲软状态，货币政策在刺激短期经济方面的作用是相对有限的，并不能刺激经济长期增长，同时频繁出台扩张性财政政策，使财政赤字急剧膨胀，联邦政府债务规模加速增长。由于政府债务又受到法定债务上限制约，美国实际上面临着财政政策的选择困境：一方面美国政府应该实施紧缩性财政政策以削减财政赤字，另一方面"两高一低"经济困局又使美国应实施扩张性财政政策来刺激经济复苏。

在经济复苏阶段，美国政府以市场机制为支撑，重点发挥零利率和量化宽松政策对短期利率和长期利率的引导功能，财政政策整体中性、边际略紧缩。2013 年美国经济开始由衰退转向温和复苏，失业率降至 2009 年以来最低水平（约 7%），房地产市场投资开始变得活跃，为了弥补危机时期扩张性财政政策遗留下的巨额财政赤字问题，2013 年初美国开始实行增税方案，主要包括上调富裕家庭的所得税，拒绝延长实施两年的工资减税计划，以及增加房产遗产税等，以增加财政收入；出台削减财政支出政策，主要包括减少对国防部门支出、对房利美与房地美的净支出、能源计划支出以及紧急失业救济付款等；同时出台《2013 年无预算无发薪法》（*No Budget No Pay Act of* 2013）调整债务上限期限，将原先法定 16.39 万亿美元的债务上限期限从 2013 年 2 月 4 日延长到 5 月 18 日，让政府有时间进行必要的借款以弥补债务。在上述紧缩性财政政策作用下，美国财政状况有所好转，赤字明显下降。而紧缩性财政政策会在一定程度上制约经济增长，为了防止其对经济复苏造成的消极影响，同期美联储继续执行量化宽松货币政策，与财政政策反向作用，以促进经济继续温和扩张。松紧结合的财政货币政策使得美国经济继续温和复苏的同时，财政部 2013 财年总支出占 GDP 比重从 2012 年的 22% 下降至 20.8%，财政收入占 GDP 比重也从 2012 年的 15.2% 上升至 16.7%，财政赤字锐减至 6800 亿美元。

为了弥补财政政策整体中性、边际偏紧所导致的经济紧缩效应，美国政府进一步实施宽松的货币政策。在保持零利率的基础之上，为改善就业市场、刺激经济复苏，2012 年 9 月 13 日美联储宣布正式启动第三轮量化宽松政策（QE3），2012 年底进一步实施第四轮量化宽松政策（QE4）。美联储四轮量化宽松政策对于经济复苏带来了重要的市场推动力：一是短期利率为零加上美联储公开市场操作，金融机构流动性风险实质性缓解，可以更加关注其自身资产负债表的整固，对于信用供给具有实质性支撑。二是美联储大量资产购买计划，以国债和机构债为主（后期主要为国债），可以提高金融机构资产端的市场价值，同时可以拉低中长期利率。

（三）经济整固：偏紧货币政策

2014 年底，美国经济复苏相对比较稳健，基本摆脱金融危机的冲击，经济指标全面复苏，企业部门盈利状况恢复至金融危机之前的水平。考虑到危机应对中的四轮量化宽松政策的负面作用，美联储在 2014 年底退出量化宽松政策，同时逐步开启货币政策正常化进程，加息和缩表随后而来，美国货币政策逐步走向偏紧状态。

2014 年后，美国财政政策发生了较为戏剧性的变化。2014—2015 年美国财政政策延续中性态势和结构特征，为经济复苏提供有力支撑但又避免出现重大的债务压力。但是，2016年特朗普当选总统后，提出包括减税、加大基建投资、贸易保护等在内的一系列财政刺激。在上任第100天之前，特朗普公布了涉及个人税和企业税的税改计划（2017 Tax Reform for Economic Growth and American Jobs），其中包括降低个人所得税税率，最高一档从39.6%下调至35%，以降低普通百姓税负压力；将企业所得税税率从35%削减为15%以刺激投资等。此外，特朗普还开出了规模达1万亿美元的基础设施建设"药方"，包括交通、能源、水利工程、网络等领域的基础设施以及退伍军人医院等。在货币政策方面，伴随着美国经济基本面好转和经济复苏进入后期，美联储已经通过2015年12月、2016年12月、2017年3月、2017年6月四次加息以推进货币政策的正常化，同时于2017年9月21日，美联储宣布从10月起启动渐进式被动缩表，意味着美联储货币政策开始逐渐收紧。总的来说，美国现行的扩张性财政政策因财政赤字和债务上限的约束，腾挪的空间有限，而减税拉动经济增长的效果有待实践的进一步检验。要为经济增长提供新动力，还是需要实施宽松货币政策提供良好的货币金融环境。

## 三、日本货币政策与财政政策的协调

### （一）危机应对阶段：零利率、宽财政

2008年12月至2010年10月是日本应对美国金融危机采取政策举措最为重要的一个阶段，主要致力于缓解金融冲击。日本实际GDP自2008年第二季度起连续出现负增长，消费者价格指数也不断走低，整个宏观经济陷入衰退与通缩并发之困境。在货币政策方面，日本央行采取凯恩斯主义政策主张，利用调节利率来实施扩张性货币政策，于2008年12月29日宣布降息至0.1%，2010年10月5日日本央行鼓励无担保的隔夜拆借利率保持在0.1%以下，通过上述两次降息行动，日本重新推

行零利率政策。日本央行企图通过降息来降低企业的资金成本与消费者持币的机会成本，进而刺激投资和消费，同时调低利率可以加快货币流通速度，扩张信贷规模，推动经济增长。

事实上，在零利率水平下，私人部门持币机会成本几乎为零，产生强烈的投机动机，货币需求迅速膨胀，央行为刺激经济复苏而增投的货币数量被无限扩张的投机需求所稀释，私人部门也并未因利率降低和货币供给增加而增加消费和投资支出，经济面临低利率下"流动性陷阱"，因此零利率政策难以对实体经济产生真正的促进作用。同期，日本央行意识到单一使用价格型货币政策工具的局限性，开始由价格型政策工具向数量型政策工具转型。2009 年 4 月，日本央行开始加大基础货币的月度投放数量，扩大国债月度收购规模至 1.8 万亿日元，2009 年 12 月 1 日又决定将以 0.1% 的固定利率提供总数达 10 万亿日元的 3 个月短期贷款。

在财政政策方面，日本政府推出了以扩张政府支出为主的新经济刺激方案。自 2008 年 8 月以来，日本政府先后推出了四轮经济刺激计划，总规模约 132.2 万亿日元。2008 年 8 月 29 日，日本政府出台了总规模达 11.5 万亿日元的"实现安心的紧急综合对策"，计划强化医疗和养老保障体系，以安抚民心，实行变革以尽快建成可持续发展社会以及提高经济增长潜力；并于 10 月 30 日公布了总额达 26.9 万亿日元的"生活政策"，面向所有家庭提供补贴以及扩大中小企业就业补贴范围；12 月 19 日，经济对策内阁会议正式通过了首相麻生太郎公布的"生活防卫紧急对策"，总规模达 37 万亿日元，旨在保障就业和支持再就业。2009 年 12 月，日本政府再次推出包括 7.2 万亿日元预算支出在内的新经济刺激计划，加大刺激经济和防止通缩。

总的来说，金融危机后，为了刺激内需增长，日本政府采取了以扩大政府支出和大规模减税为主的扩张性财政政策，而日本央行则将稳定价格作为首要目标，企图通过降低利率和扩大货币供给等扩张性货币政策来摆脱通货紧缩，试图采取"双松"的财政货币政策抵御经济疲软和通缩。在此阶段，财政政策与货币政策双管齐下，同向作用，短期内在一定程度上取得了成效，从 2009 年第二季度开始，日本实际 GDP 开始呈现正增长（1.5%），民间最终消费支出出现正增长（1%），出口需求由负增长转为正增长（约为 10%），日本从本国经济衰退和金融危机中逐渐缓过来。但因零利率政策由于"流动性陷阱"而效果受限，不能敏感地反映经济态势发展，使得货币政策难以长期奏效。同时大规模扩大政府支出导致高额财政赤字，进而会提高居民未来增税预期而降低消费需求，使得扩张性财政政策效果削弱。

（二）经济复苏第一阶段：再量宽、扩财政

2010 年 10 月至 2013 年 1 月是日本在金融危机应对之后致力于经济复苏的一个重要的努力阶段。从 2010 年第四季度起，日本经济持续萎缩，加之 2011 年 3 月 11 日大地震及核泄漏事故更使其遭受重创，灾后重建效应对经济产生波动，居民对于未来悲观预期更加使得日本国内消费和企业投资持续低迷，通货紧缩和日元升值成为日本经济最棘手的问题。在此背景下，日本央行于 2010 年 10 月 28 日推出新一轮量化宽松货币政策，主要措施包括：一是鼓励无担保隔夜拆借利率保持在 0~0.1% 水平；二是敲定金融资产购买计划主要内容和实施条件，计划创立总额为 35 万亿日元的基金，用于购买各类资产为市场注入流动性。此后，日本央行先后八次扩大量化宽松规模，直至 2012 年末，量化宽松规模达到 101 万亿日元。

在财政政策方面，在此阶段日本政府继续采取扩张性财政政策，利用大规模公共支出和减免税收等扶持中小企业，稳定就业。事实表明，持续扩张的财政政策使日本政府财政赤字进一步加深，财政政策作用空间灵活性降低，日本经济也在 2012 年第一季度短暂复苏后，于第二、第三季度连续出现负增长，重新陷入技术性衰退，持续量化宽松货币政策和扩张性财政政策收效并不显著，日本以再度量化宽松、深化财政扩张为支撑的政策组合并没有多大的成效。日本在经济复苏第一阶段与美国财政政策的选择存在较大的差异，美国整体是中性的财政政策，日本在进一步宽松财政过程中，公共债务水平持续飙升。

（三）经济复苏第二阶段：质化量化宽松、持续财政扩张

安倍晋三上任以后，为拯救疲软的日本经济，推出了以"大胆的货币政策、灵活的财政政策和增长战略"为代表的"安倍经济学"。以击退通货紧缩为首要任务，安倍政府实行"双松"政策——扩张性财政政策与扩张性货币政策。

在财政政策方面，日本政府于2013年1月宣布将在截至3月的本财年预算追加案中，推出规模约12万亿日元的财政刺激措施，其中，公共项目支出规模超过5万亿日元，即采取大规模公共投资以刺激民间投资，同时推出面向小企业的830亿日元贷款担保和低息贷款。2月，日本国会批准了约占GDP1.4%的新债务融资计划，计划覆盖2013—2014年。在货币政策方面，日本央行于2013年1月22日宣布引入新的通胀目标和开放式资产购买计划。具体措施包括：一是引入"价格稳定目标"，与日本政府签订"政策协议"，将2013年通胀目标设定为2%；二是引入"开放式资产购买措施"，把央行债券购买规模和货币基础扩大至现有水平的"两倍"，充分释放流动性，在"两年"时间内，实现"2%"的通货膨胀目标。

2013年4月4日，日本央行提前开启开放式资产购买计划，实施质化和量化宽松政策（QQE），将政策目标由无担保隔夜拆借利率改为基础货币（monetary base），大幅提高长期国债（JGBs）、ETF指数基金和J-REITs的购买规模以及贷款支持计划（LSP），从而保持市场充裕的流动性。

在此阶段，"大胆的货币政策、灵活的财政政策和增长战略"并举为提振日本经济的三大支柱，宽松的货币政策使得短期内日元对美元迅速贬值，增强了日本汽车、电子等传统优势行业竞争力，扩大了出口；

日本银行在二级市场大量购买国债，使得基础货币规模连续突破历史最高值，为金融市场注入充足资金。同时扩张性的财政政策也推动日本全产业 2013 财年投资计划比 2012 财年增长 12.3%，有力地促进了企业部门投资，因此短期内"双松"的财政货币政策收效较为明显，确实给低迷的日本经济注入一针"强心剂"，暂时缓解了通缩，但通过大量举债来刺激经济的做法无疑加重了政府债务，积累了巨大的财政赤字，弱化了财政政策调节经济的能力，可能带来通货膨胀的压力，影响货币政策和财政政策的协同作用。同时通过贬值和扩大外需来推动经济增长的措施在长期难以为继，日本经济结构性问题仍未得到解决。因此，日本经济在 2015 年第二、第三季度连续出现负增长，再次进入技术性的经济萧条，通胀率也未能达到预先设定的 2% 的目标，政府债务更是达到 GDP 的 246%。

"安倍经济学"的另外一支"箭"是产业结构性改革。日本央行通过负利率政策以及货币投放量的增长来引发大规模企业投资，配合产业政策的引导。日本在产业结构改革和创新方面的主要做法是通过产业转型实现结构升级，其主要做法：一是调整产业结构，部分行业告别大众消费。其中转型最为成功的是电子业，正在从过去企业面向个人的 B2B 转向（或扩展至）企业对企业的 B2B。松下从家电扩展至汽车电子、住宅能源、商务解决方案等领域。二是企业并购重组，以核心零部件占据产业链关键环节。日本村田公司等三家厂商在电容器领域占据全球 80% 的市场份额。全球计算机硬盘驱动器所使用的马达，约有 75% 来自一家日本电产企业。京瓷公司一直是集成电路部件领域的领军者。三是大举投资未来，谋求新技术革命"制高点"。近年来日本企业把相当的资本和精力投向"黎明产业"，例如创能、蓄能领域。松下、三菱等还在研发氢燃料电池，无污染、无噪音、高效率。今后一旦能源供应不足，日本的创能、蓄能技术将在全世界发挥举足轻重的作用。类似这样的领域还有很多，这将为其未来的产业构建奠定基础，为今后的国际竞争抢占先机。

但是，超级量化宽松政策无法如期达到通胀目标，日本财政政策不得不再加码，负利率政策出台，以实现经济增长。据此，2015年9月安倍推出"新三箭"——"强大的经济、梦想的育儿支持、安心的社会保障"，并于2016年8月推出总规模达28.1万亿日元的新一轮经济刺激计划，资金用于基础设施建设、改善人口结构、补助低收入人群、为可能受英国"脱欧"影响的中小企业提供低利率融资以及支持地震灾后重建等。在货币政策方面，日本央行于2016年1月宣布实行负利率政策以提振经济，将商业银行存放在日本央行的超额存款准备金利率从此前的0.1%降至 - 0.1%，并维持基础货币年增幅80万亿日元的计划。

在"QQE + 负利率"超宽松货币与"高赤字"财政政策组合及全球经济回暖带动下，日本经济2016年第二季度以来有所复苏，失业率也随之下降，但仍然未能推动实现2%通胀目标。2017年日本央行以"负利率 + 修订版 QQE"为核心的货币政策没有变化，维持政策利率为 - 0.1%，基础货币扩容规模为80万亿日元，无限量购债计划实施直至2%通胀目标达成。财政政策方面，2017年9月，安倍政府将财政赤字政策的结束期限再一次推迟至2021年3月，并指示内阁编制规模约为2万亿日元的新经济刺激方案。这就意味着，日本未来将继续实行"双松"的财政货币政策，直至实现通胀目标，提振日本经济。

## 四、欧元区财政政策与货币政策的协调

### （一）危机应对阶段：财政整固与低利率

2008—2012年是欧元区应对美国金融危机和欧洲主权债务危机的核心时期，在2008年美国金融危机影响下，2009年欧洲主权债务危机在希腊爆发，随后爱尔兰、葡萄牙也相继爆发债务危机，并迅速蔓延至意大利和西班牙，进而把整个欧洲拉入经济危机。为了应对债务危机，欧

盟整体以财政整固作为危机应对的基础，甚至从 2011 年开始酝酿推进财政一体化进程。2012 年 3 月，除英国和捷克以外的 25 个欧盟成员国正式签署《欧洲经济货币联盟稳定、协调和治理公约》，规定欧元区国家结构性赤字最高金额不超过该国国内生产总值的 0.1%，欧盟最高司法机构欧洲法院将有权对结构性赤字超过国内生产总值 0.5% 的国家进行处罚。直到 2012 年 6 月，欧盟 27 国领导人正式通过了"增长与就业契约"，颁布了总额为 1200 亿欧元的刺激经济增长计划，旨在缩小欧盟各国贫富差距，支持中小企业发展和年轻人就业，以及加强能源、交通等基础设施建设。但是，相对于欧盟这么大的经济总量，1200 亿欧元的财政扩张是十分有限的。

在危机应对前期，欧央行恪守不为成员国债务融资的底线，货币政策整体上是以降低利率为核心的宽松政策框架。在货币政策方面，为支持融资环境和信贷流动，欧央行在危机期间主要采取了传统的利率政策措施：

一是多次下调主要政策利率。2009 年 1 月、3 月、4 月、5 月欧央行连续下调欧元系统的主要再融资利率至 1%；虽然在 2010 年 4 月、7 月受欧元通胀影响上调 50 个基点至 1.5%，但同年 11 月、12 月由于债务危机再度恶化，基准利率再度两次下调回位 1%；2012 年 7 月，主要再融资利率下调 25 个基点，降至 0.75%，并将存款利率下调 25 个基点，降至 0。2013 年欧央行继续下调主要政策利率至 0.25%，存款利率继续维持 0 水平；最终经过 2014 年 6 月、9 月两次下调，再融资利率降至历史最低水平 -0.05%，存款利率连续两次下调 10 个基点，降至 -0.2%，开始实施负利率政策，以大力刺激投资。

二是深化公开市场操作，扩大长期再融资操作，为金融体系注入流动性。2011 年 12 月，欧央行首次推出三年期再融资操作，向欧元区 523 家银行提供超过 4890 亿欧元贷款，协助银行自行融资，为银行体系注入流动性；2012 年 2 月 29 日，欧央行推出第二轮长期再融资操作，以 1%

的超低利率进行第二轮无限额 3 年期贷款招标，继续加大欧元区货币流动性，降低银行破产风险，帮助恢复经济增长和增加就业。

三是通过货币互换进行外汇流动性供给操作。2009 年 4 月，欧央行与美联储建立临时互惠货币安排，协议使美联储提供高达 800 亿欧元的流动性；并于 2010 年 12 月宣布延长与美联储的流动性互换安排至 2011 年 8 月 1 日。此外，欧央行于 2013 年 10 月与中国人民银行签署了为期三年的双边货币互换协议，旨在作为支持流动性措施，并向欧元区银行保证持续提供人民币。

四是扩大合格抵押品范围。2012 年 6 月，欧央行理事会降低评级门槛，并修订了某些资产支持证券的资格要求，扩大了抵押品可用性范围，旨在改善银行获得欧元体系流动性供给的能力。其后，于 2009 年 7 月和 2011 年 12 月相继推出担保债券购买计划，以改善私人债务证券市场的流动性环境等。

从欧债危机发生到欧盟一系列救助措施来看，欧央行主要采取下调利率和一系列公开市场操作或流动性管理的货币政策措施，短期内在一定程度上稳定了金融市场。而财政政策此前一直分散在各成员国财政当局手中，缺乏统一的协调机制。更重要的是，各国财政当局基本都因为债务危机压力而进行财政整固，财政支出受到较大的限制。在低利率货币政策和偏紧财政政策的组合下，欧洲经济不断陷入衰退的泥潭，2011 年和 2012 年是欧元区经济最为艰难的时期。

（二）经济复苏第一阶段：紧财政与紧货币

2011 年底，在欧央行新任行长德拉吉的号召下，欧央行成为欧元区真正的最后贷款人，并且通过直接货币交易计划等渠道购买成员国国债，为成员国危机应对和经济复苏提供货币基础。

在逻辑上，德拉吉领导下的欧央行应该是执行非常宽松的货币政策，但是，实际上，欧央行执行的并非全面宽松的货币政策，甚至可以说是一种偏紧缩的货币政策。在利率上，相对宽松的货币政策得到了执行，欧央行持续维持零利率政策。欧央行十分重视利率的作用，认为利率下调能够直接拉动短期和中长期利率，能够促进消费和投资，但是，欧元区经济基本陷入了流动性陷阱，而且零利率政策并没有额外的政策效应，为此，零利率政策并没有为欧元区经济复苏提供扎实的政策支撑。为此，欧央行穷其利率政策，在2016年6月正式实施负利率政策，欧元区成为第一个实施负利率政策的大型经济体。但是，有意思的是，在央行资产负债表上，欧央行体系呈现出的是一种紧缩的政策框架，资产负债表并没有因为实施大量资产规模计划而增长，反而是出现了显著的下降。欧元体系（包括欧元区和各个成员国央行）资产负债表的资产总量从2012年度末的2.96万亿欧元下降至2014年末的2.21万亿欧元。

在货币政策上，由于2010—2011年欧洲主权债务危机不断深化，国际货币基金组织、欧盟委员会、欧央行等进行大规模的救援，通过欧洲金融稳定机制（ESM）及其欧洲金融稳定基金（EFSF）为主权债务危机国家提供了流动性支持，规模从最初2500亿欧元扩大至4400亿欧元，其后又进一步扩大至1万亿欧元。但是，在进行救援的同时，相关成员国被要求实施财政政策和进行相关结构性改革，为此，从财政政策角度，相关成员国基本被迫实施紧缩的财政政策，以进行较为有效的财政整固。

在国际金融危机和自身主权债务危机的双重打击下，欧元区实施的是结构性紧缩的货币政策和财政政策，最后的结果是使得欧元区经济陷入了萧条。虽然欧元区在2012年基本摆脱了危机模式进入经济复苏模式，但是，欧元区在2013—2014年初步复苏进程中实际上出现了较为显著的政策失误。这种政策失误在欧元区内部具有一定合理性，以德国为主导的欧央行实际上对于通货膨胀具有天然的抵触，从而使一个面上宽松的货币政策被做成实质上紧缩的货币政策，再加上偏紧财政政策对于总需求的冲击，欧元区经济复苏并不如意。

（三）经济复苏第二阶段：宽财政和松货币

由于2013—2014年欧元区经济复苏不力，但是，此时国际金融危机的冲击有所淡化，尤其是美国经济基本恢复至金融危机之前的水平，欧元区外部经济环境相对稳定，同时，欧元区内部的主权债务危机的风险基本释放进入一个自我修复和调整阶段，因此欧元区央行和欧盟认为应该进一步强化欧元区经济复苏的政策基础。2015年，为加快欧洲经济复苏，欧盟开始实施活跃的财政政策和宽松的货币政策。

在财政政策方面，欧盟财长们于2015年3月10日批准了欧盟委员会主席容克提出的总额高达3150亿欧元的投资计划，计划从欧盟预算中出资160亿欧元，用于长期投资项目，欧洲投资银行将出资50亿欧元，主要用于中小企业融资等，该战略投资基金将通过贷款、贷款担保以及参股等形式，给私营部门项目提供融资，并希望在未来三年内吸引更多私人投资，以刺激欧洲经济增长，增加就业。

在货币政策方面，欧央行于2015年1月22日宣布扩大资产购买计划，该计划包括扩大采购范围至欧元区各成员国中央政府、机构和欧盟机构债券，每月购买600亿欧元政府与私人债券持续至2016年9月等。同年3月9日，欧央行开始购买区域内各国国债，开启全面量化宽松货币政策。此外，欧央行继续维持负利率政策，并于2015年12月、2016年3月两次下调存款利率10个基点，降至 -0.4%，主要再融资利率一次下调5个基点至0。

"双松"的财政货币政策使欧盟经济维持复苏态势，并一定程度上推动了通胀率的提升，欧元区开始进入一条相对稳健的复苏路径。但是，欧元区整体经济发展状况仍然差于金融危机之前的水平，同时负利率政策降低了商业银行的盈利能力，银行业危机逐步显现，尤其是意大利。值得注意的是，欧元区量化宽松的货币政策并没有实质改善成员国的债务水平，公共债务水平依旧处于较高水平。

## 五、结论与启示

在货币政策与财政政策的关系上，美日欧充分强调财政政策与货币政策的协调。美日欧均充分强调财政政策在经济增长和金融稳定中的作用。美联储主席鲍威尔以其所经历的所罗门兄弟公司操纵国债市场作为案例分析国债市场的风险事件及其对金融体系以至经济体系的重大影响。他强调，财政政策和货币政策在不同的历史时期具有不同的政策功能，财政政策对于直接拉动需求作用可能更显著，同时国债市场的基础功能非常明确。

值得特别注意的是，美国从国际金融危机中有效复苏，得益于非常规货币政策及其与财政政策的有效协调。美国量化宽松等非常规货币政策和财政政策的协调之所以很成功，主要是将国债市场作为一个强有力的抓手。从财政政策来看，国债市场对经济复苏的提振作用很大，对基准利率的定价功能很显著；从货币政策来看，美国过去量化宽松政策取得效果，正是因为将长期国债收益率和机构债券收益率降到历史最低水平，从而修复金融部门和企业部门的资产负债表，大大降低整个经济融资成本。更重要的是为美国国债的融资提供了良好的基础。美国金融危机的应对机制呈现的是：私人部门风险公共化（救助），公共部门风险债务化（赤字），公共债务迂回货币化（量化宽松），这也是财政政策与货币政策紧密协调的核心表现。

当前，我国经济总体呈现稳中向好的发展态势，宏观调控政策在稳增长、调结构、惠民生、促改革、防风险中扮演了重要角色。在充分肯定成绩的同时，也要清醒认识到国际国内形势复杂多变，2008年国际金融危机的负面影响仍未消除，地缘政治因素不确定性较多，国内宏观经济依然处于供给侧结构性改革的攻坚阶段，系统性金融风险不断累积等，这些都说明我国经济运行中还存在不少矛盾和问题。因此，我们要站在经济长周期和结构优化升级的角度，把握经济发展阶段性特征，保持政策连续性和稳定性，实施好积极的财政政策和稳健中性的货币政策，坚定不移地深化供给侧结构性改革，在更高水平上增强财政政策与货币政策的协调。

　　各类宏观调控政策要服从服务于发展全局需要，要完善以财政政策、货币政策为主，产业政策、区域政策、投资政策、消费政策、价格政策协调配合的政策体系，增强财政政策和货币政策的协调性。因此应健全现有的宏观调控体系，创新宏观调控方式，发挥宏观政策协同性，注重引导社会行为和目标统一。坚持把总量平衡、优化结构，保持经济运行在合理区间、提高质量效益作为宏观调控的基本要求和政策取向，落实好稳健宏观调控政策组合。我国的货币政策一直在稳增长、防风险、调结构和促改革的目标下前行，需要在政府与市场关系、国企改革、中央与地方财政关系、金融监管体系、货币政策与宏观审慎政策"双支柱"、微观主体公司治理等方面的改革上取得实质性进展，其中较为关键的是财政与金融的一体化改革。

# 第九章　英国金融稳定治理框架：
权衡、改革与启示

## 一、引言

国际金融危机过去 10 余年，金融稳定机制建设成为国际社会的重大政策议题。不管是二十国集团（G20）主导下的国际政策合作，还是美国、欧盟、英国、中国等重要经济体的具体政策实践，加强系统性风险防范和金融危机处置成为一个政策共识（周小川，2011；Turner，2012），构建宏观审慎政策框架和完善金融稳定治理体系成为较多经济体的政策选择（李宏瑾，2018；郑联盛，2018）。

金融危机 10 余年来的金融稳定政策实践中，英国实施了 160 多年来最为重大的金融体系改革，也是国际社会金融稳定治理体系最为全面的改革实践之一，构建了金融稳定治理体系和宏观审慎政策框架，已形成了以广义金融稳定为目标，以货币政策、宏观审慎和微观监管为支撑的三支柱金融稳定治理体系。2017 年以来，中国金融体系改革深入发展，人民银行基于多目标政策框架（周小川，2016）构建了货币政策和宏观审慎政策双支柱政策调控体系，银行监管和保险监管进行了机构整合。如何统筹货币政策和宏观审慎政策，以及在更大范围内统筹微观监管，同样是中国金融稳定目标实现的重大政策任务（李波，2018）。英国的经验可以为中国金融改革特别是金融稳定机制及治理体系建设提供重要的参考。

## 二、金融稳定治理框架：内涵与实践

国际金融危机后，基于系统性风险防范的金融稳定机制建设成为重要的政策任务，包括政策目标、政策主体、政策工具、协调机制以及危机处置等要素在内的金融稳定治理框架进行了多种多样的制度机制改革，涌现出单一主体模式、双支柱框架、新加坡模式以及中间治理模式等政策实践。

（一）金融稳定的内涵

金融稳定没有权威的定义，在国际金融危机之前其定义往往与金融不稳定或金融危机紧密关联。最为典型的系统性冲击或金融危机模型主要有 D-D 模型、传染模型、不稳定假说、货币危机模型等。国际金融危机之后，金融稳定与系统性风险更为紧密地关联起来，金融稳定的内涵被认为是金融体系整体保持稳健运行状态，不产生系统性风险，不对金融和经济体系造成破坏性影响。

在金融危机的反思中，顺周期性、影子银行、系统重要性、货币政策风险承担效应、监管制度错配等被认为是系统性风险的重要根源。在诸多经济体中，金融稳定政策一定程度上被认为是金融稳定的内生因子，非审慎政策往往是金融风险的触发及放大因素。加强系统性风险防范和应对成为一个共识，构建宏观审慎政策框架以及完善金融稳定治理体系成为重要的政策选择。

（二）金融稳定治理的基本要素

充分有效的机制安排是金融稳定政策框架的基础。有研究认为金融稳定政策框架包括四个要素：一是政策主体；二是法定职权与政策工具；三是政策协调；四是危机应对与机构处置机制（Tucker，2015）。在金融稳定机制的构建上，国际清算银行认为完善的金融稳定机制需要有明确的法定授权、充分的信息统计与分析能力、针对性的政策工具、合作与冲突的转换功能、紧急救助举措、危机处置的决策机制及措施安排六个方面的要求（BIS，2011）。为了构建具有弹性、持续稳定的金融稳定体系，需要一个"愿意行动"、"能够行动"、有效合作和妥善处置风险的动态治理体系作为支撑（IMF，FSB and BIS，2016）。

国际金融危机之后，美国、欧盟、英国等发达经济体和中国、巴西、俄罗斯等发展中经济体都进行了不同程度的金融稳定机制改革。各个经济体的制度安排存在差异性，但是，金融稳定治理体系基本由五个要素所组成：一是金融稳定目标，二是金融稳定政策机构，三是政策工具，四是政策冲突解决机制，五是透明度要求或约束机制。

（三）金融稳定治理的实践模式

过去10余年，金融稳定机制建设一直处在不断深化中，金融稳定机制的治理范畴也在不断扩大。危机后不久，二十国集团（G20）、国际货币基金组织（IMF）等都认为宏观审慎政策是金融稳定的基础保障，宏观审慎作为系统性风险应对的核心政策与货币政策、微观监管相对分离，形成货币政策、宏观审慎和微观监管三个支柱，分别对应物价稳定、金融稳定和金融机构稳健三个目标，广义金融稳定框架应该由这三个支柱所组成（Smets，2014），在危机时刻金融稳定机制的治理范畴甚至延伸至财政、产业与结构政策等。不过，货币政策、宏观审慎政策与微观监管的组织机构和制度安排存在较大的差异性（Masciandaro and Volpicella，2016），金融稳定治理框架大致存在四种模式（郑联盛，2018）。

一是单一机构模式。这种模式是由单一机构主要负责金融稳定职能特别是宏观审慎政策框架。澳大利亚央行的研究发现（RBA，2017），58个经济体中的15个将宏观审慎职能明确授权给单一主体，其中14个由中央银行承担单一主体职能，1个由非央行机构承担。瑞典是非央行机构承担宏观审慎政策职能的代表。日本与瑞典模式相近，宏观审慎职能主要由日本金融厅承担，但日本央行具有一定的金融稳定权力（主要体现为风险监测）。在单一机构模式中，央行作为金融稳定单一机构的治理安排具有显著的普遍性。

二是双支柱模式。即中央银行承担货币政策与宏观审慎双重职能。匈牙利、比利时均是中央银行承担货币政策和宏观审慎职能，微观监管由匈牙利金融监管局和比利时金融监管局分别承担。欧元区金融稳定治理安排是准"双支柱"治理体制，欧央行承担了货币政策以及在欧洲系统性风险委员会授权下的宏观审慎两项职能。中国人民银行承担了货币政策和宏观审慎政策职能，正致力于构建双支柱政策调控框架。由于设立了国务院金融稳定发展委员会，人民银行双支柱体系是否会转变为责任共担模式需要继续观察。

三是新加坡模式或超级央行模式。新加坡模式是单一机构承担货币政策、宏观审慎和主要微观监管职能，新加坡央行（新加坡金融管理局）是金融稳定的"集大成者"或"超级央行"。与上述单一主体模式相比较，新加坡模式的政策主体同时具有货币政策、宏观审慎和微观监管权力。英格兰银行（Bank of England，BOE）同时具有货币政策、宏观审慎和微观监管权力，只是英国微观监管实施"双峰"架构，分别由英格兰银行内部的审慎监管局和英格兰银行之外的金融行为监管局承担。[1] 俄罗斯、尼日利亚、泰国、越南等实施新加坡模式或相近框架。新加坡模式对金融稳定的认知基本超越宏观审慎政策的范畴，而将宏观审慎、货币政策和微观监管三个支柱融合在一起。这种治理模式被认为是集权治理模式。

四是责任共担模式或中间模式。这种模式是金融稳定政策由多个政策主体共同承担，典型的治理安排是委员会模式和分布式决策模式（BIS，2011）。分布式决策模式是金融稳定政策分散至多个政策主体同步进行。委员会模式是建立监管机构联席会议或相对独立的金融稳定委

---

① 2012年改革后，审慎监管局作为英格兰银行的直属但独立运作机构负责宏观审慎。2016年改革将审慎监管局转为英格兰银行的内设部门。

员会（或相似机制）作为金融稳定政策特别是宏观审慎政策的主体，同时协调货币政策及微观监管政策。国际金融危机后，诸多经济体建立了金融稳定委员会或相似安排来应对系统性风险及保障金融稳定。从国际经验看，金融稳定机制责任共担和多主体安排具有更广泛的普遍性，本质上是中间形态的治理安排，比如美国是系统性监察委员会下的责任共担治理模式。印度、墨西哥、波兰等也实施中间模式。

## 三、英国金融稳定治理框架：权衡与融合

国际金融危机后，英国对系统性风险应对和金融稳定政策进行了全面的反思，认为英国金融稳定机制存在金融周期与经济周期差异性、理性预期与非理性预期转化、泰勒规则和明斯基—边界偏离以及外溢效应等挑战，同时，金融稳定治理面临政策主体、政策措施、政策统筹以及危机应对等现实要求。对英国而言，金融稳定治理框架的权衡与融合的核心是英格兰银行职能再定位。

（一）危机反思与央行再定位

在国际金融危机中受到重创使得英国深刻反思 1997 年金融监管改革以及金融稳定政策的有效性。20 世纪 90 年代，在通货膨胀目标制兴起过程中，央行政策独立性成为一个重要的政策保障（Taylor，1999），英国随即实施了重大的金融改革，英格兰银行的银行监管权力被剥离并与英国证券投资委员会重组为统一金融监管机构——金融服务管理局。但是，国际金融危机爆发后，中央银行的职能定位特别是"单一目标、单一工具"政策体系成为政策反思的核心内容之一（Blanchard et al.，2011）。英国政府认为 1997 年建立的金融治理体系无法满足甄别系统性风险和应对金融稳定的内在要求，尤其是中央银行的金融稳定职能难以及时发挥，需要对金融稳定治理体系进行实质性改革，以匹配系统性风险应对的现实需要（BOE，2012）。

英国对央行在金融稳定职能中的重视使得英格兰银行的职能再定位成为核心问题。英格兰银行认为（King，2012），基于中央银行现有金融稳定职能、专业性、信息优势、独立性等优势，中央银行应该在宏观审慎政策制定和执行中发挥突出的核心作用。彼时，受到金融危机以及欧洲主权债务危机冲击，欧盟同样认为中央银行需要在金融稳定上发挥领导功能（leading role）。中央银行在金融稳定中发挥更为重要的职能成为英国和欧盟的一种共识。但是，美联储则认为物价稳定目标要求联储保持独立性和公信力，金融风险尤其是资产泡沫的甄别和应对不是中央银行的强项，中央银行也没有足够的政策工具更有效地应对资产泡沫及金融稳定问题（Yellen，2014）。

（二）金融稳定的核心挑战

1. 金融周期与经济周期的差异。包括英格兰银行在内的诸多央行在货币政策和宏观审慎政策的顺周期性方面实际上是各有所指。前者针对经济周期，后者针对金融周期，问题的核心在于经济周期和金融周期的不同步性（Borio，2012）。货币政策在政策逻辑中以物价稳定作为目标，虽然不同货币当局对逆风而动的政策逻辑不置可否，但是，大部分货币当局实际操作中往往是以经济周期波动作为参照系的。

稳健货币政策是金融稳定的基础，但是，由于其对经济周期的关注及金融周期与经济周期的差异，货币政策尤其是通胀目标制狭隘地关注相对中短期的物价水平和经济产出，而忽视了中长期的风险累积和金融失衡。同时，货币政策自身对最优利率的偏离，使得货币政策本身变成周期波动和金融不稳定的内在因素。更重要的是，短期利率向长期利率传导存在周期不匹配性，同时还存在因利率过低而引发更严重的内生风险承担（Borio and Zhu，2008）。短期利率的调整可能不是长期利率调整的最佳时点，周期的差异性及动态不一致性使得货币政策与金融稳定政策具有内在的不匹配性，受短期利率政策影响的金融周期的潜在脆弱性反而增加。

2. 理性预期与非理性预期的转化。英国推崇的通胀目标制的一个重要假设是居民、企业和金融机构的行为建立在未来的理性预期之上，但是，这种预期往往是建立在金融资产价格尤其是房地产价格及其预期之上。金融资产价格的短期预期可在中长期被强化且难以逆转，结果是实体经济运行偏离了均衡的水平以及理性预期成为非理性预期。宏观审慎和微观监管的范畴中同样会面临理性预期向非理性预期转化问题，比如，资产价格下跌时投资者理性选择是卖出资产，而这将导致更大幅的资产价格下跌。

预期的非理性和金融的不稳定在政策上会有两种情形：一是资产价格长期向上。这会使居民和企业倾向于加杠杆，负债率逐步提高，实体经济对资产价格暴露过度。二是资产价格长期低迷。这会使居民和企业进行去杠杆或资产减值，整体呈现资产负债表紧缩压力。前一种情形要求货币政策大幅地降低利率，后一种情形要求货币政策长期实施低利率，而国际金融危机的经验表明这两个以利率为核心的政策选择无法及时有效地实现金融及经济的稳定性（Woodford，2012）。

3. 泰勒边界与明斯基—泰勒边界的偏离。虽然政策利率经常会偏离泰勒规则，但是，泰勒规则是通胀目标制下的基础性政策参考。央行在货币政策行使过程中具有各自的"泰勒边界"或"拇指法则"，考虑了金融稳定的泰勒规则被称为明斯基—泰勒边界（Minsky – Taylor Frontier）（King，2012）。与泰勒规则比较，加入一个金融稳定因子到传统的宏观经济稳定目标体系中将使货币政策决策更加全面，政策当局可据此调整利率、资本金、杠杆率等政策工具，新政策框架具有应对系统性风险、实现金融稳定的"事前防范"政策逻辑。

但是，泰勒对明斯基—泰勒边界持批评意见，认为明斯基—泰勒边界无法对金融机构风险承担进行有效应对，同时会导致物价和产出的波动性增加，这将使泰勒规则面临更大不确定性。而且，明斯基—泰勒边界的合意水平较难明确衡量，这使金融稳定框架变成一种相机抉择的逻辑。在大繁荣时期，包括英格兰银行在内的货币政策对泰勒规则偏离以及所谓的明斯基—泰勒边界偏离造成了较大的负面冲击，使风险溢价被严重低估（Taylor，2013）。

英格兰银行认为合理的政策权衡是将因风险承担而自我扩张的明斯基—泰勒曲线回移至泰勒曲线的边界之内。在一个自我强化的信贷周期中，杠杆提升和信贷扩张对于利率是相对不敏感的，这使得明斯基—泰勒曲线过度偏离合意水平。英格兰银行为了防止银行部门过度承担风险，设置了杠杆率等宏观审慎指标的"天花板"，防止明斯基—泰勒边界大幅偏离合意水平。"上限管理"的政策实践逻辑一定意义上是相机抉择和简单规则的结合。

4. 内部政策与外溢效应的统筹。在开放条件下，一个经济体将面临货币政策独立性、资本自由流动和汇率稳定的"三难选择"，但是，政策实践比"三难选择"更为复杂。英镑自由浮动同时资本自由流动，以期能够获得货币政策独立性。但是，英格兰银行明确指出，相对独立的内部利率政策还需要考虑利率对汇率的影响以及外部国家政策的外溢效应。2003 年至 2005 年英格兰银行实际上是监测到资产泡沫的风险的，但是，美国过久地实施过低利率的政策，使得英国利率政策缺乏足够的自主性（King，2012）。

美国的货币政策偏离具有显著的外溢效应，能导致一个负面的反馈机制，这使得货币政策和金融稳定政策更加紧密（Bordo and Taylor，2017）。在内部政策和外溢效应的统筹中，英格兰银行的最大挑战是长期利率和汇率的错误定价及其引起的金融失衡问题。这就要求英格兰银行货币政策需要将外溢效应作为政策决策的因子，但此举可能与国内政策方向是相悖的。作为政策应对，逆周期资本、系统重要性资本缓冲、外部头寸总额及结构管理都是具有外溢效应管控的举措。

（三）治理框架的核心考量

金融稳定、物价稳定与微观监管职能关系紧密，宏观审慎、货币政策和微观监管的权衡与融合成为英国金融稳定机制改革的核心政策问题。从英国政府对金融稳定治理体系的理解和政策实践看，金融稳定治理体系的核心考虑有三个方面。一是金融稳定的政策决策和公众沟通最好是单一主体负责，并赋予其覆盖所有金融体系的法定职责。但是，宏观审慎政策框架应授予一个相对独立于政策压力的机构，以塑造长期政策公信力。二是金融稳定相关的三个支柱并非需要放在单一主体下，但是，顺畅的信息交互机制是多主体安排的基础要件。金融稳定相关的三个支柱或两个支柱如置于单一主体之下，微观审慎、宏观审慎以及货币政策需要有独立的委员会来分别控制，以缓释多目标权衡造成的政策不确定性（BOE，2016a）。三是金融危机的处置是极其关键的，需要构建具有系统性应对能力的危机管理框架。

在货币政策与宏观审慎政策的关系上，英国政府笃信货币政策与宏观审慎政策不是简单的线性替代关系，而是非线性的互补关系。中央银行在系统性风险甄别、时间维度系统性风险应对、市场沟通和公共预期引导、政策独立性、货币政策与宏观审慎政策的内在统筹等方面都具有优势。英格兰银行可以利用货币政策和宏观审慎政策共同应对顺周期问题。在系统重要性和内在关联性等空间维度风险的应对上，宏观审慎应更加具有主导性（BOE，2016b）。中央银行的确无法避免物价稳定与金融稳定的目标权衡和政策权衡，但是，可以通过机构设置（比如独立委员会）来缓释这种冲突。

在宏观审慎与微观监管的关系上，英国政府同样认为宏观审慎和微观监管是互补关系。宏观审慎政策目标虽然是金融体系的整体稳定性，但是，宏观审慎政策主要工具基本是与微观监管紧密相连的。为此，将宏观审慎和微观监管的职能相互统筹，对于金融稳定可能是较好的政策选择。这个逻辑与国际金融危机后"单一目标、单一工具"的政策反思是相似的。

## 四、英国金融稳定治理框架：政策的实践

金融危机后 10 年，英国金融稳定治理框架一直处在日益完善之中。英国基于危机的应对、反思和改革，确立了金融稳定目标和金融稳定战略，并据此不断深化金融稳定治理体系改革和立法安排，建立了以英格兰银行为核心载体，货币政策、宏观审慎和微观监管三支柱结合以及三个专业委员会独立运行的治理框架。其中，宏观审慎的主导性通过制度安排得到了强化，英格兰银行的职权也通过相关安排加以约束。

（一）英国金融稳定战略

金融危机后的政策反思和制度设计中，英国金融体系改革的核心就是要建立适应金融现代化的金融稳定治理框架，以保证金融体系整体稳定性。英国政府认为，金融稳定的目标有两个：一是金融体系整体稳定，这包括所有的金融子系统。二是促进经济增长和就业。可见，英国政府对金融稳定的目标界定不仅局限于金融体系，而是将其拓展至对实体经济增长的支撑及贡献上，即这是一个二元目标的政策框架（Kohn，2015）。

在金融稳定的核心战略上，英国政府强调，金融稳定政策的战略是通过制度改革、机制调整和治理完善提高金融机构稳健性、金融市场稳定性以及整个金融体系的弹性（BOE，2017a）。英国金融稳定战略具有三个重要的方面：一是通过建立审慎管理框架以确保金融体系的整体韧性；二是动态调整审慎政策使得金融体系能有效应对潜在冲击；三是确保金融体系能够有效吸收或缓释冲击，为经济增长和就业提供有效支撑。从金融稳定战略的角度看，英国强调宏观审慎政策的重要性、金融风险的缓释机制以及对经济增长的支持作用。

（二）金融稳定的立法安排

金融危机后，英国对金融体系进行重大的改革，这被称为 1844 年新

银行法实施以来最为重大的系列制度改革，其中最为关键的是法律制度的出台、立法安排的推进和组织机构的调整。英格兰银行从职能上成为货币政策、宏观审慎和部分微观监管的单一主体（a single body），将1997年改革中的银行监管权重新拾回，并具有对保险公司、证券及投资公司的部分监管权，同时还具有金融基础设施的主导监管权力。

英国金融稳定治理体系的立法安排经历了两个阶段。第一个阶段是金融危机后至2016年。2009年英国政府针对金融危机的系统性冲击和投资者保护问题出台了《2009年银行法》，完善了金融服务赔偿机制，设立金融政策委员会负责金融稳定政策制定，初步揭示了金融稳定治理的集权模式（BOE，2009）。2012年12月英国政府颁布《2012年金融服务法》，明确金融稳定的目标，强化了英格兰银行的金融稳定法定职责，并进行微观监管的组织结构改革，基本确立了以英格兰银行为核心的金融稳定治理集权模式（BOE，2012）。本阶段的改革和立法重点有三个。一是英格兰银行的法定职能。英国政府据此修改了《英格兰银行法》，增加金融稳定目标条款（2A条款），明确了英格兰银行金融稳定的目标和职能。二是金融服务管理局及微观监管体系改革。根据《2012年金融服务法》的改革要求，《2000年金融服务和市场法》被实质性地修改，拆分了金融服务管理局，建立了审慎监管局和金融行为监管局，并对两个新机构的法定职责和组织安排进行界定。三是金融稳定的决策及治理机制。《2012年金融服务法》和《英格兰银行法》均规定英格兰银行金融政策委员会作为金融稳定或宏观审慎政策的决策主体，同时还赋予委员会关于金融稳定的诸多法定职权，比如，可以就金融稳定问题向财政部和英格兰银行理事会等任何政策主体提出政策建议。

第二阶段是2016年至今。英国政府认为金融稳定治理体系中，宏观审慎和微观监管的关系仍较为疏远，需要强化英格兰银行的微观监管职能，使其更具金融稳定的统筹性。2016年英国通过《2016年英格兰银行与金融服务法》，进一步改革了其金融治理体系并强化了制度安排

（BOE，2016a）。一是强化英格兰银行微观监管权力，将审慎监管局相对独立运行的从属机构转变为英格兰银行的内设部门。二是取消审慎监管局理事会，设立英格兰银行审慎监管委员会负责审慎监管的政策制定，即新委员会是政策制定者，审慎监管局是政策执行者而不再具有政策制定权（BOE，2017b）。三是审慎监管委员会与货币政策委员会、金融政策委员会同级并行，委员会主席均由英格兰银行行长担任。同时，对《英格兰银行法》进行了相应修订。2016年以来，英格兰银行还不断强化金融基础设施的审慎监管，2018年颁布了对支付系统监管的最新指引。

（三）三支柱与三委员会

从英国的实践看，其金融稳定治理体系基本包括了金融稳定治理的基本要素以及英国对金融稳定治理框架的核心考量。金融危机后，英国进行了以《2012年金融服务法》和《2016年英格兰银行和金融服务法》为核心及其相关组织、机构及机制的改革，构建了宏观审慎、货币政策与微观监管相结合，三个专业委员会独立决策的金融稳定三支柱治理框架。

1. 三支柱治理框架。三支柱治理框架的核心政策主体是英格兰银行。英国政府强化了英格兰银行金融稳定职能，并明确其金融政策委员会承担金融稳定的法定职能以及制定宏观审慎政策，并不断强化英格兰银行的微观监管权。英格兰银行已经成为"超级央行"，是英国金融稳定治理框架的"集大成者"和核心政策主体。

在金融稳定支柱上，《2012年金融服务法》和《英格兰银行法》（2018年）（BOE，2018）增强了英格兰银行的金融稳定职能，增设了宏观审慎政策框架，同时确定了金融稳定目标：（1）致力于金融稳定，据此要求英格兰银行对所有金融体系负责（将 financial system 改为 financial systems）；（2）促进经济增长和就业。

在货币政策支柱上，《2012年金融服务法》和《英格兰银行法》维持货币政策的目标不变：（1）保持物价稳定；（2）促进经济增长和就业。金融稳定政策第一法定目标与货币政策第一法定目标是不同的，但是，货币政策第二法定目标与金融稳定政策第二法定目标完全一致，使得金融稳定和货币政策两个框架在经济增长方面的法定职能拥有交集。

在微观监管支柱上，《2016 年英格兰银行和金融服务法》和《英格兰银行法》主要通过调整审慎管理局的机构属性和设立审慎监管委员会来强化英格兰银行的微观监管权。2016 年之前英格兰银行的微观监管职能主要由其下属的审慎监管局承担，彼时审慎监管局具有相对独立的组织架构和运行机制。2016 年后，审慎监管局从英格兰银行下属相对独立运行的附属机构转变为内设部门。在微观监管组织架构上，英国实施近似"双峰"监管的模式，金融机构监管由审慎监管局主要承担，金融市场行为和消费者保护主要由金融行为监管局承担。

2. 三委员会与独立决策。将货币政策、宏观审慎及微观监管等相结合的制度安排可将原来存在于多个机构的博弈内化为单个机构的内部统筹，但是，为了保障物价稳定、金融稳定和微观监管的相对独立性，英国致力于将货币政策、宏观审慎和微观监管三个支柱相对分离，逐步构建了以三个专业委员会为支撑的制度安排和决策机制。

三委员会的安排重在强化独立决策的机制。《2012 年金融服务法》设立了金融政策委员会和货币政策委员会，金融政策委员会致力于金融稳定目标和宏观审慎政策的制定、建议和审议，货币政策委员会致力于物价稳定目标和货币政策的制定。在 2012 年政策框架下金融政策委员会地位要高于审慎监管局理事会，金融政策委员会可就金融稳定政策向审慎监管局及其理事会发出政策指示。《2016 年英格兰银行和金融服务法》取消审慎监管局理事会并建立了审慎监管委员会，主要负责审慎监管局及微观监管的政策决策，并且明确规定三个委员会级别相同，各委员会根据目标定位及政策考量进行独立决策。

三委员会在人员安排上实现了交叉，提高了三个政策框架的内在协调性。《2012 年金融服务法》及《2016 英格兰银行和金融服务法》对三个委员会设置相对独立的政策目标、政策工具和决策机制的同时，又在委员会人员设置上安排了重叠关联。英格兰银行行长同时是三个委员会的主席，负责金融稳定政策、市场与银行业事务的两个副行长也是三个委员会的委员。央行行长，负责金融稳定政策、市场与银行业事务、货币政策的三个副行长均担任金融稳定委员会和货币政策委员会的委员。

（四）宏观审慎与核心支柱

通过立法调整和治理体系改革，英国同时构建了其宏观审慎政策体系，主要包括五个要素：金融政策委员会、金融体系稳健性框架、金融基础设施监管、压力测试机制及金融机构处置机制。英国金融稳定治理框架中，宏观审慎政策具有核心支柱功能。

1. 金融政策委员会与政策主导性。在与英国财政部的关系上，负责金融稳定的金融政策委员会具有较高的地位和较大的政策影响力。根据《英格兰银行法》规定，英国财政部长每年必须先给金融政策委员会发函说明政府的经济政策及其对金融稳定可能的影响，以及财政部长对金融稳定的关切。英格兰银行行长代表金融政策委员会对财政部长的信函作出回复并阐明金融稳定的相关政策安排。金融政策委员会具有向财政部等部门提出金融稳定的政策建议权，如果财政部不采纳，则需要公开披露说明不采纳的理由。从财政部长与委员会信函的先后次序及建议事项可见委员会在金融稳定框架中的地位和作用。

在法定职能安排上，金融政策委员会的法定职权使其在金融稳定范畴上的地位高于货币政策委员会和审慎监管委员会。虽然《英格兰银行法》规定三个专业委员会级别相同且均由央行行长担任主席，但是，《英格兰银行法》金融稳定条款赋予金融政策委员会两类权力：一是政策指示权力（powers of direction），可以就逆周期缓冲资本、资本金要求、杠杆率、贷款价值比、收入负债比以及利息覆盖率等政策进行决策，同时可以就金融稳定相关的监管问题向审慎监管局和金融行为监管局提出政策指示或政策建议，审慎监管局和金融行为监管局必须执行政策指示。二是政策建议权（power of recommendation）。委员会可以就金融稳定问题向任何相关人员（anyone）提出缓释风险的建议，可以就金融稳定问题向包括财政部、英格兰银行等任何政府部门（any authorities）提出政策建议，相关部门可选择不接受相关建议，但是必须进行公开说明。《2016年英格兰银行和金融服务法》进一步要求英格兰银行理事会必须就金融稳定战略设置政策评估环节，并由金融政策委员会承担评估职责。

2. 宏观审慎指标与资本金核心。英国金融体系稳健性框架主要涉及宏观审慎政策及其工具。宏观审慎政策主要致力于维系金融体系稳健性，甄别和防范潜在的系统性风险，英格兰银行特别关注顺周期效应和系统重要性。在指标体系上，英格兰银行的金融稳定指标主要包括逆周期资本缓冲、资本充足率、杠杆率、贷款价值比（LTV）和债务收入比。其中，杠杆率、贷款价值比和债务收入比等采用行业上限管理的政策，这就是明斯基—泰勒边界中的"天花板"管理（King，2012）。

针对金融基础设施，英格兰银行认为其是宏观审慎政策的重要组成部分，并承担对支付系统、中央证券存管系统以及中央对手方体系等金融基础设施的监管职责。2013年英格兰银行公布了金融基础设施监管的政策指引，2018年颁布了对支付系统监管的最新指引。

在宏观审慎政策和系统性风险防范上，资本充足率是宏观审慎政策的核心。英国资本充足率的要求体现了显著的宏观审慎政策思维，顺周期效应、系统重要性以及系统性风险都被纳入其中，并考虑到经济周期与金融周期的差异性。英格兰银行认为，资本充足率是确保市场信心和防止预期扭曲的基础政策工具（BOE，2016b）。一级资本充足率包括核心一级资本、系统性资本缓冲（systemic buffers）、资本留存缓冲、逆周期资本缓冲以及具有英国特色的PRA资本缓冲。其中，系统性资本缓冲包括全球系统重要性资本缓冲（G－SII buffer）和系统性风险缓冲（systemic risk buffer），数值一般为加权风险资产的0～2.5%。如果全球系统重要性银行的系统重要性资本缓冲低于系统性风险缓冲要求，那么需要追加额外资本以满足系统性风险缓冲要求，即针对大型复杂金融机构的系统性风险缓冲可达加权风险资产的 3% 而非 2.5%（Vickers，2016）。PRA 资本缓冲是审慎监管局针对特定银行杠杆率、系统重要性以及外溢冲击等额外要求的监管资本缓冲，相关银行根据审慎监管局的要求数值实施（PRA，2016）。

3. 事前防范与事后处置。在系统性风险防范和处置上，英格兰银行在宏观审慎政策框架中以压力测试和机构救援作为事前和事后的两个核心环节。在压力测试方面，英格兰银行将其金融机构分为两种类型：一是大型银行和住房贷款协会（building societies）[1] 进行法定年度压力测试。英格兰银行金融政策委员会和审慎监管局负责制定压力测试的政策。二是无须进行法定年度压力测试的金融机构需要进行内部压力测试，审慎监管局每六个月公布一次情景模拟作为此类机构进行压力测试的情景与政策指引。

在金融机构救援与处置上，英格兰银行基于金融稳定理事会、欧盟关于金融机构救援与处置框架的指引以及《2009 年银行法》制定了金融机构救援与处置的法律框架，建立了机构救援的特别决议机制（Special Resolution Regime），完善金融服务赔偿计划，并在其后改革中完善金融机构救助与处置机制。该框架主要由英国财政部颁布救援与处置的指引，英格兰银行具有直接进行金融机构救援与处置的权力。对于大型复杂金融机构的救援及处置，英格兰银行偏向于使用自我纾困（bail-in）政策，包括债务减计、债转股等。对于中型金融机构，英格兰银行偏向于使用转让政策，要求陷入困境的中型金融机构出售全部或部分资产。对

---

[1] 英国的住房贷款协会是一类由会员共同出资组成的贷款及金融服务机构，主要运作方式就是会员储蓄用于会员贷款，与美国信用联盟（信用社）具有相似性。此类机构在英国金融体系中具有重要的地位，其中全英房屋贷款协会（Nationwide Building Society）是英国第四大住房抵押贷款机构。

于风险较小的金融机构处置，在消费者保护充分的情况下可使用各种市场手段以重塑其偿付力或进入破产程序。

（五）权力约束机制

英国金融稳定治理框架是以英格兰银行为核心的集权治理模式，英格兰银行在英国金融稳定治理框架中已经成为"超级央行"。在央行职责拓展和政策范畴扩大的过程中，中央银行的权力在不断地膨胀，"超级央行"的职能定位可能潜藏金融治理权力垄断问题以及新的金融稳定问题。在通胀目标制框架下，英格兰银行必须盯住物价稳定，通货膨胀率是央行内部最强的自我约束指标，而金融稳定和微观监管的内外部约束都缺乏明确、简单的指标或手段。央行职能扩大成为"全能央行"，由于缺乏有效的内部约束和外部监督，容易造成金融治理集权（financial dominance），长期的集权可能导致政策审慎性和透明度降低（Brunnermeier and Y Sannikov，2014）。

为了解决英格兰银行权力扩大过程中潜在的集权问题，英国通过三个机制安排来约束英格兰银行的行为。一是立法安排。《英格兰银行法》规定英格兰银行隶属于财政部，"与货币政策无关的问题，财政部具有向英格兰银行发布指令的权力"①，可见财政部可以就金融稳定和微观监管等问题向英格兰银行提出政策指示或建议。二是人员安排。财政部不能干预英格兰银行理事会的人员任命，但是，对于专业委员会成员构建则有一定的影响力。具有内部通胀约束和独立性要求的货币政策委员会，4 名外部委员由英格兰银行任命。金融政策委员会 13 名委员中的 1 名委员为财政部代表（没有投票权），5 位外部委员由英格兰银行提名但需由财政部同意并任命。审慎监管委员会 12 名委员，财政部直接选任 6 名委员。三是审计安排。《2016 年英格兰银行和金融服务法》在扩大英格兰

---

① 此前《1946 年英格兰银行法》规定：关系国家利益时，经协商英格兰银行行长，财政部有权指示英格兰银行行事。《1998 年英格兰银行法》对财政部的权力作出调整，剥夺了财政部在货币政策上对英格兰银行的指示权，以提高央行货币政策独立性。

银行微观监管权力的同时，允许国家审计署进行审查以加强央行的治理和问责。这是 1946 年以来英国国家审计部门首次具有审查英格兰银行的权力。

## 五、结论与启示

系统性风险的防范、处置和应对是金融稳定的基础保障，宏观审慎政策是系统性风险应对的核心政策。金融稳定治理框架是金融稳定目标实现的基础，是发挥金融稳定机制政策功能的核心依托。金融稳定治理框架一般包括政策目标、政策主体、政策工具、政策冲突解决机制以及权力约束机制等要素。

在英国金融稳定机制和治理框架的构建过程中，中央银行职能再定位成为关键因素，英国金融稳定治理的核心逻辑是英格兰银行在金融稳定中发挥核心功能，是以英格兰银行为核心的集权治理模式。在完善金融稳定治理框架中，英国主要考虑两个问题：一是金融稳定机制的内在约束，尤其是金融周期与经济周期、理性预期与非理性预期、泰勒边界与明斯基—泰勒边界以及内部政策和外溢效应等的统筹问题。二是金融稳定治理的设计安排，主要涉及单一主体和多元主体、统一决策和独立决策、政策冲突和政策统筹、相机抉择和事后处置等现实治理问题。英国政策实践的基本逻辑是以组织机构调整和制度机制改革来实现物价稳定、金融稳定和微观稳健的多目标权衡与融合。

英国金融稳定治理框架是全球较为完善的政策体系。以明确的金融稳定目标和战略作为引领，以《2012 年金融服务法》《2016 年英格兰银行和金融服务法》《英格兰银行法》的出台或修订为制度支撑，构建了货币政策、宏观审慎和微观监管三支柱相统筹的金融稳定治理框架。货币政策委员会、金融政策委员会和审慎监管委员会相对独立决策，缓释了英格兰银行作为核心主体面临的多目标权衡压力。在金融稳定机制上，突出了金融政策委员会及宏观审慎政策等的核心功能。最后，通过立法安排、人员结构和审计机制等强化了对英格兰银行的权力约束。

英国金融稳定机制和治理框架的实践对中国具有以下五个重要的启示。首先，确认金融稳定的法定政策主体是首要工作。在多主体的政策框架下，核心政策主体的明确是解决责任不明的关键。在核心政策主体的选择中需要考虑到现有的金融稳定治理框架中的政策主体及其分工，同时进行必要的机构改革。英国主要是强化英格兰银行的金融稳定政策主体地位。对于中国而言，需要对国务院金融稳定发展委员会和中国人民银行在金融稳定职责和分工上进一步明晰。

其次，对政策主体进行明确赋权是基础性工作。准确赋予宏观审慎政策主体及相关部门的法定职责，同时明确宏观审慎政策主体的"硬权力"和"软权力"，将确保政策主体"能够行动"的权力。赋权最好的方式是通过立法来实现。英国最重要的改革是建立金融政策委员会并对其权力进行了清晰且细致的法律界定。

再次，政策工具的发展、完善和融合是基本"抓手"。针对不同的金融稳定调整和治理权衡，需要具有针对性的政策工具和组织保障。宏观审慎政策工具的核心是资本充足率，在压力测试和机构处置上也设置了详尽的指导方案。英格兰银行的货币政策、宏观审慎政策和微观监管的政策体系和立法安排中都对具体的政策工具作了说明。更重要的是，基于全局性、总量性的货币政策与基于针对性、逆周期性的宏观审慎政策的有效融合应该在微观层面获得体现，政策工具的指向性应保持一致。对于中国等转型经济体而言，还需要考虑金融改革开放和发展金融市场的现实要求和工具安排（周小川，2016）。

此外，相对独立的决策机制和有效的政策冲突解决机制。英国通过三个专业委员会进行相对独立的决策，同时基于金融政策委员会的政策主导功能来突出金融稳定的重要性，以及通过三个委员会的人员交叉来缓释三个支柱的政策冲突。当中央银行同时追求多个政策目标时，面对的直接难题就是一个多目标的优化问题。这个难题可通过科学动态确定目标函数中各个目标对应的权重系数来解决，同时，还需要在体制机制安排上进行改革。在金融稳定框架内，治理体系的关键是解决货币政策、宏观审慎和微观监管的矛盾调和、关系统筹和政策链接。

最后，金融稳定政策透明度及约束机制。英国尤其强调对金融稳定和微观监管政策权力的外部约束。央行职能扩大成为"超级央行"，容易造成金融治理集权，且可能缺乏有效的外部监督措施。如何约束权力巨大的金融监管机构是金融稳定治理体系的重要内容，需要建立有效的内外约束机制，这对于中国金融稳定的政策及治理体系是一个基础性的任务。

# 第十章　意大利银行业
# 不良贷款处置的救助基金模式研究

## 一、引言

2015 年至 2017 年，意大利银行业在不良资产处置上取得了积极进展，系统性风险的威胁有所缓释，其中的经验值得分析借鉴。受国际金融危机和欧洲主权债务危机的冲击，意大利银行业不良贷款问题日益突出。2015 年 6 月末，意大利银行业不良贷款规模达到 3275 亿欧元，不良贷款率高达 18.06%，一度处于全面危机的边缘[①]。过去三四年，尽管意大利银行业不良贷款规模和比例仍然偏高，但不良贷款净额与资本的比例已从 2015 年起开始企稳回落，至 2017 年，该比例下降已逾 24 个百分点。

近几年我国银行业不良贷款率虽保持低位，但却面临持续上升的压力，从 2012 年 0.95% 的低位上升至 2018 年的 1.89%[②]。由于经济下行压力较大，制造业、房地产业、基础设施投资等均面临较大的转型挑战，加上中美贸易关系仍存在诸多不确定因素，不良贷款率存在一定的上行压力。科学合理地处置不良贷款，是打赢金融风险攻坚战、防范化解系统性金融风险、完善金融供给侧结构性改革的应有之义。鉴于此，研究

---

① 数据来自 CEIC 数据库，2018 年 9 月 15 日。

② 数据来自 CEIC 数据库，2019 年 2 月 27 日。

分析意大利不良资产处置机制，对我国控制并降低不良贷款水平具有重要的借鉴意义。

不良贷款问题是防范系统性风险和维护金融稳定的核心要义。从信贷与实体经济的关系来看，银行信贷是金融与实体经济关联的核心要素之一（Lown and Morgen，2006；陈雨露和马勇，2012），而银行信贷具有显著的顺周期效应（Myerson，2012；谭政勋和庾明轩，2016），尤其是公司贷款受宏观经济负面冲击更加敏感，经济下行压力较大时不良贷款暴露风险就越大（张雪兰和陈百助，2012）。同时，信用利差是经济周期波动的微观因素（Gilchrist and Zakarjsek，2012），信用利差定价扭曲导致的不良贷款是银行低效的主要来源（王兵和朱宁，2011），如果处置不当将引致信用风险及"僵尸企业"的产生和扩散（朱舜楠和陈琛，2016），加大信贷周期波动性并引发系统性金融风险（李麟和索彦峰，2009）。基于存量和增量的关联（毛瑞宁，2002）以及总量与结构的统筹（孙丽和张雨濛，2016），建立一个由商业银行自主处置、运用多种市场化手段的不良贷款处置新机制（孙亮和柳建华，2011）成为银行稳健经营和金融体系稳定的内在要求（李德，2004；郭树清，2019）。

在不良贷款处置新机制方面，意大利银行业不良贷款处置流程和方式方法，具有重要的学术和政策研究价值。在欧元区排名第四的意大利银行业，2015年底的资产规模达3.91万亿欧元，占其GDP的238%（熊启跃等，2016）。一方面，意大利居民拥有约2350亿欧元的银行债券，约为意大利银行业债券存量的30%（缪志强，2016）。普通居民持有银行债券，使居民部门同时又成为银行不良资产的主要根源之一，导致意大利银行业风险处置面临内部救助（bail-in）难题。另一方面，意大利银行业外部救助（bail-out）面临与欧盟《银行复苏与清算指引》相关条款的直接冲突（Young，2017）。内外交困的意大利银行业不得不通过自救式缩表（Notarpietro and Rodano，2016）、改革法律程序和会计准则、引入政府担保来推动不良贷款资产证券化、创新性地设立银行救助基金（BMPS，2017）等措施来处置不良贷款，直至最后不得不出台直接救助计划（The Guardian，2016）用于应对所面临的系统性金融危机的威胁。意大利不良贷款的处置模式基本覆盖了传统的救助方式，并为其他经济体的政策实践提供了重要的参考，特别是其创新性采用的基金模式。遗憾的是，这一领域的研究十分有限，因而，从学术和现实角度，都亟待对不良贷款处置基金模式进行全面深入研究。

## 二、意大利银行业风险缓释与不良资产处置机制

国际金融危机和欧洲主权债务危机引发的经济衰退，导致意大利银行业的不良资产率大幅提升。不良资产成为银行业最为重大的风险。值得庆幸的是，在经济温和复苏中，通过多种途径处置不良资产、改善银行业资产负债表，意大利银行业系统性风险的压力有所缓释。

### （一）意大利银行业的风险及缓释

意大利作为"欧猪五国"① 中最大的经济体，其国内生产总值（GDP）在 2009 年经历了幅度高达 5.48% 的负增长之后，又在 2012—2014 年连续三年遭遇负增长。经济的硬着陆使得企业部门和居民部门的资产负债表迅速恶化，不良资产规模急速提升；同时，银行利润、拨备乃至资本，被不良资产迅速侵蚀，银行业面临着巨大的系统性风险。意大利银行业中的非金融部门坏账（Bad Debts）规模从 2011 年底的 701.9 亿欧元迅速攀升至 2015 年底的 1429.2 亿欧元；不良贷款率高达 18%，不良贷款规模接近 3300 亿欧元，约占 2015 年整个欧元区不良贷款规模的 25% 和意大利 GDP 的 20%（熊启跃，2017）。

2016 年后，意大利银行业的情况逐步好转，不良贷款率从最高峰时

---

① "欧猪五国"是指欧洲主权债务危机中受到风险冲击最大的五个国家，分别是葡萄牙、意大利、爱尔兰、希腊和西班牙，五个国家英文名称的首字母合起来为 PIIGS，与猪的英文相似，被戏称为"欧猪五国"。

的 18% 下降至 2017 年的 14.3%，资本充足率则从 2016 年的 11.3% 提高至 2017 年的 14.3%。这使得意大利银行业不良贷款净额与资本的比例回落，2017 年该比例的下降超过了 24 个百分点（见图 10 - 1）。

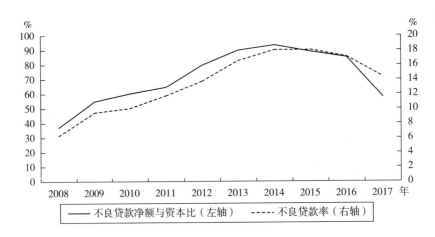

**图 10 - 1　意大利银行业不良贷款率和不良贷款净额占资本比例的走势**

[资料来源：CEIC（2018）]

（二）多重不良资产处置方式发挥核心功能

短短三四年的时间内，意大利银行业似乎摆脱了金融危机的威胁，开始逐步走向复苏。除了经济基本面改善和欧元区资产购买计划之外，针对银行业资产负债表整固的系列改革，是意大利银行业摆脱危机的核心要素之一。2015 年下半年开始，意大利政府就致力于解决银行业的风险。

1. 银行自救式缩表。强化银行资产负债表缩表，主动降低风险资产规模。在不良资产处置的过程中，意大利政府要求银行业主动进行资产负债表整固，主要通过资产负债表缩表，即减少负债率公式中分母上的资产总额来实现。2011 年底，意大利银行业风险加权资产规模为 1.597 万亿欧元，而到 2017 年 6 月末，该资产规模已降至 1.23 万亿欧元，缩小了 23%。

2. 改革法律程序与会计准则。针对性地调整不良资产处置的法律程序与会计准则，加速不良贷款的确认与处置。2015 年下半年，意大利政府开始改革银行不良资产处置的法律及会计程序，并于 2016 年上半年取得积极的进展。比如，债务重组只需 75% 债权人同意；抵押品处置最长时效从 330 天降低至 195 天；贷款拨备损失从 5 年分期抵扣改为立即抵扣。此外，还缩短了借款人对执行法院决议的上诉时效。法律程序和会计准则的调整加快了意大利银行业不良资产的确认与核销，有效推动了资产负债表的整固进程。

3. 政府担保与资产证券化。强化政府担保，大力开展资产证券化，以市场化融资缓释银行流动性及杠杆风险。2016 年以来，意大利政府为特殊目的公司（SPV）发行优先级债券提供了政府担保，使得优先级债券达到投资级的信用水平，特殊目的公司再利用债券发行获得的资金收购银行业不良资产或为问题银行补充资本金，从而使意大利银行业在大规模处置不良贷款的同时提升了资本充足率。意大利执行了欧盟《银行复苏与清算指引》的相关条款（EC，2014），使得意大利国债、银行债券和企业债券等的信用利差定价趋于合理，再加上政府担保，优先级债券的发行相对顺利。

4. 设立银行救助基金。设立银行救助基金补充银行资本金，并进行不良资产处置的政策与上述政府担保下的资产证券化形成了协同效应。2016 年 4 月，意大利政府设立亚特兰特银行救助基金（Atlante Fund）。该救助基金主要由金融机构提供资金，意大利政府提供担保，主要购买银行新增股本以及购买不良贷款抵押债券。虽然亚特兰特银行救助基金规模不是很大，但其在开启银行救助的市场化机制上发挥了重大作用。这是意大利银行业不良资产处置中最具特色的一个机制安排。2016 年底，在意大利政府陷入银行救助困境之时，亚特兰特 2 号基金成立，成功募资 35 亿欧元，从而使银行救助基金的效应得到了更好的发挥。

5. 政府直接救助。在上述处置机制以及相关改革推出之后，意大利银行业在 2016 年底仍面临较大的风险。鉴于此，意大利政府在取得欧央行同意后进行了直接救助。2016 年 12 月，全球最古老的银行之一、意大利当时第三大银行——西雅那银行市场化融资及债转股失败，意大利议会同意设立 200 亿欧元的政府救助基金，用于救助西雅那银行以及其他面临风险的 7 家大中型银行（The Guardian，2016）。欧盟直到 2017 年 7 月才批准救助西雅那银行的计划，要求西雅那银行剥离截至 2016 年底的 286 亿欧元不良贷款，其中 261 亿欧元通过资产证券化处置（次级及夹层证券由亚特兰特基金购买）来完成，并将股本注资规模降至 54 亿欧元（BMPS，2017）。

2017 年 6 月底，意大利政府提出救助威尼托银行和维琴察大众银行的 172 亿欧元救助计划得到欧盟的批准，其中 52 亿欧元为直接注资、其余 120 亿欧元为政府担保。两家银行的优质资产由意大利最大的零售银行——联合圣保罗银行收购。欧盟要求，意大利政府不得让纳税人承担银行救助的成本。为此，意大利政府对不良贷款进行了市场化剥离，并由其他银行并购问题银行资产、被动持有问题银行股份，其中因救助而被动持有的银行股份需于 2021 年前处置完毕。

（三）不良贷款处置的基本经验

2014 年至 2016 年，意大利银行业遭遇了重大风险，一度濒临系统性风险的边缘，但最近几年已有所缓解：银行业不良贷款率从 2015 年底的 18% 下降至 2017 年底的 14.3%，同期资本充足率也提高 3 个百分点至 14.3%。

究其原因，除了欧元区量化宽松政策、意大利及欧元区经济基本面改善等因素之外，意大利银行业的不良贷款处置机制也发挥了重要作用：一是强化资产负债表缩表，主动降低风险资产规模；二是针对性地改革不良资产处置的法律程序与会计准则，以提高不良贷款的确认及处置效率；三是基于市场原则，引入政府担保，缓释系统性风险及严重扭曲的市场预期；四是在欧盟和欧央行同意下由政府直接救助问题银行，两次救助耗资约为 372 亿欧元（其中 120 亿欧元为政府担保）；五是发起建立银行救助基金，补充银行资本金并进行不良资产处置。

意大利银行救助基金模式不同于传统的不良贷款处置方式：它立足银行机构抱团自救，以股本投资和不良资产证券化为"双支柱"，提供了一种将政府担保嵌入不良资产处置流程的新范式。不良贷款处置的救助基金模式为不良资产处置提供了一种新的机制。厘清该模式的背景、核心要素、市场策略和运作机制等对于借鉴其成功经验是十分必要的。

## 三、意大利银行业对不良贷款处置的救助基金模式

意大利银行业采用了多种方式处置不良资产，其中，最具特色的是意大利政府主导设立的银行救助基金——亚特兰特基金。亚特兰特基金设立的初衷是规避欧盟对政府参与银行业救助的制度约束，通过市场化的方式引入政府信用，以股权投资和不良资产证券投资为"双支柱"，为银行提供资本金并加快不良资产处置，缓释银行流动性压力和资产负债表扭曲带来的压力。

（一）亚特兰特基金推出的原因

亚特兰特基金[①]是意大利政府提供担保、多种类型投资者联合出资设立、主要用于补充银行资本金和处置不良贷款的封闭式基金。亚特兰特基金成立于 2016 年 4 月 12 日，基金规模为 42.49 亿欧元（Quaestio Capital Management，2016）。

1. 规避欧盟对银行业救助的制度约束。亚特兰特基金的设立，主要是为规避欧盟对意大利政府救助银行业的制度约束。通过设立市场化的救助基金而非政府直接斥资救助（Bail - out），避免与《银行复苏与清

---

① 亚特兰特基金的名字源于希腊神话中的擎天巨神亚特拉斯（Atlas），他被宙斯降罪用双臂来支撑苍天。宙斯的旨意似乎代表了意大利政府进行银行业救援的决心，降罪则意味着意大利银行自身需要为危机承担重要责任并进行自我救赎，而亚特拉斯的双臂似乎代表了资本金补充和不良资产处置两个支柱。

算指引》相关条款形成的直接冲突（Young，2017）。由于意大利居民是意大利银行业债券的主要持有人，如果严格执行政府救助前的处置政策，债券持有人需要承担最高8%的损失，那么意大利银行业可能会陷入资产价格下跌螺旋，同时可能引发重大的社会稳定问题。

虽然亚特兰特基金设立的政策初衷是规避欧盟的制度约束，但其政策逻辑却与国际金融危机后提出的《恢复与处置计划》相互契合、互相补充。金融稳定理事会持续强调《恢复与处置计划》的重要性，设立专门的工作组进行研究，并制定了《恢复与处置计划》的政策指引和相应机制（Financial Stability Board，2014），提出了恢复计划、处置计划和自救机制三个支柱。亚特兰特基金一个重要的功能是防范系统重要性银行经营出现危机带来的风险，比较注重具有一定偿付能力的大型商业银行的救助和恢复，这与第一支柱相契合；而亚特兰特基金更强调"自救"，大部分出资者来自意大利存款担保基金（FIDT），以行业协作的方式来强化自我救助功能，则与第三支柱相契合。

亚特兰特基金具有一定的担保属性，但是与存款担保机制存在本质的不同。欧盟存款担保机制是消费者保护的一个正式的制度安排，而亚特兰特基金则是一个风险救助的市场化机制安排。存款担保机制是一种存款保险制度，只有缴纳保险金的机构在发生经营危机时才能获得资金支持，本质是保护储户；而亚特兰特基金通过协助银行证券发行和采用直接股权投资等方式来为银行提供流动性支持，提供的是流动性支持以及以政府担保为支撑的市场化担保机制，目的是救助银行。虽然救助的目标对象不同，但是存款担保机制和救助基金模式都是机构处置中的互补性举措。

2. 引入政府担保，突出政府信用的引导性。亚特兰特银行救助基金通过引入意大利政府的担保，发挥最后贷款人的部分功能，承担了部分最后贷款人的职能（Dohle，2016）。亚特兰特基金的设立及运行旨在打破流动性紧缩螺旋，重拾意大利金融市场的信心，防止市场流动性进一步枯竭。这对于缓释意大利银行业危机具有重大作用（Benvenuti et al.，2017）。意大利政府采用政府担保而非直接救助，使其在规避欧盟制度性约束的同时实现了对银行业危机的风险处置。其本质是通过基金及其运作引入政府信用，以发挥政府信用在稳定预期和处置风险中的基础性作用。

3. 构建抱团式的自救机制。面对意大利高企的债务风险和欧盟对于银行救助的严苛规定，2016 年初，意大利存款担保基金（FIDT）在其协会条款中增加了一项自愿计划，计划通过 FITD 成员银行的自愿出资来解决银行系统的问题。这是亚特兰特基金产生的体制基础，也是该基金自救属性的来源。从基金投资者的组成看，该基金包括银行业内部和外部的投资者，但以内部自救为核心。亚特兰特基金共计有 67 个意大利国内和国外的投资者（Quaestio Capital Management，2016），其中大部分成员来自意大利存款担保基金（FIDT）；意大利的前两大银行——UniCredit 银行和 Intesa Sanpaolo 银行，以及意大利国有银行 Cassa Depositi e Prestiti 等，也是该基金的投资者。该基金的本质是以"抱团取暖"的方式防止出现各自抛售资产造成市场价格下跌螺旋和流动性紧缩螺旋，以及提供以资本金注入和融资担保支持为支撑的不良贷款处置及自我救助机制。

（二）亚特兰特基金市场化的运作机制

1. 封闭式基金运作规范。亚特兰特基金管理人制定了封闭式基金的运作规则，严格按照意大利封闭式基金的规范进行运作。亚特兰特基金是一只封闭式基金，但为了保障其政策的有效性，设置了一定的业务弹性。这主要体现在投资期限方面：该基金的投资期为 2016 年 4 月 29 日募集期结束后的 18 个月，同时根据交易需要可延长 6 个月，即 2018 年 5 月底前完成所有的投资。这对于处于流动性枯竭的银行业市场是一个积极的正面利好。基金的存续期限为 5 年，但根据需要，在不低于 66.6% 股东同意的情况下可延期 3 年（Quaestio Capital Management，2016）。此外，亚特兰特基金还可根据投资需要募集新的基金。

2. 专业化投资的管理机制。亚特兰特基金采用市场化和专业化运作的基础机制。该基金得到了国内外包括个人投资者和金融机构在内的67个投资者的投资（其中个人投资者不超过20%）。该基金在投资者会议上通过投票选出9名成员组成投资委员会，基金的投资决策独立于股东，但受投资委员会意见的约束和欧央行的监督。该基金的管理公司为Quaestio资本管理股份公司（Quaestio Capital Management SGR S. P. A），该公司每年仅收取0.07%的管理费；托管银行为加拿大皇家银行（RBC Investor & Treasury Services）米兰分行，每年仅收取0.0125%的托管费（Quaestio Capital Management，2016）。

基金的任何投资都只能由基金管理人作出，出资人及政府均不能干预。自救是亚特兰特基金的一个基本职责，主要救助内部成员，但是，基金原则上可为出资银行之外的金融机构提供救助支持。值得注意的是，不管是对内部成员的投资还是对外部成员的投资，均由基金管理人决定。

3. 注重风险收益平衡。亚特兰特基金以管控风险为主、实现收益为辅。基金的建立虽然是为了解决银行业存在的问题，但并不是公益性质的——在基金建立之初，其发起人就声称该项投资是营利性质的，投资的目标为年化收益6%左右。

这种收益性来自不良贷款处置中供求双方定价差异的缩小。由于欧盟体系不良贷款处置需要坚持市场化原则，比如要以拍卖为核心渠道进行处置，但在市场预期低迷时，需求方的出价一般为贷款票面价值的10%～30%，而不良资产出售方则希望收回票面价值的40%～60%，这就出现不良资产供求双方定价的"鸿沟"。在这种定价差异下，意大利不良贷款的处置缓慢且有限，2014年至2016年第一季度，意大利银行业仅仅出售了110亿欧元的不良贷款（Quaestio Capital Management，2016）。亚特兰特基金募集成功并参与处置不良资产，使得不良资产需求方的出价得以提升，不良资产出售方的要价适度降低，本质上是以政府信用部分填补了不良资产处置供求双方的定价"鸿沟"，加快了不良资产的处置进程并使得该业务模式具有一定的收益性。

4. 政府担保的流程化安排。2016 年底前，按照欧盟的规定，成员国政府不能直接救助银行。但实际情况是，政府担保或政府信用在金融市场中具有基础稳定性功能。亚特兰特基金通过市场化的安排，将政府担保纳入不良资产处置的流程，将政府担保嵌入基金投资运作中的股权投资、证券发行、资产证券化及产品结构化设计等流程。政府担保的引入，使不良贷款及其证券化产品的信用风险大大降低，不但使不良贷款处置流程更加顺畅，促使双方能较快达成协议，而且，政府担保的嵌入大大降低了风险成本，使得不良贷款处置也具备一定的收益性，因此对银行的资产负债表改善、资本金补充和市场价值提升也十分有利。

（三）双支柱的市场投资策略

1. 股本投资。第一个支柱为股本投资。亚特兰特基金首要投资是银行新增股本，总额不超过资金规模的 70%，主要目标是防止意大利银行业出现大面积的破产。基金主要承担两个重要任务。

一是直接投资银行股权，直接对问题银行注资。亚特兰特基金会在银行资金紧张时充当紧急投资者角色，即部分行使最后贷款人的职能，并且不干预银行的日常经营。值得注意的是，并不是任何一家银行都有资格得到该基金的投资，只有那些无法通过市场获得资金，或可能引发系统性风险的银行，才会获得基金的援助。基金直接投资银行股权，对于快速提升银行的信用评级是有帮助的。

二是协助银行证券的发行。基金通过承销团、专用于基金的私人配售及共同投资的方式，在市场上承销银行发行的证券。对于个体银行的股本发行，基金可承销最高不超过 75% 的股份。2017 年 6 月 30 日之后，亚特兰特基金原则上不再进行直接的股本投资，而将其余部门资金用于不良贷款资产证券化产品的投资。

在直接股本投资中，亚特兰特基金最为经典的投资是维琴察大众银行（Banca Popolare di Vicenza，BPVi）首次公开发行 IPO 失败下的"救火式"投资。2016年4月，维琴察大众银行进行的IPO首次公开发行失败，但是股份由意大利最大银行——联合信贷银行（UniCredit）全额包销。这引发了市场恐慌。亚特兰特基金向联合信贷银行注资以购买维琴察大众银行的股份，从而使维琴察大众银行不仅获得了融资，而且避免了联合信贷银行因陷入包销困局而引发更大的风险。难得的是，该投资是在2016年4月18日签订协议的，此时距基金公开募集还不到一周的时间。

2. 不良贷款支持证券投资。第二个支柱为不良贷款支持证券投资。亚特兰特基金第二个任务是投资不良贷款支持证券，且比例不低于30%，主要目标是重启银行业市场化融资渠道，并按照市场化原则处置不良贷款。由于不良贷款是一种异质性非常高的金融资产，且信息不对称非常严重，市场部分失灵导致意大利不良贷款买卖差价高达30% ~ 50%（Quaestio Capital Management，2016）。而亚特兰特基金投资不良贷款支持证券的目的，是希望在意大利建立一个有效的不良贷款处置市场。

亚特兰特基金处置不良贷款主要通过政府担保下的资产证券化实现，具体流程为：

首先，银行将不良贷款出售给特殊目的机构（SPV），再由SPV通过结构化设计，发行以不良贷款组合为基础资产的抵押支持证券。在这个过程中，不良贷款的折扣率会相对高于市场买方的折扣要求，从而使银行愿意出售不良贷款。

其次，意大利政府为不良贷款支持证券的优先级证券提供政府担保，使优先级证券达到投资级信用水平，以此来解决不良贷款需求不足尤其是机构投资者难以投资的评级约束。对于次级证券和夹层证券，基金可以通过担保或共同投资的方式进行支持。

再次，亚特兰特基金作为投资者在市场上购买不良贷款抵押证券，包括但不限于优先级证券。这使不良贷款支持证券的需求得到进一步增强，价格随即提升，同时市场流动性进一步活跃。比如，2016年2月底，维琴察大众银行和威尼托银行（Veneto Banca）的次级债券价格在亚特兰特基金成立前均不足 77 欧元（面值 100 欧元），但在基金成立后不到两周，就分别快速增长至 92.1 欧元和 90.8 欧元（Quaestio Capital Management，2016）。

最后，通过价格提升和流动性改善，逐步形成一个运行相对顺畅的不良贷款处置市场体系。2016 年底，意大利政府在欧盟同意下开始进行政府直接救助，但资产证券化仍是不良贷款处置的最主要方式。意大利政府最大的救助是对西雅那银行的救助，286 亿欧元不良贷款中的 261 亿欧元采用了资产证券化方式，其中的次级和夹层证券主要由亚特兰特 2 号基金购买，价格为票面价值的 21%（BMPS，2017）。

## 四、亚特兰特基金模式的实施效果及未来前景

从亚特兰特基金的设立、运营和投资看，亚特兰特基金具有三个核心要素：一是政府担保；二是自我救赎；三是两个支柱。政府担保发挥了核心促进作用，使得原本陷入流动性紧缩螺旋的市场预期被打破，市场恐慌情绪得以缓解。这为意大利银行业的资产负债表整固提供了政策及市场空间。资本金注入和不良贷款支持证券购买作为两大支柱，打破了意大利银行业不良贷款处置市场的低迷状态，不良资产价格和交易流动性因此得到改善，市场化机制开始发挥作用，意大利银行业不良资产处置的有效性得以提升（BSIC，2019）。

亚特兰特基金的作用是较为显著的：2016 年和 2017 年，意大利不良贷款净额分别降低了 352 亿欧元和 354 亿欧元；2018 年上半年，不良贷款处置预计在 250 亿欧元左右，即在亚特兰特基金框架下已处置了近 1000 亿欧元的不良贷款，占比近 30%。其中，2018 年 6 月末，西雅那银行已顺利进行了 241 亿欧元的不良贷款资产证券化（BMPS，2018）。意大利的不良贷款二级市场从一个不成熟、小规模的市场，逐步转变为欧

洲规模最大的不良贷款交易市场之一。鉴于亚特兰特基金的良好表现，其2号基金募集计划在2016年底完成，募集金额为35亿欧元，投资策略与1期基金完全相同，其中16亿欧元主要用于购买意大利第三大银行——西雅那银行不良资产的次级及夹层证券（Za and Mandala，2016）。

未来，亚特兰特基金模式能否进一步提高不良资产处置效率、缓释意大利银行风险，则取决于外部因素的影响（BSIC，2019）。一是基金模式仍然是一种风险处置或危机应对的临时性安排。二是银行业的系统性风险取决于未来银行业资产负债表整固的有效性，尤其是盈利能力的提升和对新不良贷款的控制。三是不良贷款处置的会计和法律程序仍构成技术性约束。四是意大利和欧元区的经济基本面及相关政策调整，将是最终的决定因素。

从更宏观层面看，意大利经济基本面和政治稳定性是至关重要的基本面因素。2018年，意大利宏观经济动能开始减弱，这对于银行业的信贷需求和信贷风险的影响均是负面的。政治不稳定更是意大利银行业风险缓释的重大制约。2018年5月，意大利政府组阁意外失败之后，意大利国债收益率即刻从1.76%飙升至3%以上。意大利政治的不稳定继续冲击金融体系稳定性：2018年底，意大利10年期国债收益率进一步上升至3.563%，与德国10年期国债收益率的利差超过300个基点，超过意大利银行业2016年面临重大危机时的利差。

## 五、结论与启示

亚特兰特基金的设立主要是为规避欧盟对意大利政府救助银行业的制度约束，通过引入意大利政府的担保，发挥部分最后贷款人的功能。同时，亚特兰特基金的出资人主要是意大利存款担保基金成员，救助基金致力于借助政府担保，以市场化方式进行自我救赎。亚特兰特基金以封闭式基金的规范，进行市场化、专业化运作，主要用于防控银行业风险，同时兼顾盈利性。

亚特兰特基金具有三个重要的特质：政府担保、自我救赎和"双支柱"投资战略。一是引入政府担保并将其嵌入不良资产处置的流程，缩小了不良资产处置的信用利差和定价差异。二是以市场化方式形成自我救助机制，避免了个体理性造成"集体谬误"，打破了以邻为壑的资产抛售和价格下跌螺旋。三是实行银行股本投资和不良贷款支持证券"双支柱"投资战略，并取得了较为积极的进展。救助基金运行以来，通过"双支柱"投资战略以及其他不良贷款处置方式，共处置了超过 900 亿欧元的不良贷款；与此同时，意大利银行业的融资成本也明显降低，流动性大幅改善，系统性风险的威胁得到有效缓释。

未来，亚特兰特基金及其他不良贷款处置的有效性仍面临着较大的约束。从不良贷款走势看，意大利银行业的系统性风险并未彻底消除，不良资产规模仍较大，不良率也保持在 14% 的高位且有抬升的压力。这需要意大利建立起一个包括基金模式在内的、对不良贷款进行处置的长效机制，而亚特兰特基金仅是一个临时性的救助安排，其有效性会受制于资金规模和运行期限。意大利和欧元区经济及政策的基本面是其银行业改善的核心决定因素。另外，意大利政治稳定性及其是否退出欧盟，也存在很大的不确定性。

我国银行业已具备一定的不良资产规模，其中大型商业银行不良资产占比较大。充分汲取发达经济体处置不良资产的经验，对我国银行业健康发展具有重要的意义（祁树鹏等，2015；于宝亮等，2017）。亚特兰特基金运作模式是意大利政府在处理不良贷款问题上的创新，其中也包含了许多国际通用规则、措施，如市场化原则、资产证券化、政府担保等。这对我国具有重要的借鉴意义，具体有以下五点：

一是政府参与救助是不良资产处置有效性的基础保障。意大利银行业面临危机之初，基于风险原则进行了自救式的资产负债表缩表，并通过强化资本金的筹集补充，降低高风险资产比重，来防控不良资产的大幅攀升，但效果并不十分显著。对此，意大利政府通过改革法律程序、调整会计准则、提供政府担保、鼓励资产证券化、设立银行救助基金甚至直接救助等政府行为，才使不良资产处置得以加速推进。鉴于此，我国在不良资产风险暴露或重大风险时刻，也需要以政府行为为金融体系提供信用保障，发挥政府救助的基础性和引导性功能。

二是多用制度改革与市场手段，慎用直接救助。意大利政府在不良贷款处置上，统筹了自救与他救、制度完善与市场力量、间接救助与直接救助等的关系，强化自救机制，强调制度完善与市场机制的互补性，强调以市场方式的间接救助逻辑，特别是将政府信用嵌入不良资产处置流程。除了欧盟的约束外，意大利政府本身对采取直接救助也十分谨慎，将直接救助作为其政策逻辑的最后一环。我国在不良资产及其他金融风险的处置上，应着力市场机制功能，强化体制机制改革，少用、慎用直接救助方式。

三是着力完善不良资产处置机制建设。首先，强化商业银行的风险防控体系建设，提升贷款质量，以缓释不良贷款率和不良贷款规模"双升"的压力。其次，在全国金融信息综合统计体系建设的基础上，构建全国统一的不良资产数据库，强化数据库信息共享。最后，加快不良资产处置和机构破产等机制建设，协调好自救与他救、直接救助与间接救助、市场救助与政府救助等的关系，提前做好大规模不良资产处置以及系统重要性金融机构风险处置的方案。

四是加强专业性的不良资产处置机构和市场机制的建设。首先，不忘四大资产管理公司和地方资产管理公司的"初衷"，坚持将不良资产处置作为公司的主营业务。其次，完善不良贷款交易的二级市场，包括完善公司治理和不良贷款交易的管理体系，引入更多的专业投资者进入市场，以强化二级市场功能。最后，重点推进不良资产证券化。通过优化不良资产证券的底层资产结构，设计结构化产品和适度分层，完善资产证券化机制，缓释不良资产处置的期限错配。

　　五是探索不良资产处置的基金模式。借鉴意大利银行业救助的经验，探索适合我国国情的不良资产处置基金模式，由市场参与者出资并管理运营，引入政府担保机制，突出市场化机制，注重成本收益匹配性和政府信用引入的统筹性。重点探索将政府信用引入不良资产处置、系统性金融风险应对等的实际操作流程，形成政府信用与市场机制内嵌式的流程机制。建立我国债转股公司、股权投资公司的基金模式试点机制，通过基金的股权投资、融资支持和增信机制，化解不良资产并完善问题金融机构的处置机制。

# 第十一章　印度《破产法》与企业破产清算处置研究

## ——兼论对中国破产法律体系改革的启示

## 一、引言

近年来，在经济放缓和高利率的影响下，印度银行业资产质量持续下滑，不良贷款已成为印度银行业面临的一项重大挑战（Sengupta and Vardhan，2017）。2015 年底，在印度银行业贷款业务中，不良贷款率为 4.27%，规模达 934.83 亿美元[①]。规模庞大的不良贷款对印度银行业的稳健性产生了不利影响，不良贷款问题如何高效加以解决，成为印度政府一项重要任务。2015 年以来，印度颁布《破产法》，更加高效的企业破产清算机制逐步建立，破产清算日益成为印度处置不良贷款的重要方式。

印度《破产法》颁布之前，破产清算是不良贷款处置的方式之一。然而，印度在破产处理程序上存在诸多问题，使得破产处置效率低下，不良贷款难以处置，营商环境也较差。根据世界银行营商环境报告，2015 年印度破产处置 DFT 分数[②]仅为 32.59，而在破产解决难易程度的排名中，印度在 189 个经济体中位列 136 位[③]。印度破产处理效率低下的

---

[①]　数据来自 CEIC 数据库，2019 年 8 月 15 日。

[②]　DFT 分数表示与前沿水平的距离，0 表示最差，100 代表前沿水平。

[③]　数据来自《2016 世界银行营商环境报告》，2019 年 8 月 16 日。

根源在于破产法律制度的不完善，为此印度当局曾推出过多项与破产相关的法案，例如涉及公司破产的《病态公司法（特殊条款）》（SICA）（1985）、《银行和金融机构逾期债务清偿法》（1993）、《金融资产证券化与重组法》（SARFAESI）（2002）、《公司法》（2013）以及涉及个人破产的《英属印度诸省破产法》（1909）、《地方破产法》（1920）等，但是这些法律层次不一且较为分散，在破产处理的程序上甚至存在冲突，无法构成一个相对完整的法律体系（Ravi, 2015）。另外，债务人可利用分散的法律体系进行套利，进而损害了债权人的利益，增加了破产处理的难度。为了解决印度破产处理体系长期存在的痼疾，印度时任财政部长杰特利（Arun Jaitley）于2016年在下议院推出《破产法》（The Insolvency and Bankruptcy Code，IBC），以整合所有破产清算的相关法律。

同为金砖国家的中国现阶段面临大批量不良贷款威胁金融系统稳定性的难题，除着力推行债转股等实践外，完善破产处置法律体系也是处置不良贷款的重要举措之一。印度《破产法》的颁布对中国企业破产清算处置法律体系建设具有重要的借鉴意义。以不良贷款处置及相关企业破产清算为例，由于法律制度相对不健全，不良贷款持续攀升的过程反映出中国不良贷款和相关企业破产清算处置迟缓的现象（刘澜飚和王博，2006）。司法处置是金融机构处置不良贷款的重要方式，通常是在其他不良贷款化解方式无效或低效的情况下，作为最后的处置手段（卞金鑫，2018）。由于中国立法、司法和处置机制等的不完善，不良贷款及相关企业破产清算司法处置过程中存在诉讼流程烦琐、处置效率低下等问题（曹国华和刘睿凡，2016），部分企业甚至在处置过程中转移企业的优质资产，致使通过司法途径追回不良贷款的成效极差（吴义根和胡志九，2016）。为提升企业破产清算的司法处置实效，中国应分析借鉴印度《破产法》的核心要义，为金融机构加快处置不良资产和加速企业破产清算出清创造良好的法律法规环境（李德，2007；杨小平，2017）。

# 二、印度《破产法》出台的目标及其政策框架

印度《破产法》由印度议会于 2016 年 5 月通过，并于 2016 年 12 月生效。与先前印度各项有关破产处理的法律相比，《破产法》无论是在目标还是政策框架上都有着较大的提升。《破产法》为破产清算提供了统一的、涵盖所有债权人类型的处理程序，该法的颁布是印度政府近年来针对破产企业处置和营商环境改革中一项具有里程碑意义的举措（Eduri and Jayaprada，2018）。

（一）印度《破产法》的政策目标

多年来，不良贷款已成为印度银行业面临的主要挑战，先前的破产程序难以对无力偿债的企业进行有效处置，2015 年印度不良贷款回收率仅为 25.7%，远低于英国的 88.6%①。世界各国在面临银行不良贷款危机时，主要采取兼并重组、破产重整、破产清算、债转股、债务批量转让及减免核销等债务处置方式（刘方和俞苇然，2017）。更重要的是，政府应该在法律层面建立对银行不良贷款处置的政策框架。在推出《破产法》后，印度政府进一步完善企业破产清算退出机制，处置国有银行部分不良贷款，重新赋予经济活力。印度《破产法》致力于解决以下三个重大难题。

第一，应对破产法律体系统一性较差的难题。《破产法》出台之前，印度的破产法律框架是不成体系的，存在着多部法律并行的局面。这些法律在目标方面相互矛盾，致使印度的破产监管环境十分复杂，严重损害了破产程序中众多利益相关者的权益（Pandey，2016）。鉴于此，印度立法当局将先前几部破产清算法规合而为一，提供一部全面、统一的破产单行法，以巩固现有破产法律框架。为此，完善破产法律体系建设，

---

① 数据来自《2016 世界银行营商环境报告》，2019 年 8 月 16 日。

提供单一的破产处理法规,这是《破产法》实现自身政策目标的法律基础。

第二,应对不良资产处置及破产清算的低效问题。先前最具代表性的《病态公司法》的目标是对有复苏希望的企业进行救助,对"僵尸企业"进行破产处置。虽然其方向正确,但却并没有达到预期效果,反而成了破产企业无限期拖欠债务的避难所(PwC,2018)。《破产法》通过限制破产清算的处置时间,提高企业破产处理和不良贷款处置的效率,同时使得整个经济体的资金利用效率得到改善。效率问题导向是《破产法》最具针对性的基本原则。

第三,改变信贷市场及营商环境较差的格局。国际金融危机爆发后,印度信贷规模迅速扩张,公共部门银行对钢铁以及基础设施等领域的贷款激增,同时经济增速放缓,使得印度金融体系积累了大量不良贷款。截至 2015 年,印度不良贷款的规模达 934.83 亿美元,加剧了银行放贷的逆向选择和道德成本,致使企业融资难度攀升①。在 2016 年世界银行发布的营商环境排名中,印度在全部 189 个经济体中位列 136 位②。印度监管当局希望通过颁布和实施统一的《破产法》,对银行业不良贷款进行全面梳理及有效处置,促进资产负债表改善并提高银行信贷供应水平,同时通过加速企业破产程序以促进创业和吸引外资,进而提升印度营商环境。

(二)印度《破产法》的政策框架

印度监管当局在废除包含重叠条款的《病态公司法(特殊条款)》(1985)、《银行和金融机构逾期债务清偿法》(1993)、《金融资产证券化与重组法》(2002)及《公司法》(2013)的基础上,创立了新的统一的破产处置政策框架。这个新的框架主要包括完善的破产处理体系、明确

---

① 数据来自 CEIC 数据库,2019 年 8 月 16 日。

② 数据来自《2016 世界银行营商环境报告》,2019 年 8 月 16 日。

的破产处理申请条件及高效的清算程序。

1."四支柱"破产处置体系。印度《破产法》推动了破产处理体系的建设，创建了由印度破产委员会作为顶层设计，并涵盖了破产管理人、破产信息系统、司法机关等的"四支柱"破产处理体系，以便各方协同发挥作用，构建更为高效的破产重整和清算程序，从而提升不良贷款和破产清算的处置效率。

（1）支柱一：印度破产委员会。印度破产委员会成立于 2016 年 10 月 1 日，是整个破产处置体系的最高主体，本质上为印度破产处置体系的破产监管机构，在法律框架中肩负着核心支柱功能。印度破产委员会的职能是统筹协调整个体系，与破产有关的所有事项均在破产委员会的监管范围，比如规定破产信息系统收集和储存数据的标准，制定对破产管理人的准入、登记及退出标准等（Gupta，2018）。破产委员会虽然是依据《破产法》新设立的机构，但在整个破产处置体系中发挥着重大的作用，它通过对破产处置体系进行监管、制定规则等方式维持破产体系的稳定性，同时还使其他三个支柱的效用得到了更好的发挥（Nishith Desai Associates，2019）。

（2）支柱二：破产管理人。破产管理人是由债权人指定并接受印度破产委员会管理的持牌专业人士。破产管理人的主要职责是组织协调整个破产处理程序，主要包括负责处理破产处置期间公司的各项事务、从破产信息系统收集债务人相关信息、协助完成破产解决方案的拟定以及在清算破产企业资产时担任清算人的角色，其行为将受到相关法律的豁免。

破产管理人是关系到整个破产程序能否高效、公平运行的关键支柱。在破产处置效率上，优秀的破产管理人能够在充分收集有关破产方信息的基础上，确定破产方的实际财务状况，避免由于信息不对称产生的误判，特别是对于银行不良贷款相关的信息确认发挥了积极作用。在权利的平衡上，破产管理人能够在清算时最大限度地维护破产方的资产价值，比如引入公允价值原则防止债务人资产被过度贱卖，也防止债务人转移资产尽可能弥补债权人的损失，以便平衡所有利益相关者的利益。破产管理人机制的引入是印度破产处置程序的重要创新。

（3）支柱三：破产信息系统。在破产处置中，如果不能充分获取债务人的相关信息，将会降低破产管理人处置破产的效率，影响法院对公众的全面问责和透明度（Chatterjee，Shaikh and Zaveri，2017）。为了解决破产处理过程中信息不对称的问题，《破产法》引入了破产信息系统这一全新的要件。破产信息系统是根据《破产法》建立的财务信息库，主要职能是通过收集、整理并存储债务人的财务、违约、信用等级及担保信息，根据需要验证债务人的信息真实性，使之成为对破产案件进行决策的直接依据。破产信息系统本质上是通过提升陷入困境企业的交易信息透明度，确保利益相关者的权益不会因信息不对称而受到削弱，比如部分不良贷款在信息系统建立后能够较快地进行还款。信息系统的建立使得债务人的状况暴露于"阳光"之下，这是印度《破产法》能实质性加速不良贷款以及企业破产处置进程的技术支撑。

（4）支柱四：司法机关。破产处理程序本质上是司法程序，法院则是司法程序中的重要主体和最后关卡。与其他《破产法》新引入的三个支柱不同，司法机关在印度先前法律框架下就已存在，并且在破产处理中一直发挥着核心作用。《破产法》是在旧的法律框架上，对司法机关的主体和职能进行了重新界定。

在司法主体上，《破产法》颁布之前印度高等法院、地区法院、公司法委员会、工业和金融重组委员会以及债务追讨法院都有权处理破产相关案件，造成了先前破产处置多头管辖、程序复杂、效率低下等问题。鉴于此，《破产法》通过缩小司法主体的范围、明确各司法主体分工的方式避免先前的问题。具体来说，司法机关具体涵盖两个机构：一是国家公司法法院（National Company Law Tribunal），二是债务追讨法院（Debt Recovery Tribunal）。国家公司法法院是《破产法》下新设立的机构，成立于 2016 年 6 月 1 日，专门负责审理公司和有限合伙企业的案件，债务追讨法院则负责审理个人及一般合伙企业的案件（Sharma and Vyas，2019）。这两个法院相互独立，分别负责审理不同主体类型的破产案件，简化了破产处理程序，使破产处置的效率得以提升，对法院审理和判决破产案件专业性的提升也十分有利。

在司法机关的职能上，先前印度的法律框架下司法机关被赋予了过多的权利，不仅容易滋生腐败寻租现象，而且还容易引发破产处理的进程过长等问题。鉴于此，《破产法》对其职责重新进行了界定，在新的法律框架下，司法机构负责对破产申请和破产处理方案进行裁决，以及就索赔和有关法律事宜作出决定。司法机关在职责上与先前破产处理程序的首要区别，就是不再干预破产处理程序，仅对破产程序的公平性和合法性作出裁决，避免了由于司法机关职责过多导致的腐败现象（Gormley，Gupta and Jha，2018）。

我国目前的破产处理体系中尚无专门性的政府破产政策及监管机构，而是由人民法院对于破产事项作出相关规定并进行监督。专门的破产政策及监管部门一般具有追踪破产法实施、管理破产从业者及追究破产公司责任等职能，如印度破产委员会统筹协调整个破产处置政策框架。除此之外，相比印度的破产处置框架，我国未设立针对破产的专门的司法机关。在司法机关方面，我国破产案件是由债务人所在地的人民法院审理，然而破产案件具有职权探知主义、不公开主义等非讼案件审理原则，多数国家设立了专门法院处理（张艳丽，2016）。

表 11-1　　　　　　　　　印度与中国破产处置框架对比

| 项目 | 印度 | 中国 |
|------|------|------|
| 破产监管机构 | 印度破产委员会 | 未设立专门的破产监管部门，目前由最高人民法院对于破产事项作出相关规定并进行监督 |
| 破产管理人 | 由债权人指定 | 由法院指定 |

续表

| 项目 | 印度 | 中国 |
|------|------|------|
| 破产信息系统 | 设立专门为破产处置服务的、存储债务人财务信息的信息系统 | 设立全国企业破产重整案件信息平台，存储、公开债务人信息 |
| 司法机关 | 设立专门审理破产案件的法院，其中国家公司法法院负责审理公司及有限合伙企业的破产案件，债务追讨法院负责审理个人及一般合伙企业的破产案件 | 未设立专门审理破产案件的法院，破产案件由各级人民法院负责 |

资料来源：印度《破产法》、中国《企业破产法》以及作者整理。

2. 明晰化的破产处置申请条件。破产处置申请设置"阈值"要求。若债务人未能支付应还的部分或全部债务，则可向法院申请破产处理。能够进入破产处理程序的主体可以是公司、有限合伙企业、一般合伙企业及个人，其中，公司和有限合伙企业涉及的违约金额至少应为100000卢比（约合人民币9903元①）。这种最低金额的引入相当于设置了一种准入"门槛"，虽然破产处置的"普惠性"有所损失，但破产处置的案件数将大大减少，同时，处置的专业性和效率将明显提高。值得注意的是，由于金融机构与一般经营型企业的业务模式差别较大，《破产法》将金融机构的破产程序排除在外，金融机构的破产处理法规将由印度金融监管当局另行规定。此外，《破产法》在破产程序的申请人、债权人范围的规定上具有较为显著的特点。

破产处置申请人范围扩大。在申请人范围上，《破产法》规定任何债权人和债务人都可以申请进入破产程序。从债务人角度来看，公司在无力偿债的情况下，债务人可以依据《破产法》自愿进入破产处理程序。从债权人角度来看，先前《病态公司法》等法规仅将个人求偿权赋予有担保的金融债权人，《破产法》放开了债权人提出破产申请的限制，任何债权人都可以对违约债务人提出破产申请，为所有无担保债权人和

---

① 按照2019年9月10日汇率计算。

经营债权人提供了在债务人无法偿还债务时启动破产解决程序的机会（Sengupta，Sharma and Thomas，2016）。此举改变了此前破产程序启动主要由债权人发起的格局，使不良资产和企业破产的处置进程大大加速。这是印度破产处置机制建设的一个重要的理念创新。

在债权人范围上，《破产法》根据债务性质的不同区分了金融债权人及经营债权人。金融债权人指借出金融债务的人，与债务人只存在纯粹的金融合同。其中金融债务不仅包含银行贷款和债券，还涵盖其他衍生品和担保交易。由于企业在经营过程中有可能拖欠员工工资、政府贷款、税款，此种情况下拥有债权的主体被称为经营债权人，包括企业员工和政府；根据印度之前的法律，当公司进行清算时，员工的利益很难得到保障，因此新《破产法》将企业员工也纳入经营债权人的范畴，在一定程度上维护了由于企业破产而失业的员工的权益（Chaudhary，2018）。相比而言，我国目前未对债权人性质进行明确划分，难以突出债权银行的主导作用、牵头作用、服务作用。另外，我国的破产法债权法范围只涵盖企业，并未包括对个人破产建立相关制度，存在一定缺陷。

表 11-2　印度《破产法》出台前后及中国的破产申请条件的对比

|  | 印度《破产法》出台前 | 印度《破产法》出台后 | 中国 |
|---|---|---|---|
| 涉及违约金额 | 没有具体限制 | 公司及有限合伙企业涉及的违约金额至少应为 100000 卢比；个人及一般合伙企业没有具体限制 | 没有具体限制 |
| 适用范围 | 所有类型主体（包括企业和个人） | 除金融机构之外的主体（包括企业和个人） | 企业 |
| 申请人 | 有担保的金融债权人及债务人 | 债权人和债务人 | 债权人和债务人 |

资料来源：印度《公司法》《破产法》、中国《企业破产法》以及作者整理。

3. 规范化的破产清算处置程序。公正规范严格的清算程序是衡量破产法效率的关键因素，绝大多数破产程序都是通过清算而终结，与之前印度存在的债权人竞相争夺债务人财产的无序清算程序相比，维持清算价值最大化并确保清算有序进行是印度《破产法》的一项重要职能。印度《破产法》对清算的程序和清偿顺序作出了明确规定。

（1）清算程序。清算是破产处置程序中最后的环节。在清算期间，破产管理人将承担清算人的职责。清算人通常通过拍卖的方式对破产企业的资产进行处理，获得清偿资金后按一定的顺序进行分配，随后解散公司。《破产法》出台之前，印度的公司清算耗时甚至能拖延至十多年之久，而在英国和新加坡清算仅需一到两年即可完成。鉴于此，《破产法》要求破产管理人充当清算人的角色，这是由于在经历了破产解决程序后，破产管理人相比第三方机构的清算师更了解公司的情况，能够在清算中有更有效率地处置资产，一定程度上可以加快清算完成的速度。

（2）清偿顺序。明确资产分配顺序，有助于促进印度信贷市场的发展，并为债权人通过破产处理程序追回欠款提供了事前激励机制。清算资产清偿顺序详见表11－3。与2013年的《公司法》相比，先前印度政府是与公司员工和有担保债权人一同获得清算资产，现在的清偿位次在其后。这是因为政府有多种途径收回其债权，不需要在前期与其他债权人共同分配资产来增加清算程序的负担。另外，印度政府通过调整自身清偿权顺序以达到"让利"目的，进而加速了清算程序，同时增加了除政府之外的债权人获得清偿的机会，使除政府之外债权人的权益得到显著提升。

表11－3 印度《破产法》出台前后及中国的破产清偿顺序的对比

| 清偿顺序 | 印度《破产法》出台前 | 印度《破产法》出台后 | 中国 |
|---|---|---|---|
| 1<br>2<br><br><br>3<br>4 | 破产清算费用<br>应付给政府的款项、应付有担保的债权人的款项、员工工资<br>应付无担保的债权人的款项<br>应付给股东的款项 | 1 破产清算费用<br>2 应付有担保的债权人的款项、员工工资<br>3 应付无担保的债权人的款项<br>4 应付给政府的款项<br>5 应付给股东的款项 | 1 破产清算费用<br>2 员工工资<br>3 应付给政府的税款<br>4 应付有担保的债权人的款项<br>5 应付无担保的债权人的款项<br>6 应付给股东的款项 |

资料来源：印度《公司法》《破产法》、中国《企业破产法》以及作者整理。

相比而言，我国破产清偿顺序仍有值得商榷的部分，政府税收债权的受偿顺位需要重新讨论。我国破产法中，税收债权受偿顺位后于劳动债权但却优于普通债权，而担保物权的先后顺序则要视具体情况决定。若过于偏重税收债权，由于税收债权无须登记的特性，担保物权债权人难以获取纳税人具体的欠税信息，加大担保风险。另外，劳动债权优先于欠缴税款后的担保债权也是不合市场逻辑的。现阶段的立法趋势都是降税收债权降为普通债权，如印度《破产法》出台前后的变革。我国将税收债权提升到担保物权之前略显武断，应顺应立法趋势和市场逻辑，将税收债权降为普通债权（许德风，2013）。

（三）印度《破产法》的重要创新

印度《破产法》将以往分散的破产法律合而为一，构建了"四支柱"破产处理体系，其相关规定在提升破产处置效率、维护债权人利益方面发挥了基础性作用。印度《破产法》相比之前的法律，从颁布及实施情况来看，具有三个重要的创新。

一是建立了完善的破产处置体系。印度《破产法》下的"四支柱"破产处置体系由印度破产委员会作为最高机构，并涵盖了破产信息系统、破产管理人以及司法机关三个要件，"四支柱"在体系内分工明确、各司其职，分别担任监管、信息、程序管理、司法主体，构建了高效、稳定的印度破产清算程序。

二是对破产解决程序提出了严格的时间限制。为了避免先前制度下破产处置效率低下的问题，印度《破产法》为陷入财务困境的公司制定了严格的破产处置时间表，有助于确保不良贷款问题的及时解决，可使不良资产过多、表现不佳的企业更快地消亡，以便改善资金利用效率，为其他公司提供资源。同时，此举减少了审判机构在破产处置时限上的自由裁判权，从而减少了破产程序中寻租、腐败情况的发生（VIDHI Centre for Legal Policy，2019）。

三是建立了申请对象范围更大、可由债务人发起、强化债权人集体决策以及政府"让利"的破产解决程序。首先，在破产申请上，放开了仅有担保的金融债权人才可提出破产申请的限制，将无担保金融债权人、经营债权人纳入破产申请人的范畴，为所有类型债权人提供了通过申请破产的方式追回欠款的机会；其次，在决策权上，《破产法》将破产处置过程中的大量决策权赋予债权人委员会，增加了债权人在破产程序中维权的途径，有助于提振债权人处置不良贷款的信心；最后，在清偿顺序上，将政府债权放在所有债权之后清偿，使得金融及经营债权人可以提前参与破产方的资产分配，增加了债权人获得清偿资金的机会。

四是创建了双轨制破产程序。《破产法》将金融机构排除在外，作用范围包括除金融机构外的所有公司、合伙和个人的破产事务，而金融机构破产将另有独立、专门的法律来进行规范。同时，《破产法》提供了重整和清算两种程序，推动破产执业者、破产监管人、信息部门及审判机构共同发挥作用，构建既合乎规范又提高效率的破产重整和破产清算程序。

## 三、印度《破产法》的"双轨制"破产处理程序

印度《破产法》对形成不良贷款的公司制定了针对性的破产处理程序，在尽可能挽救破产公司的前提下，对破产处置程序及其各个环节作了明确要求，同时规定破产处理的时限。《破产法》推出了两种破产处理程序，其中，一般破产处理程序适用于所有类型的公司；对于希望快速解决破产问题的小微公司，可以申请快速破产解决程序，以提高破产处理的效率。

### （一）一般破产处理程序

当债务人违约后，债权人或债务人可向法院提出破产申请，法院将对申请进行审核。若申请被法院批准，那么将正式启动破产处理程序。破产处理方案完成后，债权人委员会将对其进行审批。若未通过破产方

案将直接进行清算；若通过，破产管理人则将破产处理方案提交至法院予以裁决。如果得到法院的批准，破产方则可实施解决方案，对公司进行重整，并尽可能地使公司恢复正常运营；若破产解决方案未得到法院的批准，则强制进入清算阶段。《破产法》对于破产处置流程进行了改进，主要体现在以下三方面。

第一，严格限制破产程序的时限。对破产处理的时限加以严格限制是《破产法》的一个核心要求。破产管理人须在提交破产申请之日起180天内提交破产处理方案，如果在该期限内无法完成，在债权人委员会超75%通过的情况下，可延期90天[①]。这不仅避免由于破产处理进程较慢而产生过高的司法成本及社会成本，也约束了司法机关的自由处置权（Gupte，2017）。

第二，引入暂停期。如果法院批准了破产处理申请，从申请批准直至破产方案提交阶段被称为暂停期。暂停期间需要完成任命破产管理人、成立债权人委员会以及拟订破产处理方案。破产管理人由债权人任命，在暂停期间破产管理人接管破产公司董事会的职权，负责公司的各项事务，并组织协调整个破产处理程序，即《破产法》通过将董事会的职权转移给破产管理人来防范管理层随意处置公司资产。债权人委员会由不包含破产主体关联方在内的债权人组成，负责拟订破产处理计划、批准破产方案、延长破产处理程序时限等。所有决定均须获得债权人委员会超过75%的赞成票才能通过。但是，仅金融债权人在债权人委员会中享有所占债务比例的投票权，经营债权人并未被赋予投票权（Raju，2018）。债权人委员会成立后，破产管理人须组织召开债权人委员会会议，在破产清算费用的支付、清偿计划、债权人事务、破产处理方案实施及监督等方面作出合理方案（Datta，2018）。

第三，提升债权人的权益。债权人权益的提升主要体现在赋予债权

---

① 数据来自印度《破产法》，2019 年 8 月 19 日。

人委员会在暂停期间的决策权上。在先前的破产处理框架下，司法机构的大量介入使得破产处理进程过于拖延。在《破产法》体系下，司法机构的职责主要为确保破产处理在遵循法律的前提下进行，所有的决策则由债权人委员会作出（Sengupta, Sharma and Thomas, 2016），同时只有超过 75% 金融债权人同意的情况下，决策才能通过。赋予债权人委员会在暂停期间的决策权，意味着以往以债务人为中心的破产清算模式将被打破，债权人权利得到显著提升，增强了银行等债权人处置不良贷款的信心及作用。

（二）快速通道破产处理程序

印度《破产法》首创了破产解决的快速通道机制，以便更加快捷地对初创公司和小型公司进行破产处理，从而提高破产处理程序的效率。快速通道与一般的破产处理在程序上基本一致，都需经过申请、审核、暂停、提交方案等步骤，但在法律规定上，与一般破产处理程序相比，快速通道破产处理程序有两个突出的差别。

一是设定进入快速通道程序的破产方的门槛。能否采用快速通道进行破产处理，取决于破产方的资产数额及破产公司的性质等。印度破产委员会明确了采用快速通道破产方的门槛：（1）符合 2013 年印度《公司法》定义的小公司；（2）商务部 2017 年所界定的初创企业（合伙公司除外）；（3）上一年度资产总额不超过 1000 万卢比（约合人民币 99.03 万元）的未上市公司。从申请门槛来看，能够进入快速通道破产程序的主体是小型初创公司，此类公司组织程序相对简单，不良贷款规模通常较小，具备快速处理破产的基础条件。

二是缩短破产处理的时限。快速通道破产程序时限从一般破产处理程序的 180 天进一步缩短至 90 天。若遇特殊情况，在大部分债权人同意下可延长 45 天。缩短小型企业破产处理的时限能够在一定程度上加快破产处理的速度，提高破产处置的效率，同时降低司法成本。从国际上看，英国和美国破产处理时间均约一年，新加坡需 0.8 年，快速通道破产程序的时间限制如能确实实施也是国际领先水平。

（三）中印破产处理程序对比

对比印度《破产法》中的快速程序，提升中国企业破产处置效率显得更为急迫。不良贷款和"僵尸企业"的长期存在已经成为我国经济体系中的一项重要风险，在供给侧结构性改革和营商环境建设中，破产处置效率具有举足轻重的地位。我国目前尚无统一的快速通道破产程序，只有在个别基层法院和中级法院开启"僵尸企业"出清和破产处置的快速通道，如广州市中级人民法院所推行的"广州模式"。

除了破产快速通道，印度严格限制破产处理时限的举措更值得中国借鉴。中国现阶段对破产清算的具体期限尚无强制性的规定，在一定程度上降低了破产程序的处理效率。我国破产处理平均近 2 年，落后于英美等国的平均水平，甚至被破产法出台后的印度赶超。为及时清偿银行不良贷款，缓释金融系统性风险，优化社会资源配置，我国应当尝试对破产清算的时限作出规定。

表 11 – 4　　　　　　　　印度与中国破产处理程序对比

|  | 印度 | 中国 |
|---|---|---|
| 破产程序 | 破产申请—破产受理—暂停期—破产解决 | 破产申请—破产受理—破产宣告—破产终结 |
| 破产处理的时限 | 对暂停期有明确时间限制：一般破产处理程序为 180 天，可延长 90 天；快速通道破产程序为 90 天，可延长 45 天 | 对于破产清算的具体期限并没有强制性的规定 |
| 破产的解决方式 | 清算、重组 | 和解、清算、重组 |

资料来源：印度《破产法》、中国《企业破产法》以及作者整理。

# 四、印度《破产法》的实施效果、重要约束与后续修订

从实施效果来看，与印度之前的破产法律相比，《破产法》在提升

破产处理效率、维护银行等债权人权益方面有了显著的进展，在促进信贷市场发展、解决不良贷款、改善营商环境、提振投资者信心等多方面产生诸多积极的影响。同时，该法全面实施面临着一系列的挑战，未来监管当局可能会继续对《破产法》进行统筹和修订。

（一）印度《破产法》的实施效果

《破产法》废除了先前印度关于不良贷款处置的相关法律，自颁布以来取得了一定的进展。截至 2018 年底，累计已有 1298 家公司被纳入破产处理程序，其中，有 52 家公司完成了破产解决方案并通过了法院的判决；有 259 家公司被清算，其余的主体仍在拟订破产处置方案①。随着进入破产程序主体数量的提升，印度破产处置环境有所改善，2018 年印度破产解决的 DFT 分数为 40.84 分，较《破产法》出台前的 32.59 分明显提升；在破产解决难易程度的排名中，印度在 189 个国家中位列 108 名，较 2015 年跃升了 28 位；在世界营商环境的排名中，2018 年印度位列 77 名，和 2015 年的第 130 名相比有了显著改善②；2018 年海外投资者在印度并购金额达到 395 亿美元，印度超过中国成为最受青睐的并购目标市场③。

《破产法》缩短了企业破产处理的时间。在《破产法》出台前印度破产程序平均耗时 4.3 年，而英美等发达国家的破产程序约需 1 年，中国则需要 1.7 年。《破产法》对企业破产处理实现进行了明确的限制，使得破产案件快速解决。截至 2019 年底，印度破产程序平均耗时已下降到 1.6 年，印度破产案件处理效率大幅提升，这有助于确保不良贷款问题的及时解决，避免破产处理进程较慢而产生过高的司法成本及社会

---

① 数据来自 EY，"*Insolvency and Bankruptcy Code：The Journey So Far and the Road Ahead*"，2019 年 8 月 30 日。

② 数据来自《2016 世界银行营商环境报告》及《2019 世界银行营商环境报告》，2019 年 8 月 22 日。

③ 数据来自 Dealogic 数据库，2020 年 1 月 10 日。

成本。

《破产法》提升了企业破产清算的价值保障。《破产法》通过明确申请条件、规范破产清算处置程序、引入破产管理人专业运作等创新，使得破产企业违约后可回收比率得到了提升。2015 年印度企业违约后可回收比率为 25.7%，《破产法》引入之后，该比例呈现持续小幅提升的态势，2016 年、2017 年和 2018 年分别提升至 26.0%、26.4% 和 26.5%，这也代表《破产法》对债权人的权益保障得以加强[①]。

随着印度金融市场对《破产法》的逐渐适应和接纳、破产处理专业人才的不断补充以及监管当局对《破产法》的逐渐修订完善，2019 年印度银行业不良贷款率较前一年下降 2.1 个百分点，其中，国有银行不良贷款率下降 3 个百分点，不良贷款总规模减少逾 1 万亿卢布[②]，提升了印度银行业的资产质量。长期积压的不良贷款压力有所缓释，国有银行在钢铁、电力以及基建产业的不良贷款敞口正在呈现收拢态势。

（二）印度《破产法》实施的制约因素

印度《破产法》自颁布以来取得显著成效的同时，在实施过程中同样存在部分显著的制约因素，如破产法律程序的不确定、债权人委员会职责过于烦琐、破产处理法定时限偏短以及政策协调难题等。

1. 破产法律程序的不确定性。自《破产法》出台以来，印度破产委员会又相继出台了多项修正案，对之前的版本进行修改。在修正案出台之际，一些正在进行破产处理的公司就会面临前后法规不一致的问题，致使破产处理进程放缓甚至停滞（EY，2017）。

2. 债权人委员会职责过于烦琐。债权人委员会职责不仅包括批准破产处理方案等一系列重大事项，还包括一些烦琐行政事项的批准，这也降低了破产处理的速度和效率。当存在多个类型债权人时，存在集体行

---

① 数据分别来自《2017 世界银行营商环境报告》《2018 世界银行营商环境报告》《2019 世界银行营商环境报告》，2019 年 8 月 30 日。

② 数据来自 CEIC 数据库，2020 年 1 月 10 日。2019 年印度银行业不良贷款率仍高达 9.1%。

动困难，导致破产处理难以满足规定的时限（Ghosh，2019）。

3. 破产处理时限偏短。《破产法》出台之前印度破产处理时间平均约4.3年，对于破产处理时限约束过严反而弱化政策效力[1]。截至2018年底，在52家按照拟定破产计划完成了破产处置的公司中，超过一半（35家）的公司超过了270天的时间限制[2]。

4. 政策统筹较为困难。《破产法》致力于提升不良贷款处置效率、提高印度企业破产清算效率，但是，由于印度通胀压力较大、资本流出较为显著，2018年6月和8月印度持续加息，使得不良贷款率快速上升。《破产法》虽提升了不良贷款处置效率并提高了违约后可回收比率，但是难以遏制不良贷款率持续攀升的趋势。

（三）《破产法》的修订完善

为了进一步完善《破产法》及其不良贷款处置、企业破产清算的机制，2019年7月24日印度财政部长西塔拉曼（Nirmala Sitharaman）在印度上议院提出了《破产法》（修正案），对2016年出台的《破产法》部分内容进行了修订，印度上议院和下议院分别于2019年7月29日和8月1日通过了该项法案。该项修订案主要在破产处置的时限、债权人投票程序、业务债权人清偿标准方面进行了修订或完善。

一是将破产处置的时限延长60天。由于破产处理程序中各利益相关者之间的诉讼阻碍了破产处置的进程，大部分案件超过了《破产法》（2016）中规定的最高270天的破产处理时限。修正案适当延长了破产处理时间限制，规定自破产程序开始之日起须在330天内完成破产处理方案和相关诉讼。

二是简化债权人的投票程序。2016年《破产法》规定所有金融债权人在债权人委员会会议中直接按债权比例进行投票，在修正案中，将根

---

[1] 数据来自《2016世界银行营商环境报告》，2019年8月22日。

[2] 数据来自EY，"*Insolvency and Bankruptcy Code: The Journey So Far and the Road Ahead*"，2019年9月3日。

据类别对金融债权人进行划分推选出授权代表，进而授权代表将代表各自类别的金融债权人在债权人委员会中进行投票。该项修订使得投票程序分层次进行，一方面可使授权代表更有效地参与债权人委员会会议，令决策过程顺利进行；另一方面简化了债权人委员会的投票程序，避免了先前所有金融债权人共同投票引发的投票程序无序和低效的现象。

三是规范经营债权人清偿标准。2016年《破产法》指出破产解决方案必须确保经营债权人收到的金额不应低于清算时其应得到的金额，修订案对这项规定进行了调整，规定向经营债权人支付的金额应为以下两个金额孰高者：清算时经营债权人应得到的金额或拟订的破产解决方案中经营债权人应得到的金额。该项修订将增加经营债权人回收债权的金额，可视为对其在债权人委员会中不享有投票权的补偿，有效维护了经营债权人的权益。

# 五、印度《破产法》对中国破产法律体系完善的启示

在经济转型持续深化和金融改革进入攻坚期的大背景下，我国经济仍然面临较为显著的下行压力，不良贷款规模或将持续攀升，企业破产清算的需求不断增强。在我国，司法处置作为不良贷款最后处置方式已深化发展，但仍存在较为显著的完善空间。我国应借鉴印度破产法改革的经验，推进我国破产清算的法律框架建设，为不良贷款处置及其效率提升提供法制化渠道。

（一）中国破产法律框架及其短板

在破产法律制度上，需重点完善《破产法》特别是个人破产制度。2007年6月1日起施行的《中华人民共和国企业破产法》是在1986年《企业破产法（试行）》基础上多次修改完成的。其他诸如《公司法》《证券法》《保险法》等也对企业破产清算作出相关规定，《企业破产法》注重与这些法规内容的衔接，致力于维护破产法律制度的统一（李

曙光，2006）。但是，《破产法》历经 10 余年仍有许多完善之处，同时，我国破产制度仅对企业破产问题作出规定，尚未建立个人破产制度（刘冰，2019）。

在破产管理结构上，需在破产监管部门设立、专业审理机构发展以及破产管理人等领域进行强化。与印度相似，我国同样引入了破产管理人制度，破产管理人由法院进行选任和指定。我国破产管理结构相对合理，但仍存在三个问题：（1）未设立专门的破产监管机构。印度破产委员会统筹协调职能较强，为《破产法》决策和实施打下了实证基础。（2）未设立专门负责审理破产案件的司法机关。目前我国地方法院的审判负担过重，部分审判人员并不具有专业的破产审判知识，影响了破产审判的实际效果（赵万一，2018）。（3）破产管理人的业务能力和选任制度存在欠缺。我国破产管理人在企业经营管理、资本市场的知识方面有所欠缺，专业化能力较弱；同时，我国破产管理人由法院指定，这容易出现破产管理人与破产案件的匹配性较低（聂晶和方资，2018）。

在破产处置流程上，整体处置流程较长。《企业破产法》制定了完善的破产处置程序，具体分为破产申请、破产受理、破产宣告以及破产终结等四个阶段。我国破产处置流程分阶段进行、过程明晰，致力于保障债权人的利益，是我国破产法律框架中关键的一环。但是，按部就班的破产处置程序十分冗长，对不良贷款规模小、债权债务关系简单的小微企业和中大型企业适用相同的破产处置程序会限制破产处置效率（赵树文和王嘉伟，2017）。

由于小微企业数量远多于大中型企业，破产清算适用性需进一步提高。我国清算程序是在重整、和解等方式都无法挽救企业的前提下需要进行的必要程序。破产企业应当自破产宣告之日起成立清算组，通知债权人申报债权，随后召开债权人委员会会议，以确定破产企业资产和债权人的债权，进而按照清偿顺序对债权人进行清偿，清偿完毕后清算程序结束。在清算程序中，允许债权人申报债权并经过债权人委员会进行确定，赋予了债权人决策权，有利于维护债权人的权益。我国债权清偿顺序具有一定的缺陷，税收债权顺位高于普通债权，会降低不良贷款的回收比例。

（二）印度《破产法》对中国的启示

印度通过出台《破产法》，在完善破产处置体系、提升破产处置效率、增强债权人的权利三个方面成效显著。当前我国不良资产规模较大、亟待解决，印度通过出台《破产法》、运用司法途径解决不良贷款的方式，对我国具有重要的借鉴意义。

1. 完善我国破产法律制度。一方面，我国应该推出涵盖个人破产法的破产法制体系。印度在整合以往多部涉及破产法律的基础上推出了涵盖有限责任公司、合伙企业及个人的破产单行法。我国目前适用破产的法规为《企业破产法》，个人破产并没有纳入我国破产法制体系。如今自然人已成为促进我国经济发展的主要推动者之一，其引发的不良贷款数额也不容小觑，我国目前的破产制度却未能通过司法途径对自然人的不良贷款进行处置。因此，我国应在逐步完善企业破产制度的前提下，建立适用于个人破产的法规框架，扩大我国破产主体的适用范围，逐步完善我国破产法律制度。另一方面，我国应设立快速破产解决程序。印度《破产法》首创了快速通道破产解决程序，旨在提高小型企业的破产处理速度。我国也应建立适用于小微企业的快速破产处置程序，在保障破产流程与当前程序一致的前提下，根据企业的违约金额、债务关系复杂程度以及风险隐患等因素设立进入快速程序的门槛，同时缩短破产审理的期限，加快破产处理的速度。当然，如快速通道破产处理程序不适用于破产企业的实际情况，则需将其转入常规程序。

2. 加强破产处置司法体系建设。我国应继续完善不良贷款司法处置的机制，设立专门负责审理破产案件的司法机关，分别设立负责企业和个人破产案件的专业性破产法院。印度监管当局面对规模庞大的不良贷款和大量的待破产清算企业，致力于通过司法途径予以处置。2019 年初，深圳、北京、上海先后成立破产法庭，对提高破产审判专业性、改善营商环境以及处置银行不良贷款有着标志性意义。我国应在此基础上继续推广地区性破产法庭建设，具体交由地方法院和中级法院管辖，并且在解决民商事纠纷和不良贷款处置时，完善立案、审判、执行、破产工作机制。

3. 完善破产管理架构。在破产管理架构方面，首要任务是增设政府破产政策与监管机构。印度为统筹协调整个破产处置法律制度建设而创立国家层面破产委员会，其在破产法改革中起到了关键性作用。根据中国国情，应单独设立或在相关部门下设置专门性的破产政策与监管机构，跟踪破产法实施情况，有效统筹利益相关方，逐步完善破产法律制度框架。

除设置专门政策机构外，制度方面应该强化破产管理人制度的建设。首先，对破产管理人按资质进行分级管理，在破产管理人的指定上按照破产案件复杂程度与破产管理人等级相适应的原则，根据破产案件的具体情况指定破产管理人，改变我国破产管理人随机指定的现状；其次，建立相应的破产管理人奖惩评价制度，以激励破产管理人提高破产处置水平，同时对破产管理人不合规操作进行约束；再次，建立破产管理人的行业自律机制，为破产管理人提供统一的行为规范，以便形成专业化、市场化的破产管理人体系（聂晶和方资，2018）；最后，应该将破产管理人的管理、考核等权力划归破产政策与监管机构，法院只作为裁决中立人参与破产案件，实现审判与管理的分离，提高司法廉洁性与审判效率。

此外，在针对破产企业管理方面，应该加强金融机构责任制度建设。在解决银行不良贷款时，除完善银行业绩考核与责任制度外，应建立银行能够及时主动申请企业进行破产重整和破产清算的责任制度，对于未及时履行责任申请破产的银行债权方，应该追究其经济责任。

4. 构建破产处置信息系统。破产处理过程中，信息不对称是造成破产效率低下的重要因素之一。印度《破产法》引入了破产信息系统这一要件，有效地储存了债务人的相关信息并验证其信息的真实性。我国虽然有设立专门为破产处置服务的信息系统，然而当前社会信用体系存在信息范围窄、质量不高、欺诈信息严重等问题，很难为破产处理提供真实有效的信息。我国应当在既有的破产处置信息平台基础上，继续发挥政府的主导作用，大力推广专门服务于破产处置的信息系统，并设立相关的信息审核标准，以确保债务人信息的真实性。

5. 建立不良贷款市场化处置机制。不良贷款司法处置应以市场化处置作为前提。印度《破产法》颁布后，不良贷款处置取得积极进展，可回收率稳步提升，营商环境也有所改善，尤其在修订完善后，印度不良贷款规模和不良贷款率居高不下的局面得到有效缓解。不过，印度《破产法》仍是一部新法律，即使在近三年内取得了不错的成绩，碍于印度宏观经济环境变化、货币政策紧缩以及不良贷款处置市场化机制不健全等因素，印度银行业不良贷款率高企问题在短期内无法实质性扭转。从印度的经验看，不良贷款主体的破产清算或不良贷款的司法处置需要满足市场化条件才能够成为不良贷款处置的核心机制或主要机制。一定程度上，不良贷款司法处置应该以不良贷款市场化处置作为前置条件。

# 第十二章　国际货币体系改革与全球金融安全机制构建：关联与问题

## 一、引言

美国次贷问题逐步演化为国际金融危机，国际社会围绕金融危机应对以及布雷顿森林体系历史作用与当前国际货币体系改革方向的相关讨论不断深化。但是，随着欧洲主权债务危机度过最艰难时刻，美国经济逐步复苏，国际金融危机的负面冲击被渐渐淡化，全球金融稳定和安全似乎不再是国际社会关注的核心问题。然而，考虑到国际货币体系改革与全球金融稳定和安全具有密切的内在关联性，国际货币体系的改革方向将会深刻影响未来全球金融体系的演化与稳定。那么，未来国际货币体系改革路在何方？未来全球金融安全的机制安排将会如何构建？这无疑是当前国际多边合作必须持续、深入讨论的重大问题。

很大程度上，全球金融安全体系的构建既是国际社会应对金融风险和危机的历史，也是国际货币体系改革的历史。国际货币体系改革和全球金融安全体系建设的波峰往往是金融危机最严重的时刻，而一旦危机有所缓和，国际货币体系改革和全球金融安全网搭建又面临着诸多现实问题的约束以及各种利益博弈的掣肘。因此，系统回顾国际货币体系改革，对进一步完善全球金融安全网构建而言是一项非常重要的基础性工作。

布雷顿森林体系建立后的 70 多年时间里，国际货币体系的核心问题是美元作为国际储备货币的内在缺陷及其相关的国际收支失衡，而全球金融安全体系的任务很大程度上是应对美元作为储备货币所引发的国际贸易、金融和货币体系的不稳定性。换言之，美元作为国际储备货币的内在弊端不仅是国际货币体系失衡的根本原因，也是全球金融安全体系构建的根本制约。即使美国爆发了历史性的金融危机，但是，美元及其在国际货币体系中的地位和作用并没有因危机而实质性弱化。

国际货币体系改革和全球金融安全网建设从一定意义上而言是一部应对美元本位制内在缺陷的抗争史。20 世纪 60 年代，随着美国经常项目逆差不断扩大，双挂钩的布雷顿森林体系难以持续，全球金融稳定与安全受到了美元危机的冲击，国际货币体系出现了超主权货币（特别提款权，SDR）。但是，随着美元危机的淡化，超主权货币并未能如愿地成为保障金融稳定和安全的利器。此外，随着美国国际收支失衡的恶化，布雷顿森林体系最终破产，国际货币体系陷入了"没有体系的体系"。20 世纪 80 年代以来，美国持续的经常账户赤字造成美国对外净资产演变为对外净负债，且负债规模逐渐上升，美元本位的特里芬难题不断累积，风险持续积聚，不合理国际货币体系下的美元过度发行给全球金融稳定和安全带来了极大的隐患。

新世纪以来，全球国际收支失衡日益成为困扰美元本位制的突出问题。美国经济增长模式呈现出过度消费的特点，经常项目逆差不断扩大。外围国家对全球储备货币的需求日益增长，由于外围国家只能通过商品与服务贸易的顺差来获得全球储备货币，这就造成新兴市场国家形成了持续的经常账户盈余，而美国则形成了持续的经常账户赤字。美国经常账户赤字的不断扩大引发了市场对于全球国际收支失衡可持续性的担忧。与布雷顿森林体系下的美元与黄金可兑换性相比，美国维持币值稳定的承诺的可信度和公信力要更低，但是，美国政府对美元汇率以及经常账户逆差采取了一种"善意忽略"的态度，美元超发及其外溢效应使得全球流动性严重过剩，在内部缺乏货币发行机制和外部缺乏公信力的条件下，国际金融危机最终爆发（Manasse and Roubini，2005）。

自国际金融危机爆发以来，对国际货币体系弊端的研究和声讨层出不穷。国际货币体系的不合理性是本轮金融危机爆发的制度性根源之一（Trunman，2010）。以美元为主导的国际货币体系存在内在的不均衡性和不稳定性，被认为是当前国际货币体系不合理和全球金融安全的重大制度弊端。在二十国集团（G20）领导人金融峰会的推动下，国际货币体系改革取得了一定的进展，布雷顿森林机构在风险处置、危机应对和政策调整等领域也发挥了一定的作用（G20，2009）。直到 2015 年 12 月底，美国国会才批准 IMF 的 2010 年改革方案，以治理结构改革来推进国际货币体系改革的路径较难被打通。更重要的是，国际货币体系的内在缺陷在金融危机之后本质上没有缓解，其对国际金融体系的稳定和安全的威胁依然存在。

基于全球金融稳定和安全的需要，我们需要回顾国际货币体系改革及其与全球金融安全的关系，深化国际货币体系与全球金融安全体系建设的内在机制分析，深入剖析国际货币体系改革存在的诸多问题与约束，以更好地为国际货币体系改革和全球金融安全体系构建提供更具针对性的政策建议。

## 二、国际货币体系改革与全球金融安全机制构建的具体关联

从过去 70 余年国际货币体系演进的大致历程可以看出，国际货币体系改革主要是危机应对的结果，而重大的国际金融危机往往又和国际货币体系的内在缺陷弊端紧密相关。国际货币体系是维系金融稳定和安全的重大制度保障，这种以风险处置和危机应对为基础的国际货币体系改革决定了其与全球金融稳定与安全的内在联系，然而，与此同时，国际

货币体系又是全球金融稳定和安全的一个"定时"炸弹，每当体系的内在风险累积到一定程度，全球金融安全就将受到重大的挑战。换言之，全球金融稳定和安全在很大程度上取决于国际货币体系自身的稳定性和安全性，同时也取决于国际货币体系改革的进展。国际货币体系对全球金融安全的影响具有鲜明的两面性。

（一）全球金融安全的理论分析

为了厘清国际货币体系与全球金融安全的逻辑关系，需要重点解决两个理论问题：一是如何科学界定全球金融安全的定义，二是如何搭建全球金融安全与国际货币体系之间的内在关联性。

1. 全球金融安全的界定。金融是涉及货币及信用的所有经济关系和交易行为的集合。金融安全的定义本质上就应该是与货币流通以及信用相关的经济活动的安全性，是一个比稳定更加全面和复杂的界定（王元龙，2004）。在开放条件下，金融全球化的内在影响具有两个层面：一方面，通过资源配置的全球化，来重构产业链及其金融支撑体系，从而促进全球经济的稳定、发展和繁荣；另一方面，金融全球化实际上是金融风险在全球的重新分配，从而形成了一个更加复杂的跨境风险关联体系，爆发重大的金融危机的可能性因此加大。凡是与全球货币流通及信用直接相关的经济活动都属于金融安全的范畴。在开放条件下，一个经济体的经常项目和资本项目的各个领域都与金融安全直接相关。换言之，全球金融安全是开放条件下与全球货币流通及信用直接相关的经济活动所蕴藏的金融安全问题。

2. 全球金融安全与国际货币体系的内在联系。国际货币体系与一个经济体以及全球的金融安全紧密相关。采用狭义定义，国际货币体系主要包括如下几方面内容（刘沛、卢文刚，2001）：一是各国货币兑换比率（汇率）的确定；二是各国货币的可兑换性以及对国际支付的规则与限制性措施；三是国际收支的调节机制；四是国际储备货币与储备资产的确定；五是资本自由流动是否受到限制等。这五个方面的内容都是开放条件下各个经济体无法回避的问题，也是国际货币体系改革的基本内容和全球金融安全的核心领域。

国际货币体系对全球金融安全的影响远远超越了金融的范畴。安全的概念本来更多是从国际关系与政治，或者宏观国家利益的角度出发的。有研究认为，金融安全是对"核心金融价值"的维护，这其中涉及三个重要内容：一是金融本身的核心价值，体现为金融资产安全、金融制度稳定和金融体系平稳、有序和健康发展。二是与金融相关的国家利益或国家的"核心价值"，而不是国家经济、军事和政治领域的安全。三是金融主权，即对国内金融政策、体系运行和发展的有效控制。

国际货币体系中不同成员的相对地位和作用决定了各经济体维护金融安全的能力大小。现行国际货币体系中，美元、欧元、日元、英镑等是主要的国际储备货币。美元由于享有一定程度的霸权和主导性的国际金融规则制定权，在国际货币体系中占有主导性，在一定程度上可以转嫁金融风险，使内部的金融安全问题转变为其他国家的金融风险。比如，国际金融危机之后，欧洲发生了主权债务危机，新兴市场经济体的宏观、金融和货币风险也不断累积。2014年以来，阿根廷比索、俄罗斯卢布、印度卢比、印度尼西亚卢比等都遭遇了严重的贬值压力，这是美元霸权主导的国际货币体系的不对称外溢效应的最佳体现。

在金融全球化过程中，各国的金融体系事实上成为国际货币金融体系的有机组成部分。国际货币体系的内在缺陷、中心国家宏观政策的外溢效应、对跨境资本流动的管理缺位以及快速信息传播的相互作用，导致一个局部失衡往往容易叠加与扩散，从而形成全球性失衡、全球性风险乃至全球性危机。

（二）国际货币体系与危机救助及处置

危机救助及处置是连接国际货币体系与全球金融安全的第一个逻辑内涵，国际货币体系的核心职能就是金融危机的应对及处置，是全球金融安全三大支柱之一。以 IMF 为代表的危机处置机制的改革与完善，顺应了全球金融安全机制构建的趋势。

1. 金融安全体系的三大支柱与危机应对职能。金融稳定与安全体系由三大支柱组成：一是由法律和规章所确定的金融机构业务范围的监管框架；二是对金融机构的风险评估和合规行为的监测检查，以及对系统性风险的监测与应对；三是金融危机的处置机制。这三个支柱的构建不仅与各个经济体的中央银行、监管机构的工作相关，在开放条件下与国际货币体系的职能也紧密关联（刘辉煌，2001）。

IMF 的核心职能之一就是处置国际收支失衡及其引起的风险与危机。从 2002 年起，IMF 开始出版全球金融稳定报告，主要目的就是甄别与防范全球金融体系的系统性风险、结构性缺陷以及风险在不同金融机构和不同经济之间的关联传染。作为对全球金融稳定和安全的一个常规监测机制，该报告特别致力于解决由不同经济体之间的信息不对称引发的金融脆弱性和安全性。Radelet 与 Sachs（1998）曾经指出，政府和国际组织对危机处置的恰当性是特定经济体中金融危机有效处理的重要保障。如果一个经济体出现金融恐慌，且政府和国际组织对危机处置不当，就可能使得该经济体的基本面恶化所引发的恐慌不断升级，导致市场崩溃与资金外逃，甚至引发货币与金融的双重危机。

2. IMF 危机应对框架的改革。在 2009 年 4 月二十国集团伦敦峰会召开之前，IMF 执董会通过了对 IMF 危机应对处置特别是贷款职能进行系统性改革的方案。该方案的核心思路是对处于不同经济形势以及不同外部环境下的成员提供更大规模以及更加量体裁衣式的贷款，其主要目标就是提升 IMF 应对危机的机制、资源、能力和弹性，具体包括提高贷款规模、调整贷款条件、推出弹性贷款机制、增强备用协定等七项措施（IMF，2009）。

（三）国际货币体系与流动性管理

在全球经济金融一体化的进程中，流动性成为连接各个经济体资本运作的有效载体。但是，不同时期不同经济体的金融风险和危机经验表明，流动性是金融安全与稳定的重大内生变量，流动性管理是防范金融风险、维持金融稳定和保障金融安全的基础支撑，也是国际金融危机以来国际社会重点关注的风险领域之一，货币互换和全球流动性管理协调成为重要的政策举措。国际货币体系具有流动性管理的职能，这是国际货币体系与全球金融安全机制建设的第二个内在逻辑。

1. 国际货币体系的流动性管理职能。流动性管理是国际货币体系的一个基本职能。但是在过去相当长时间内，国际货币体系的流动性管理职能并不完善。从拉美债务危机、英镑里拉危机、东南亚金融危机以及新近的美国次贷危机以及欧洲主权债务危机中，都可以看到国际流动性管理机制存在较大缺陷。国际短期资本的流动使全球金融体系的稳定和安全面临巨大冲击，特别是基本面存在问题的经济体往往成为短期资本的攻击对象，从而爆发银行资产负债表危机、货币危机乃至金融、经济危机，以致陷入更加复杂的境地。

流动性是国际金融体系正常运行的基本支撑。国际货币体系的流动性管理往往具有顺周期的特征，这通常又与银行部门的顺周期性紧密相关。比如，在2007年次贷危机之后，国际组织提高了对宏观审慎和流动性管理的要求。巴塞尔新资本协议强化了资本金和流动性的要求，大部分美国和欧洲的系统重要性银行大大减少了做市商的承诺，这使得银行等金融机构的相关流动性管理行为发生明显改变。例如，做市商银行大幅减少了公司债券的库存水平，这不仅影响了二级市场的流动性，更为重要的是使得市场波动性和脆弱性显著增大，使得部分发展中国家及其中小企业获得融资的可能性大大降低，也使得相关经济体的金融稳定和安全面临新的挑战（Kaminsky and Reinhart，1999）。

但是，流动性也是国际货币体系对全球金融安全影响的两面性呈现得最为鲜明的一面。在美元作为国际储备货币的前提下，典型的流动性问题本质上与特里芬难题紧密相关。在美元发行机制不受约束的条件下，美国经常项目失衡的恶化，必然导致美元过度发行，从而导致全球流动性的过剩及泛滥，进而提高了全球金融体系的脆弱性，使全球金融稳定和安全面临巨大风险。尽管 IMF、国际清算银行等国际金融机构强化了全球流动性的管理，但这些组织无法解决由于美元行使国际储备货币职能而引发的制度性问题及其相关的流动性问题。

2. 货币互换成为流动性管理的新机制。国际金融危机之后，主要央行之间的货币互换协议本质上也属于国际货币体系的流动性管理的范畴，只是流动性管理的主体从 IMF 等国际机构转化为主要的货币政策当局。这种制度安排作为以 IMF 为核心的流动性救助机制的补充，在危机应对和流动性管理方面发挥了实质性的作用，至少稳定了市场的预期，保障了金融体系的安全。

以美元互换协议为例，通过创建双边美元互换，美联储成功地在全球范围内扮演了最后贷款人角色：首先，美联储以外国货币为抵押品向外国中央银行提供了贷款；其次，外国中央银行又在自己辖区内通过美元拍卖的方式提供资金。美联储通过双边美元互换机制间接地为外国银行融资，既缓解了后者的流动性压力、降低了融资展期风险，又增加了融资成本的可预见性，这降低了外国金融机构在融资紧张时抛售美元资产的必要性，因此有助于维护全球金融市场稳定和安全（张明，2012）。Obstfeld 等（2009）发现，如果将 M2/GDP 指标纳入判断外汇储备是否充足的评价体系，则在 2007 年至 2008 年与美联储签署双边美元互换的国家中，除日本与新加坡外，其余均是实际外汇储备规模低于充足外汇储备规模的国家。美元互换协议的签署极大地增强了这些国家提供美元流动性、干预金融市场的能力。Rose 与 Spiegel 的实证研究（2012）发现，货币互换协议的签署使得那些通过贸易或金融渠道与美国联系紧密的国家获益匪浅，双边美元互换机制降低了 LIBOR – OIS 息差的水平与波动性。

3. 全球流动性管理协调机制。全球货币互换联盟本质上没有改变主权货币作为国际储备货币的局面，同时需要 IMF 进行实质性的治理结构改革以建立良好的货币互换和流动性管理框架。此外，货币互换、区域流动性安排以及 IMF 主导的救助机制可能存在替代关系，从而引发严重的机会主义（Henning，2011）。国际货币体系改革在金融安全体系的建设方面，特别是流动性管理机制上仍然存在重大的问题。康德苏报告就指出，全球经济体系日益一体化，重要国家的经济政策可能具有显著的外溢效应，比如一国政策可能对其他国家的流动性管理带来负外部性。因此，各国的流动性管理应该纳入全球治理的范畴，最终目标是建立流动性管理的全球协调机制（刘东民，2011）。

（四）国际货币体系与汇率稳定

国际金融交互的本质实际上是交易，交易的核心要素就是价格。汇率作为不同经济体货币价格的比率，是各个经济体之间经济、贸易和资本往来的核心金融要素价格。布雷顿森林体系建立的初衷，就是以汇率作为载体，有效调整成员之间的贸易和资本失衡，从而促进金融稳定与金融安全。汇率机制是国际货币体系与全球金融安全的第三个内在关联机制。

1. 汇率稳定是金融安全的基本表现。在开放条件下，相关经济体主要通过经常项目、资本项目以及相关的汇率机制相互联系在一起。一定程度上，金融安全是全球化下的必然议题，金融安全是应对金融全球化负面影响的产物（王元龙，2004），金融安全已经成为国际货币体系及其相关的机构、制度和机制应对的重要战略，以熨平国际货币金融体系的传染效应和溢出效应。

汇率的稳定是发展中国家较为重要的政策目标，也是其金融安全的基本内容之一。新兴市场经济体通过相对稳定的汇率可以保障经常项目和资本项目收支的相对稳定性，同时也有利于国内结构调整和金融改革。但是，在现行国际货币体系下，浮动汇率制度成为西方国家重点推动的制度改革，也是 IMF 等布雷顿森林机构大力推进的制度安排。值得注意的是，国际货币体系的中心—外围经济体具有严重的不对称性，美国的货币政策将通过美元指数的变化强加于外围经济体，使外围经济体成为美国政策调整的被动接受者，即"我们的货币，你们的问题"。

2. 发达经济体汇率波动的外溢效益。IMF 在其 2014 年度外溢效应报告中就指出，主要发达经济体的货币政策具有全球性的外溢效应。特别是美英央行主导的潜在加息行为将使全球利率水平实质性上升，政策的挑战性要比过去几个紧缩周期更加复杂，而外溢效应的大小取决于美英央行政策调整的步伐以及受冲击经济体的内在脆弱性。作为核心国家货币，美元汇率具有极强的外溢效应，而国际货币体系的目标是熨平各国汇率的波动性，但是，这种由于美元汇率政策被美国政府刻意忽视的制度弊端，使得国际货币体系在应对汇率波动风险中的能动性极其有限。在一定程度上，国际货币体系对汇率体系的管理甚至无法弥补美元汇率波动对全球金融安全体系造成的影响。这是国际货币体系对全球金融安全两面性影响的又一个重大表现。

在 2015 年 4 月之前的 9 个月，美元对其他主要货币的升值幅度大于 1981 年以来的任何时期，这个结果不仅反映了不同经济体之间的不同方向的货币政策，也是不同经济体增长预期及其相关的实际利率水平的差异性的表现，还是国际货币体系的不均衡性所导致的。IMF 就曾强调，围绕美元汇率变化的金融稳定风险正在累积，而且负面冲击将会非常集中，并已经对存在潜在脆弱性的部门和经济体产生了重大影响。在不均衡的国际货币体系下，信贷市场上的持续冒险和结构性变化使得金融稳定和安全问题从发达经济体转向新兴市场经济体、从商业银行转向影子银行、从偿付风险转向市场流动性风险。全球金融体系实际上又处在一个风险逐步累积的过程，只是这个阶段的风险主体已经从发达经济体更多地转向了新兴市场经济体和发展中国家。

（五）外溢效应下的金融体系改革与安全问题

国际货币体系的不对称性和外溢效应，使得外围经济体的汇率稳定和外债负担成为金融安全的重大隐忧，国际货币体系的中心国国家政策外溢效应及其对金融稳定与安全的影响，是国际货币体系与全球金融安全之间的第四个内在关联机制。一旦短期外债与外汇储备的比例出现严重失衡，短期外债占整个外债规模的比例和短期外债占 GDP 的比例如果过大，将会使一个经济体面临外债风险，而一旦汇率波动过大，可能使该经济体的外债出现实质性重估，进而引发偿付问题，这是拉美债务危机的内在逻辑。Chang 与 Velasco（1999）曾经指出，当一个经济体在经历持续的外国资本流入之后，短期外债将可能因为国外投资者之间的协调问题而造成整个经济不能实现帕累托最优，从而引发潜在的金融风险，甚至整个金融体系的安全问题。这个逻辑得到了 Krugman（1999）的认同，并随之成为第三代金融危机模型的内在机理。在不合理的国际货币体系中，私人部门的外债水平越高（特别是短期外债占比过大），外币的风险头寸越大，资产负债表扭曲效应的冲击就越明显，金融稳定和金融安全问题就将越突出，为此国内金融改革和结构调整的压力就越大。在面临重大外债风险的情况下，进行非审慎的金融改革往往会引发重大的金融安全问题。

国际货币体系改革还涉及相关经济体内部的金融监管框架调整。这种改革主要目的是防止监管体系的问题引发监管套利，从而对全球金融安全造成冲击。在重大的金融风险或金融危机爆发后，关于国际货币体系和监管框架的改革都无一例外地成为重要议题，金融危机内生地要求国际社会进行更为重大的国际合作和更加深化的监管改革。在新的监管规则和法律框架下，金融服务的供给将会发生实质性改变，银行业务模式、市场流动性以及信用可得性等都面临结构性的调整，从而引起整个金融体系的机构、产品以及市场等的变化，主要目的就是防范跨界的金融监管套利行为。

国际货币体系以及相关的国际组织的常规性监测对于相关经济体的金融发展、稳定、安全以及金融改革等都具有重大的影响。比如，IMF

所进行的经济、金融、货币以及财政领域的监测及其报告，比如《世界经济展望》《全球金融稳定报告》《财政监测报告》对于成员都具有重要的改革参考意义。再比如巴塞尔银行监管委员会是全球银行业监管的标准制定者，其监测报告甚至日常的工作论文都对成员的银行业监管、改革以及整体的金融稳定与安全具有实质性的指导意义。

（六）国际货币体系治理框架与金融安全

治理框架是国际货币体系与全球金融安全之间的第五个内在关联机制。在一定意义上，国际货币体系是全球经济治理框架的基本内容之一，承担了诸如国际收支失衡、全球金融风险处置、国际金融市场发展以及全球金融安全等诸多任务。例如，对金融危机的治理，应该是从危机的整个生命周期出发进行有效的应对和处置。基于金融危机在潜伏、爆发、扩张以及处置等不同阶段的现实要求进行针对性的应对和改革，这是国际货币体系的基本任务之一。其中治理的主体就包括各个经济体、地区货币金融当局、区域性货币金融合作组织以及多边性国际经济组织，其合作和处置的内容包括经济资源、智力资源、技术以及不同治理主体的协调等，而这是国际货币体系合作的基本内涵之一。

在全球经济金融日益一体化的背景下，金融风险与金融危机的传染是在国际间通过多渠道、多方式进行的，涉及经济体以及整个金融体系的稳定和安全。危机的治理也需要国际视角，而国际货币体系及其相关的机构一直以来是主要的治理主体。比如，国际货币基金组织（IMF）作为全球金融稳定和安全的处置主体之一，在东南亚金融危机中由于条件苛刻性和自利行为而广受诟病，但是，从其危机的应对、结构的调整以及政策的深化等方面看，IMF 在危机治理中发挥了实质性的作用（Krueger，1997）。同时，IMF 在危机救援中由于诸如财政整固、金融改革、市场化等政策引发了相关经济体的进一步紧缩甚至衰退，但就中长期而言，如果改革的进程是平稳的，那么中长期的经济绩效还是显著为正的。换言之，IMF 的危机救援在很大程度上是积极有效的，对于保障陷入危机的经济体的金融稳定和安全提供了支撑（陈晓莉，2005）。

作为全球最重要的金融稳定机构，IMF 面临重大改革，其治理结构改革成为国际货币体系改革的核心内容之一。首先，IMF 得到二十国集团伦敦峰会的支持，将其基金额度扩充至 7500 亿美元，增强了基金可支配资源；其次，IMF 试图进行治理结构的调整，例如提高新兴市场国家在 IMF 中的份额和投票权，使之与新兴市场国家在全球经济中的地位相符；再次，IMF 决定强化经济监控职能，从侧重双边监控到加大全球监控，从侧重对受援国监控到对受援国和施援国双方同时进行监控，降低成员监控中存在的非对称性；最后，IMF 对其苛刻的贷款条件性进行了调整，放宽了贷款条件，增强了贷款期限的灵活性，以增强受援国的可接受程度（高海红等，2013）。上述改革无疑强化了 IMF 在维护国际金融稳定中所扮演的角色。

## 三、国际货币体系改革与金融安全体系建设的问题

国际货币体系的危机救助及处置、流动性管理、汇率管理、外溢效应以及治理结构等领域都与全球金融安全体系构建紧密相关。但国际货币体系与全球金融安全的内在关联性是十分复杂的，我们很难从一个维度理解国际货币体系与全球金融安全的内在机制，原因在于国际货币体系改革以及全球金融安全体系构建与安全主体机构、区域金融合作以及国际政治博弈等重大问题紧密相关。更重要的是，国际货币体系改革与金融安全体系构建还面临如下重要问题。

（一）国际货币体系安全性的内生性问题

美元本位制下的特里芬难题是现行国际货币体系最大的内生性问题。特里芬难题将使国际货币体系的权责不对称，中心国家美国的货币发行机制不受约束，从而可能造成中心国家货币政策的负面外溢效应，从而使全球金融安全受到实质性的冲击。

1. 美元本位制。在美元本位制下，美元作为全球最重要的国际储备货币，发挥着全球计价尺度、交易媒介与价值储存的功能。尽管欧元、英镑、日元等发达国家货币也或多或少地扮演着国际货币的角色，但与美元相比，其他国际货币的重要性不免相形见绌。例如，在2008年底全球外汇储备的币种构成中，美元约占64%，而欧元、英镑、日元各占27%、4%与3%。10年后，国际外汇储备的币种结构仍然没有发生实质性变化，截至2019年底，美元占比反而提高至66%。为此，当前的美元本位制事实上是一种单极储备货币体系。

2. 不受约束的美元发行机制。美元本位最大的问题在于美元发行不受约束。在金本位制与布雷顿森林体系下，对国际储备货币的发行是有硬性约束的：一种储备货币的发行规模与该国货币当局拥有的黄金储量挂钩。布雷顿森林体系崩溃的根源恰恰在于美国国际收支逆差造成美元黄金比率的上升，从而损害了外国投资者对于美联储能够维持美元以固定比价兑换黄金的信心，最终引发的兑换浪潮迫使尼克松政府关闭黄金窗口。而在美元本位制下，对美元发行数量并没有任何硬性约束。各国投资者对美元币值的信心取决于他们对美国货币政策的信心，即美联储会竭尽全力避免国内发生显著的通货膨胀。

3. 中心—外围式的外溢效应。美元本位制是一种中心—外围式的国际货币体系，具有不对称的外溢效应。美国处于该体系的中心，广大新兴市场国家与发展中国家处于该体系的外围（Dooley等，2003）。由于外围国家的本国货币不能用于国际支付，外围国家必须通过出口商品与服务或者吸引中心国家的投资来获得美元。反过来，美国可以通过购买商品与服务（即通过经常账户赤字）的方式输出美元，或者通过对外围国家的直接投资或证券投资（即通过资本账户赤字）的方式输出美元。然而，由于美国金融市场是全球最大最宽最深的金融市场，该市场承担了为金融市场欠发达国家进行资金媒介与融通的功能，这就意味着美国将存在持续的资本账户盈余而非资本账户赤字。因此，在美元本位制下美国主要通过经常账户赤字来输出美元。1982 年至 2008 年这 27 年，除 1991 年外，其他年份美国均存在经常账户赤字。1992 年至 2007 年，赤字规模不断扩大。一定程度上，在现行国际货币体系下，美元由于缺乏发行准备已经随着美国过度消费发展模式的深化而过度超发，从而导致了全球的流动性泛滥。不合理国际货币体系的特里芬难题以及不受节制的美元发行机制是全球金融危机爆发的内在根源之一。

更为重要的是，根据国际经济学中的三元悖论，在资本自由流动条件下，既然外围国家选择了盯住美元的汇率制度，它们就不得不放弃独立自主的货币政策。美国货币政策的变动给其他国家货币政策造成了显著的溢出效应（Spillover Effect）或者外部性（Externality）（Mundell，2000）。Devereux 等（2003）分析了全球美元本位制下货币政策的制定。假定所有贸易品均由美元定价，这就产生了一种不对称性，即汇率变动对美国 CPI 的传递效应（Pass‐through Effect）是零，而对其他国家 CPI 的传递效应为正。在这种环境下，美国在制定货币政策时不必明显地考虑汇率的波动性，而其他国家必须给汇率波动性一个较高权重。在美国与其他国家进行货币政策博弈的纳什均衡中，美国的偏好是占有策略，最终均衡等于美国独立制定全球货币政策。

（二）全球金融安全体系的短板

国际货币体系的内生性问题及其危机处置、流动性管理、汇率协调机制等是全球金融安全与稳定重要的影响机制，但是，全球金融安全也存在自身的诸多问题，诸如金融安全信息系统、危机扩散熔断机制等的缺乏，使全球金融安全面临重大的技术短板。

1. 金融安全信息体系。构建全球金融安全网在 2010 年的 G20 首尔峰会就曾被提出，核心机制就是由 IMF 来承担全球最后贷款人职能，并以此为基础构建全球金融安全网。但是，从过去很长时间的实践来看，IMF 的现有监测职能与构建全球金融安全网的考虑并不兼容，这成为构建全球金融安全网的第一短板。

IMF 和成员监管当局对于金融机构和市场以及整个体系可能产生系统性风险的评估及应对，主要是基于对金融信息的归结、分析与判断。但是，IMF 等对于金融信息基础设施的建设不够重视。例如，金融危机之前，IMF 对美国等经济体的影子银行体系就缺乏相关的风险监测与应对机制。本轮国际金融危机之后，IMF 强化了对宏观经济、货币政策、金融体系、财政政策以及外溢效应等的数据归结和分析，在金融安全信息体系的建设中取得了一定的进步。

2. 危机扩散熔断机制。金融安全体系建设的任务仍然任重道远。金融安全网涉及存款保险制度、审慎监管、最后贷款人制度以及信息系统等基础设施。金融安全网的核心就是在稳定时期防范机构和市场的风险过度承担，在危机时刻发挥"危机扩散断路器"（circuit breakers）功能，这是全球金融安全网的第二个短板。全球金融安全网的机制应该是，基于全球复杂、多元和庞大的银行、金融以及经济体系获得有效的信息并进行归结分析，并通过国际货币金融体系的组织内化为金融安全问题应对的机制，最后形成有效决策和行动方案。比如，建立市场准入标准、审慎监管标准、机构清算条件、流动性安排和危机处置等机制。IMF 在信息系统建设上虽然取得了一定的进展，但相关金融安全体系的建设及相关治理结构的改革仍然具有很大的改善空间，特别是法律与金融框架、救助借款的审慎安排以及风险预测即监督能力建设等（Rhee 等，2013）。

（三）全球与区域金融安全网的迭代

国际货币体系改革进展缓慢，使区域金融安全制度安排产生了巨大动力。东亚新兴市场国家要想在国际货币基金组织中得到更大的发言权，必须建立在美国和欧洲国家出让更多的份额和投票权的前提之上，而让美国放弃其一票否决权将是一个十分艰难的过程，美国国会至 2015 年 5 月底仍然没有批准 IMF 的改革方案。东亚新兴市场经济体在国际金融机构中的地位被严重低估，已经成为国际金融组织有效发挥危机救助功能的一大障碍。在这种形势下，强化东亚现有的区域的救助机制，特别是清迈倡议多边机制（外汇储备库），使之成为国际金融机构有效发挥救助职能的补充，这理应成为全球金融治理调整的重要组成部分。

从欧洲看，欧洲稳定机制（ESM）无疑也是一个区域性金融安全安排，其主导者已经从最初的 IMF 慢慢转变为欧央行。虽然在欧洲主权债务危机的应对中，IMF 一直是三驾马车之一，但是，以欧盟和欧央行为主导的欧洲稳定机制逐步成为一个区域性的金融安全网，对于 IMF 的救助是有一定的替代性的（何帆、郑联盛，2013）。2011 年 7 月欧洲金融稳定基金（European Financial Stability Facility）建立，其救助规模最高可达 4400 亿欧元，IMF 出资规模最高为 2500 亿欧元，欧盟金融稳定机制（European Financial Stability Mechanism）为 600 亿欧元，用于扩大欧盟现有的国际收支援助基金，其余由欧元区成员国出资，IMF 在欧洲金融稳定基金中具有资金救助的主导性。但是，2012 年 7 月欧洲稳定机制（European Stability Mechanism，ESM）提前 1 年成立，这是一个政府间常设组织，不仅代替了欧洲金融稳定基金，为欧元区和欧盟成员国提供金融救援，可以干预一级债券市场，也部分削弱了 IMF 的救助职能。更为重要的是，2012 年 9 月宣布的直接货币交易计划（2015 年 1 月 22 日正式获批）本质上是欧央行承担了欧元区最后贷款人职能，这使得欧洲稳定机制重塑了主导者，IMF 已经无法成为欧债危机应对的主导者，更多是欧央行的配合者。实际上，欧债危机刚爆发之际，IMF 的参与遭到了欧元区的反对，后来欧债危机的救助机制日益区域化是必然的趋势（郑联盛，2015）。

从东亚清迈倡议多边化，到欧央行成为欧元区的最后贷款人，IMF 所代表的全球危机处置和金融安全网络与区域的金融安全机制安排存在一定程度上的替代关系，如果 IMF 等机构无法深化治理结构改革和能力建设，那么可能会出现一个趋势，即区域性金融安全机制的作用将日益强化，而 IMF 等的职能将被逐步削弱。国际货币体系的建设实质是区域金融安全机制与全球性金融安全应对机制之间的迭代。

（四）改革面临的泛政治化问题

国际货币体系的本质是国家经济实力的较量，是国际话语权和影响力体系的核心体现，必然涉及相关经济体的国家利益，而在国家利益的范畴里，就必然涉及国内的政治问题。为此，国际货币体系从一开始就是一个政治问题。

1. 货币体系、金融安全与国家利益。国际货币体系的改革本质上与发达国家内部的改革是紧密相关的，各大国内部缺乏改革的动力，各大国也不愿意为履行国际职责在国内政策上作大的让步，所以使国际货币体系改革呈现政治化的特征。国际货币体系改革的成败一定程度上取决于主要经济体的政治意愿及其背后的国家利益。

当统一的全球市场出现之后，英镑和美元先后成为国际支付、结算的硬通货。国家之间实力的消长最终会反映在货币霸权上。国际体系中的大国关系史同时也是一部货币主权的斗争和变迁史。大国在其中追逐其货币的国际化以及由此带来的霸权和利益，同时又竭力排斥别的国家竞争和取代自己的位置。国际货币体系常常受到一个由金融权力所构成的霸权体系的支配，大国在其中秘而不宣地激烈角逐（张宇燕，2009）。金融安全的核心是利益，在国际国内两个层面实现国家利益最大化，是保障金融安全的根本要义，也是国家金融安全战略的核心支撑（张红力，2015）。

2. 美国的核心作用。国际货币体系改革和 IMF 要实现它的改革目标，必须得到西方七国集团的支持，尤其是美国的首肯，并且该国际货币体系改革也必须起到平衡主要工业国家的杠杆作用。从这个意义出发，国际货币体系变革面临政治化压力的趋势是必然的。美元霸权作为美国经济霸权的最重要载体，充分体现了美国的国家利益，美国会誓死捍卫美元霸权和美元本位制度。

国际货币体系的内在矛盾表现在四个方面，这四个方面使得美元和美国的政治博弈成为制约国际货币体系改革的核心要素：一是汇率自由波动与波幅失控的矛盾，国际货币制度缺少有效的汇率内在稳定机制；二是资本自由流动和监管失控的矛盾，现行国际货币体系对国际游资的监管长期处于缺失和失控的状态；三是世界货币承担双重角色的矛盾，当美元的对内价格稳定与对外价格稳定发生矛盾的时候，美国常以本国利益为重而牺牲他国和世界经济利益；四是维持汇率稳定时，国与国之间收益与损害的非对称性矛盾（张见、刘力臻，2013）。

在此基础上，国际货币体系的弊端、矛盾和改革往往就集中在美国和美元身上，而美国国内的政治博弈使得整个国际货币体系改革也呈现出日益政治化的特征。国际货币体系改革涉及一部分主权的让渡，涉及各相关经济体的利益诉求，国际货币体系改革实质上是基于不同利益集团的需求来探寻最大公约数的过程。

（五）新兴市场经济体正在崛起，但制度演进是一个渐进过程

在2008年国际金融危机爆发后，如果以购买力平价来衡量，则新兴市场国家与发展中国家的GDP总量已经超过发达国家，前者对世界经济增长的贡献更是远远超过后者。全球经济力量格局的变化，凸显出当前受发达国家主导的国际货币体系与全球金融安全机制的弊端。然而，一方面，新兴市场国家自身需要时间来适应经济实力上升而带来的权利与责任的增加；另一方面，发达国家也并不甘心让出自己的主导地位。这就导致无论是国际货币体系还是全球金融安全机制的主导权的变化都将是一个旷日持久的过程。

以IMF的份额与投票权改革为例，随着新兴市场经济体的不断崛起，IMF的份额与投票权已经与全球经济的相对格局严重错配。其中，欧洲国家的份额与投票权更是显著高于其经济占全球经济的比重。但IMF的份额与投票权改革最终却受到美国国会的强力阻挠。这反映了老牌资本主义国家并不甘心主动放弃对现有国际金融秩序的主导权。

此外，要在国际金融舞台上发挥更加重要的作用以及扮演更加重要的角色，也并非容易的事情，这需要通过不断地学习来积累经验以及与

各方面进行密切的沟通与合作。对此，新兴市场国家也需要相当长的时间来适应自己的新角色。换言之，新兴市场国家金融竞争力的提升要显著滞后于其贸易与经济竞争力的提升。以上两方面的原因，导致国际金融领域的治理结构改革是一个缓慢而渐进的过程。

# 四、结论与政策建议

## （一）结论

自第二次世界大战至今，国际货币体系改革的最大推动力一直都是金融危机，这意味着全球金融安全体系的构建是一个自我反馈的过程，是一个风险累积—危机爆发—改革完善的过程，国际货币体系作为全球金融安全体系最为基础的支撑力量之一，其改革与完善也是一波多折，势必对全球金融稳定和安全造成实质性冲击。

国际货币体系改革与全球金融安全网构建具有内在的逻辑关联。首先，国际货币体系的风险处置和危机应对功能使全球金融稳定和安全具有了基础保障；其次，国际货币体系对于流动性管理的重视，使得全球金融体系的中长期流动性不至于出现过于频繁的波动，同时对于短期流动性的管理也在深化，有利于保持全球流动性的稳定；再次，国际货币体系通过国际协调与合作，强化了汇率稳定性管理及其内在根源的治理，有利于国际收支失衡的改善和汇率保持基本稳定；此外，国际货币体系改革持续关注主权货币作为国际储备货币的内在弊端及其外溢效应，争取通过机制安排来弱化外溢效应，减少外部性；最后，国际货币体系的治理结构改革是全球金融安全体系的基础保障之一。

然而，当前的国际货币体系对于全球金融安全也有负面影响，甚至呈现出较为明显的两面性。比如，IMF加强汇率及宏观政策协调有利于稳定全球金融体系，但是，美元作为国际储备货币及美国政府对汇率政策的忽视，使得国际货币体系整体是一个不稳定的系统，其收益成本分配是不均衡的。

国际货币体系与全球金融安全体系之间内在关联的复杂性，本质上与国际货币体系自身的弊端、全球金融安全体系的短板以及诸多的政治问题紧密相关：一是以主权货币作为国际储备货币的特里芬难题是当前国际货币体系无法克服的内在风险因素；二是全球金融安全网的建设缺乏明确的主体机构、有效的信息支撑以及强有力的国际协调机制，存在诸多的短板；三是国际货币体系和金融安全问题的协调更多呈现政治化的色彩，是国家利益在货币问题上的体现；四是区域金融安全体系的建设一方面是对国际货币体系和全球金融安全体系的补充，另一方面又存在一种迭代的可能，使得二者的关系存在不确定性。

（二）政策建议

国际金融危机的爆发已经过去 10 余年时间，危机促进改革的推动力已经大大弱化，危机爆发的根源地美国极其勉强地在 2015 年才通过 2010 年 IMF 改革方案，全球金融安全体系的建设仅仅通过 IMF 等布雷顿森林机构的改革来推动是步履维艰的。特朗普政府上台后，美国更是实施单边主义的政策框架，在贸易、投资和金融领域呈现"脱钩"趋势。我们应该在多个领域、通过多种渠道来推进全球金融安全体系的建设，以保障全球金融体系稳定与安全。持续地推进 IMF 改革，尽量避免泛政治化，是完善全球金融安全体系的重要工作。这就需要当前国际货币体系的中心国家与外围国家进行充分的交流与沟通，通过共同的努力来改革国际货币体系与全球金融安全网，以增强全球金融稳定，实现双赢目标。

一是推进布雷顿森林机构的改革。首先，深化 IMF 等机构在份额、投票权、代表性、人员遴选等方面的改革，探索 IMF 的职能转变，比如 IMF 在履行国际货币体系和全球金融安全体系的最后贷款人职能之外，是否能够增加成员国担任外汇储备投资基金经理人的角色（Bordo and Harold，2008）。其次，强化 IMF 的贷款能力建设。继续推进 G20 框架下的 IMF 资金筹集，将 IMF 的可贷资金规模提高到 7500 亿美元。再次，建议 IMF 建立常规化的 SDR 分配机制，深化融资渠道建设，比如继续深化 IMF 一般资源账户机制、一般借款安排以及新借款安排等机制进行借款，强化 IMF 债券的融资建设，大规模扩大 IMF 的资金资源。最后，应该将 IMF 在第 4 条款下对成员国进行双边监测的职能扩展为对全球宏观经济与金融市场实施多边监测，以更快更准确地发现全球范围内的系统性风险，保障金融安全。加强与金融稳定委员会在系统性风险、宏观监测、金融监管等方面的沟通与协调，避免出现方向性冲突。

二是构建全球金融安全网。继续深化金融稳定理事会在 G20 框架下的金融风险监测、应对和金融安全体系的建设，赋予金融稳定委员会更强的制度基础以及促进金融稳定的更宽泛职能。加强全球范围内金融安全信息系统建设，建立基于 FSB 和 IMF 的金融市场与监管信息共享平台，以评估金融体系中的脆弱性，制订针对脆弱性的行动指导方案，促进金融监管当局之间的协调以及信息交换。建立基于 FSB、IMF 和巴塞尔银行监管委员会等的跨国监管机构协调机制，并支持实施跨境危机管理的灵活方案。建立基于 FSB 与 IMF 的宏观经济与金融风险累积的早期联合预警机制，并在必要时采取针对性行动，强化全球审慎监管体系的构建，特别是资本充足率、激励机制和国际标准制定。最后，努力构建各类危机熔断机制，遏制危机的扩散与传染。

三是建立流动性管理机制。国际社会需要一个相对完善的对策框架，涵盖包括国别、双边、区域和全球在内的多层次应对方案。同时，有效的全球流动性管理涉及一揽子的改革方案，不仅要对短期流动性进行密切跟踪，更要针对中长期流动性的趋势特征进行有针对性的体制机制改革，需要与全球失衡、国际储备货币体系改革、全球金融安全网建设等密切协调（高海红，2012）。

四是推进超主权货币建设。构建超主权储备货币有助于克服国别货币充当全球储备货币而不得不面临的特里芬两难（即在维持全球清偿力充分供给与维持本币币值的稳定方面的两难），从而克服国际货币体系安全的内生性问题。从改革阻力、可操作性和基础设施匹配性看，特别提款权（SDR）具有超主权货币的特性和制度基础，IMF 创立的特别提款权（SDR）是超主权货币的一个优先选择。特别提款权代替美元主导国际货币体系，并不存在制度合法性问题。从国际货币体系改革和全球金融安全网的建设看，应该积极推动 SDR 成为超主权货币。建立完善 SDR 发行的准备机制，从人为计算币值向有以实际资产支持的方式转变，可以倡议建立替代账户机制作为 SDR 的发行准备。

五是深化区域货币合作。如果在全球能够形成美元、欧元与亚洲货币三足鼎立的多极储备货币格局，那么由此引入的竞争机制将会约束特定储备货币发行国的货币超发行为，从而增强国际货币体系的稳定性，缓解国际货币体系安全的内生性问题。注重各个区域的货币金融合作机制建设。以东亚为例，东亚货币金融合作应以保证东亚金融稳定为目标。实现这一目标，应该致力于三个要素的建设：区域金融合作机构、区域金融市场和区域汇率协调。从现阶段来看，可行的步骤是，利用储备库增资和清迈倡议多边化契机，将现有的区域流动性机制机构化，同时不排除建立区域货币基金的可能性；在可行的范围内展开区域金融基础设施建设，鼓励在区内贸易、投资和金融救助中使用本币；在中后期阶段，考虑建设区域汇率协调机制，将建设区域联动汇率机制设定为一个开放性的目标，同时以动态方式补充其他的可选方案。区域金融安全网应该与全球金融安全网加强共同协调，力争合作提供资金支持，充分发挥其互补作用而非迭代作用。

# 参考文献

［1］卞金鑫．当前不良资产处置的现状、问题及国际经验借鉴［J］．西南金融，2018（7）：10 - 14.

［2］曹国华，刘睿凡．供给侧改革背景下我国商业银行信贷风险的防控［J］．财经科学，2016（4）：22 - 30.

［3］常健．论金融稳定与货币稳定的法律关系——兼评《中国人民银行法》相关规定［J］．法学评论，2015（4）：129 - 135.

［4］陈华，汪洋．中美经济刺激计划中货币政策工具的比较研究及其退出政策前瞻［J］．南方金融，2010（6）：46 - 52.

［5］陈晓莉．IMF 救援方案的宏观经济绩效实证［J］．世界经济研究，2005（3）：40 - 50.

［6］陈雨露，马勇．泡沫、实体经济与金融危机：一个周期分析框架［J］．金融监管研究，2012（1）：6 - 24.

［7］戴悦．特朗普税改及影响分析［J］．中央财经大学学报，2017（9）：3 - 12.

［8］高海红．全球流动性风险和对策［J］．国际经济评论，2012（2）：28 - 41.

［9］高海红．国际金融体系：改革与重建［M］．北京：中国社会科学出版社，2013.

［10］郭树清．防范金融风险一刻不能疏忽［N］．国际金融报，2019 - 03 - 07.

［11］郝飞飞．货币政策工具的选择、运用及有效性分析［D］．北

京：中国社会科学院研究生院，2020.

[12] 何德旭，饶云清，王智杰．金融安全网：基于信息空间理论的分析［J］．经济理论与经济管理，2011，V2（2）：69－78.

[13] 何帆等．欧债危机与中国应对［M］．北京：社会科学文献出版社，2013.

[14] 胡滨，郑联盛，等．全球量化宽松之十年演进［J］．金融博览，2019（9）：32－34.

[15] 胡滨，郑联盛，等．全球量化宽松：十年演进［M］．北京：中国金融出版社，2019.

[16] 贾斯莹．美国货币政策对我国央行资产负债表的溢出效应研究［D］．天津：南开大学，2017.

[17] 姜跃春．"安倍经济学"与日本经济走势展望［J］．亚太经济，2017（1）：94－97，176.

[18] 姜跃生．对特朗普税改计划与中国应对之策的思考（上）［J］．国际税收，2017（4）：35－41.

[19] 李波．构建货币政策和宏观审慎政策双支柱调控框架［M］．北京：中国金融出版社，2018.

[20] 李超民，胡怡建．特朗普税制改革取向及其影响［J］．税务研究，2017（1）：42－46.

[21] 李德．我国银行业不良资产处置现状与展望［J］．金融与经济，2007（9）：4－9.

[22] 李德．我国银行业处置不良资产的思路和途径［J］．金融研究，2004（3）：28－36.

[23] 李栋．里根经济学的政策实践及启示［J］．财政研究，2012（1）：79－81.

[24] 李宏瑾．全球金融危机十年：经验、教训与启示［J］．金融评论，2018，10（5）：36－45.

［25］李建英，陈平，李婷婷．我国制造业上市公司所得税税负影响因素分析［J］．税务研究，2015（12）：41-44.

［26］李麟，索彦峰．经济波动、不良贷款与银行业系统性风险［J］．国际金融研究，2009（6）：55-63.

［27］李明，赵旭杰，冯强．经济波动中的中国地方政府与企业税负：以企业所得税为例［J］．世界经济，2016，39（11）：104-125.

［28］李曙光．新企业破产法的意义、突破与影响［J］．华东政法学院学报，2006（6）：110-113.

［29］李向阳．特朗普经济政策评估［J］．国际经济评论，2017（4）：56-65.

［30］连平．锐意推进税制改革，重塑中国全球竞争力［R/OL］.（2017-04-29）［2018-01-15］．www.cf40.org.cn/plus/view.php? aid = 11865.

［31］刘冰．论我国个人破产制度的构建［J］．中国法学，2019（4）：223-243.

［32］刘东民．后危机时代的流动性过剩与全球流动性管理［J］．国际经济评论，2011（5）：152-160.

［33］刘方，俞苇然．"僵尸企业"债务处置方式研究文献综述［J］．当代经济管理，2017，39（10）：1-8.

［34］刘辉煌．金融全球化与发展中国家的金融安全［J］．金融理论与实践，2001（7）：13-15.

［35］刘澜飚，王博．国有商业银行不良贷款处置迟缓现象分析［J］．金融研究，2006（3）：27-34.

［36］刘沛，卢文刚．金融安全的概念及金融安全网的建立［J］．国际金融研究，2001（11）：50-56.

［37］毛瑞宁．存量与增量：商业银行不良贷款的动态学分析［J］．金融研究，2002（6）：131-134.

［38］缪志强．意大利银行业不良资产之痛：为什么？如何解？
［J］．银行家，2016（10）：100－103．

［39］聂晶，方资．供给侧改革背景下破产审判存在的问题及对策
研究［J］．河北法学，2018，36（2）：192－200．

［40］祁树鹏，冯艳，李京晓．经济周期对我国商业银行信贷风险管
理的影响分析——基于 VAR 模型的实证研究［J］．金融监管研究，2015
（4）：5－18．

［41］盛松成．我为什么不赞成目前提高存贷款基准利率［R］．上
海财经大学高等研究院经济形势分析与预测年度报告发布会，2017．

［42］宋湘燕，袁春旺．美国金融去监管新政及影响［J］．中国金
融，2018（12）：85－87．

［43］孙丽，张雨濛．我国商业银行不良贷款的总量和结构性分析
［J］．新金融，2016（4）：51－57．

［44］孙亮，柳建华．银行业改革、市场化与信贷资源的配置［J］．
金融研究，2011（1）：94－109．

［45］谭政勋，庹明轩．不良贷款、资本充足率与商业银行效率
［J］．金融论坛，2016，21（10）：40－50．

［46］汤柳，王旭祥．欧洲量化宽松货币政策能否拯救欧洲？［J］．
银行家，2012（6）：94－96．

［47］汤柳，王旭祥．欧洲量化宽松货币政策前景难料［J］．中国金
融，2012（11）：63－64．

［48］汤柳．欧盟金融监管一体化的演变与发展——兼评危机后欧
盟监管改革［J］．上海金融，2010（3）：56－59．

［49］汤柳．欧元贬值对全球经济的影响［J］．中国金融，2015
（11）：72－74．

［50］汤柳，尹振涛．欧盟的金融监管改革［J］．中国金融，2009
（17）：20－22．

［51］王兵，朱宁．不良贷款约束下的中国银行业全要素生产率增长研究［J］．经济研究，2011，46（5）：32－45，73．

［52］王超，陈乐一．美国量化宽松货币政策的退出、影响与我国的对策［J］．现代经济探讨，2015（9）：40－44．

［53］王元龙．关于金融安全的若干理论问题［J］．国际金融研究，2004（5）：11－18．

［54］温侯爱．浅谈财政政策与货币政策的协调［J］．科技风，2013（12）：238－238．

［55］吴义根，胡志九．中国银行业不良贷款的动态演进与风险防范［J］．现代经济探讨，2016（11）：79－83．

［56］肖立晟，张潇．人民币汇率的逆周期性［J］．中国金融，2017（16）：65－66．

［57］谢平，蔡浩仪．金融经营模式及监管体制研究［M］．北京：中国金融出版社，2003．

［58］熊启跃，刘锐，林嵘净．意大利银行业不良贷款处置的障碍及启示［J］．金融监管研究，2016（7）：77－91．

［59］熊启跃．意大利坏账危机的启示［J］．中国金融，2017（2）：26－28．

［60］许德风．论破产债权的顺序［J］．当代法学，2013，27（2）：76－82．

［61］杨力，李蕊．"特朗普经济学"框架下的美国宏观经济政策分析［J］．国际观察，2017（5）：128－144．

［62］杨小平．建议设立金融法庭完善不良贷款司法处置［R/OL］．（2017－03－09）［2020－04－15］．https：//finance. sina. com. cn/roll/2017－03－09/doc－ifychihc5899935. shtml．

［63］易纲，王召．货币政策与金融资产价格［J］．经济研究，2002（3）：13－20，92．

［64］尹继志．美联储应对金融危机的货币政策操作与效果［J］．财经科学，2009（9）：1-10．

［65］尹振涛．美联储非常规货币政策的十年回望［J］．金融博览，2019（3）：32-33．

［66］于宝亮，樊友丹，鲁晏辰．不良贷款资产证券化的内涵、国际经验与我国商业银行实践［J］．新金融，2017（3）：58-63．

［67］余永定．见证失衡——双顺差、人民币汇率和美元陷阱［J］．国际经济评论，2010（3）：7-44，3．

［68］张红力．金融安全与国家利益［J］．金融论坛，2015（3）：3-14．

［69］张见，刘力臻．信用本位、对称竞争与国际货币多元化［J］．经济与管理，2013，27（1）：10-15．

［70］张明．全球货币互换：现状、功能及国际货币体系改革的潜在方向［J］．国际经济评论，2012（6）：65-88．

［71］张雪兰，陈百助．宏观经济要素、银行特征与不良贷款——基于公司与零售贷款组合的比较研究［J］．财贸经济，2012（8）：46-55．

［72］张艳丽．破产重整制度有效运行的问题与出路［J］．法学杂志，2016，37（6）：92-102．

［73］张宇燕，牛贺．特朗普的成功及其限度：兼论中美经贸关系［J］．国际经济评论，2017（2）：9-17．

［74］张宇燕．角逐货币霸权［J］．商务周刊，2009（1）：32-33．

［75］赵玲．非常规货币政策与财政政策的协调：基于国际经验的分析［D］．北京：中国社会科学院研究生院，2018．

［76］赵树文，王嘉伟．僵尸企业治理法治化保障研究——以破产法及其实施机制的完善为研究路径［J］．河北法学，2017，35（2）：78-92．

［77］赵万一．我国市场要素型破产法的立法目标及其制度构造

［J］．浙江工商大学学报，2018（6）：29－42.

　　［78］赵洋．在更高水平上增强财政货币政策协调性［N］．金融时报，2017－09－04（3）．

　　［79］郑联盛，陈旭．特朗普税改"冲击波"［J］．国际经济评论，2018（3）：26－46.

　　［80］郑联盛，何德旭．宏观审慎管理与中国金融安全［M］．北京：社会科学文献出版社，2012.

　　［81］郑联盛，周学子．美国放松金融监管：历程、重点与影响［J］．银行家，2018（10）：67－69.

　　［82］郑联盛．美国金融监管再扎篱笆［J］．瞭望，2009（51）：60.

　　［83］郑联盛．欧洲债务问题：演进、影响、原因与启示［J］．国际经济评论，2010（3）：108－121，5.

　　［84］郑联盛．欧元区量化宽松政策面临的问题与影响［J］．经济纵横，2015（4）：87－92.

　　［85］郑联盛．欧洲负利率政策的经济政治根源及对中国的影响［J］．国际金融，2014（7）：57－61.

　　［86］郑联盛．货币政策与宏观审慎政策双支柱调控框架：权衡与融合［J］．金融评论，2018，10（4）：25－40，119.

　　［87］郑联盛．中央银行职能演进与拓展的脉络［J］．经济学动态，2019（3）：105－119.

　　［88］郑联盛．深化金融供给侧结构性改革：金融功能视角的分析框架［J］．财贸经济，2019（11）：66－80.

　　［89］中国保险学会．欧盟金融改革动向［R/OL］．（2010－03－10）［2020－03－20］．http：//www.iic.org.cn/D ＿ infoZL/infoZL ＿ read.php？id＝9388.

　　［90］周小川．把握好多目标货币政策：转型的中国经济的视角

〔R〕. 华盛顿 IMF 中央银行政策研讨，2016.

〔91〕周小川. 金融政策对金融危机的响应——宏观审慎政策框架的形成背景、内在逻辑和主要内容〔J〕. 金融研究，2011（1）：1 – 14.

〔92〕周永峰. 美联储量化宽松货币政策退出对我国跨境资金流动的影响分析〔J〕. 金融发展研究，2014（5）：31 – 35.

〔93〕朱舜楠，陈琛. "僵尸企业"诱因与处置方略〔J〕. 改革，2016（3）：110 – 119.

〔94〕ADRIAN T, SHIN HS. Financial intermediaries, financial stability, and monetary policy〔R〕. Federal Reserve Bank of New York Staff Report, 2008, No. 346.

〔95〕ADRIAN T, COVITZ D, LIANG N. Financial stability monitoring〔R〕. Federal Reserve Bank of New York Staff Report, 2013, No. 601.

〔96〕ANGELONI I, FAIA E, DUCA M. Monetary policy and risk taking〔J〕. Journal of Economic Dynamics and Control, 2015, 52（C）：285 – 307.

〔97〕BALDWIN R, REICHLIN L. Is inflation targeting dead? Central banking after the crisis〔M〕. London：Center for Economic Policy Research, 2013.

〔98〕BANCA MONTE DEI PASCHI DI SIENA（BMPS）. European commission approves the 2017 – 2021 restructuring plan〔R〕. 2017.

〔99〕BANCA MONTE DEI PASCHI DI SIENA（BMPS）. Report of the first half of 2018〔R〕. 2018.

〔100〕BANK OF ENGLAND. Banking Act 2009〔S〕. 2009.

〔101〕BANK OF ENGLAND. Financial Services Act 2012〔S〕. 2012.

〔102〕BANK OF ENGLAND. The financial policy committee's framework for the systemic risk buffer〔R〕. 2016.

〔103〕BANK OF ENGLAND. Bank of England and Financial Services

Act 2016 ［S］. 2016.

［104］ BANK OF ENGLAND. Financial stability strategy ［R］. 2017.

［105］ BANK OF ENGLAND. Changes to the bank of England ［R］. 2017.

［106］ BANK OF ENGLAND. Fair and effective markets review: progress report ［R/OL］. （2015 – 06 – 10）［2020 – 03 – 20］. https：// www. bankofengland. co. uk/report/2015/fair – and – effective – markets – review – final – report.

［107］ BANK OF INTERNATIONAL SETTLEMENT （BIS）. Macroprudential instruments and frameworks: a stocktaking of issues and experiences ［R］. CGFS Papers, 2010, No. 38.

［108］ BANK OF INTERNATIONAL SETTELMENT （BIS）. Central bank governance and financial stability ［R］. 2011.

［109］ BASEL COMMITTEE. Basel committee meets to review vulnerabilities and emerging risks, advance supervisory initiatives and promote Basel III implementation ［R］. 2020.

［110］ BENVENUTI M, CASOLARO L, CIANI E. Informal loans, liquidity constraints and local credit supply: evidence from Italy ［R］. Bank of Italy Economic Working Paper, 2017, No. 1099.

［111］ BERNANKE BS. The great moderation ［R］. Remarks at the meetings of the Eastern Economic Association, Washington DC, 2004.

［112］ BERNANKE BS. Financial regulation and financial stability ［R］. Speech at the Federal Deposit Insurance Corporation's Forum on Mortgage Lending for Low and Moderate Income Households, Arlington, Virginia, 2008.

［113］ BERNANKE BS. Long – term interest rates ［R］. Speech given at the annual monetary and macroeconomics conference, federal reserve bank of

San Francisco, 2013.

[114] BERNANKE BS, LAUBACH T, MISHKIN F S, POSEN A S. Inflation targeting: lessons from the international experience [M]. Princeton: Princeton University Press, 1995.

[115] BERNANKE BS, GERTLER M. Should central banks respond to movements in asset prices? [J]. American Economic Review, 2001, 91 (2): 253 –257.

[116] BIS. Central bank governance and financial stability [R]. Report by a Study Group. 2011.

[117] BLANCHARD O, DELL'ARICCIA G, MAURO P. Rethinking macroeconomic policy [R]. IMF Staff Position Note SPN/10/03, 2010.

[118] BLANCHARD O, DELL'ARICCIA G, MAURO P. Rethinking macro policy II: getting granular [R]. IMF Staff Discussion Note SPN 13/03, 2013.

[119] BMA. Global financial innovation network [R/OL]. (2019 – 06 – 30) [2020 – 02 – 03]. https: //www. bma. bm/global – financial – innovation – network – gfin.

[120] BOCCONI STUDENTS INVESTMENT CLUB. Atlante Fund: evolution of the Italian banking crisis – BSIC [R/OL]. (2016 –05 –08) [2020 – 06 –03]. http: //www. bsic. it/atlante – fund – evolution – italian – banking – crisis/.

[121] BODENSTEIN M, GUERRIERI L, LABRIOLA J. Macroeconomic policy games [R]. Board of Governors of the Federal Reserve System, Discussion Series, 2014, No. 2014 –87.

[122] BORDO M, TAYLOR J. Rules for international monetary stability [M]. California: Hoover Institution Press, 2017.

[123] BORDO M, HAROLD J. The past and future of IMF reform: a

proposal ［R/OL］. （2008 – 09 – 12） ［2020 – 03 – 30］. http：//michael. bordo. googlepages. com/ThePastandFutureofIMFReform. pdf.

［124］ BORIO C. Towards a macroprudential framework for financial supervision and regulation ［R］. BIS Working Papers, 2003, No. 128.

［125］ BORIO C. The financial cycle and macroeconomics：what have we learnt? ［R］. BIS Working Papers, 2012, No. 395.

［126］ BORIO C, ZHU H. Capital regulation, risk – taking and monetary policy：a missing link in the transmission mechanism ［R］. BIS Working Paper, 2008, No. 268.

［127］ BORIO C, LOWE P. Asset prices, financial and monetary policy：exploring the nexus ［R］. BIS Working Papers, 2002, No. 114.

［128］ BRUNNERMEIER M, SANNIKOV Y. A macroeconomic model with a financial sector ［J］. American Economic Review, 2014, 10：379 – 421.

［129］ BRUNNERMEIER M, CROCKET A, GOODHART C, PERSAUD AD, SHIN HS, Hyun S. The fundamental principles of financial regulation ［R］. Geneva Report on the World Economy, 2009.

［130］ CARDIA V, WOODFORD M. The central bank balance sheet as an instrument of monetary policy ［J］. Journal of Monetary Economics, 2011, 58 （1）：54 – 79.

［131］ CERUTTI E, CLAESSENS S, LAEVEN L. The use and effectiveness of macroprudential policies：new evidence ［J］. Journal of Financial Stability, 2017, 28：203 – 224.

［132］ CHANG R, VELASCO A. Liquidity crises in emerging markets ［R］. NBER Working Paper, 1999, No. 7272.

［133］ CHATTERJEE S, SHAIKH G, ZAVERI B. Watching India's insolvency reforms：a new dataset of insolvency cases ［R］. India Gandhi Institute of Development Research, 2017.

[134] CHAUDHARY V, CODE B. Opportunities & challenges for a resolution professional [R/OL]. (2017 - 10 - 27) [2020 - 03 - 30]. https: //www. icsi. edu/media/portals/72/year% 202017/presentation/CS% 20Vineet% 20Chaudhary% 20 - % 20IBC% 20Opportunities% 20% 20Challenges% 20of% 20% 20Resolution% 20Professional. pdf.

[135] COCHRANE J. A frictionless model of U. S. inflation [R]. NBER Macro Annual, 1998: 323 - 384.

[136] COFFE JC. Competition versus consolidation: the significance of organizational structure in financial services regulation [J]. The Business Lawyer, 1995, 50: 45 - 77.

[137] COMMISSION OF THE EUROPEAN COMMUNITIES (CEC). Completing the internal market: white paper from the Commission to the European Council [R]. 1985.

[138] COMMISSION OF THE EUROPEAN COMMUNITIES (CEC). Second council directive on the coordination of laws, regulations and administrative provisions relating to the taking up and pursuit of the business of credit institutions and amending [R]. 1989.

[139] COMMITTEE OF WISE MEN ON THE REGULATION OF THE EUROPEAN SECURITIES MARKETS. Financial Report on the Regulation of the European Securities Markets [R]. 2001.

[140] CONGRESSIONAL BUDGET OFFICE (CBO). Reconciliation Recommendations of the Senate Committee on the Judiciary [R]. 2017.

[141] DATTA P. Value destruction and wealth transfer under the insolvency and bankruptcy code [R]. National Institute of Public Finance and Policy, 2018.

[142] DAVIS SJ, Kahn JA. Interpreting the great moderation: changes

in the volatility of economic activity at the macro and micro levels [R]. NBER Working Paper, 2008, No. 14048.

[143] DOHLE MP. Italy sets up 5bn Atlante Bank Rescue Fund [N]. Investment Europe, 2016 – 04 – 12.

[144] DOOLEY MP, FOLKERTS – LANDAU D, GARBER PM. An essay on the revived Bretton Woods System [R]. NBER Working Paper, 2003, No. 9971.

[145] EDURI S, JAYAPRADA N. A critical analysis on insolvency and bankruptcy code [J]. International Journal of Management, Technology and Engineering, 2018, 8: 1784 – 1794.

[146] EUROPEAN COMMISSION (EC). Commission communication of implementing the framework for financial markets: action plan [R/OL]. (1999 – 05 – 11) [2020 – 01 – 10]. http: //ec. europa. eu/internal _ market/finances/docs/actionplan/index/progress1 _ en. pdf.

[147] EUROPEAN COMMISSION (EC). Directive relating to the taking up and pursuit of the business of credit institutions [R]. 2000.

[148] EUROPEAN COMMISSION (EC). Commission adopts legislative proposals to strengthen financial supervision in Europe [R/OL]. (2009 – 09 – 23) [2020 – 03 – 20]. http: //europa. eu/rapid/pressReleasesAction. do? reference = IP/09/1347.

[149] EUROPEAN COMMISSION (EC). Proposals for a regulation of the European parliament and of the council on community macro prudential oversight of the financial system and establishing a European systemic risks board [R]. 2009.

[150] EUROPEAN COMMISSION (EC). Regulating financial services for sustainable growth [R/OL]. Communication from the Commission to the European Parliament, the Council, the European Economic and Social Commit-

tee and the European Central Bank. (2010 – 06 – 02) [2020 – 03 – 20]. http：//ec. europa. eu/internal _ market/finances/docs/general/com2010 _ en. pdf.

[151] EUROPEAN COMMISSION (EC). EU bank recovery and resolution directive [R]. 2014.

[152] EUROPEAN SYSTEMIC RISKS BOARD. Mission, objectives and tasks [R]. 2010.

[153] EY. Experiencing the code – corporate insolvency in India [R]. 2017.

[154] EY. Insolvency and bankruptcy code：the journey so far and the road ahead [R]. 2019.

[155] FDIC. Volcker Rule：proposed revisions to prohibitions and restrictions on proprietary trading and certain interests in, and relationships with, hedge funds and private equity funds [EB/OL]. (2018 – 09 – 18) [2020 – 01 – 05]. https：//www. fdic. gov/news/news/financial/2018/fil18086. html.

[156] FDIC. Federal bank regulatory agencies announce coordination of reviews for certain foreign funds under Volcker Rule [EB/OL]. (2019 – 07 – 17) [2020 – 01 – 05]. https：//www. fdic. gov/news/news/press/2019/pr19064. html.

[157] FINANCIAL STABILITY BOARD (FSB). Policy measures to address systemically important financial institutions [R]. 2011.

[158] FINANCIAL STABILITY BOARD (FSB). Key attributes of effective resolution regimes for financial institutions [R]. 2014.

[159] FINTECH GLOBAL. Canadian FinTech companies have raised more than $3bn over the last five years [R]. 2019.

[160] FOERSTER M. The new EU financial regulatory framework [J]. Journal of the Society for Research in Asiatic Music, 2010：83 – 100.

［161］ G20. Declaration on strengthening the financial system ［EB/OL］. （2009 – 04 – 02）［2020 – 01 – 05］. http：//www. g20. org/pub _ communiques. aspx.

［162］ GALATI G, MOESSNER R. Macroprudential policy—a literature review ［R］. BIS Working Paper, 2011, No. 337.

［163］ GHOSH S. Analyzing corporate debt restructurings in India ［J］. South Asian Journal of Business Studies, 2019, 8 （1）：105 – 126.

［164］ GILCHRIST S, ZAKRAJSEK E. Credit spreads and business cycle fluctuations ［J］. The American Economic Review, 2012, 102 （4）：1692 – 1720.

［165］ GINGISS L. 2016 tax policies of major president candidates ［R］. Wolters Kluwer Special Briefing, 2016.

［166］ GORMLEY T, GUPTA N, JHA A. Quiet life no more? Corporate bankruptcy and bank competition ［J］. Journal of Financial and Quantitative Analysis, 2018, 53：581 – 611.

［167］ GRAUWE PD. There is more to central banking than inflation targeting ［N］. Financial Times, 2007 （2）.

［168］ GUPTA A. Insolvency and bankruptcy code 2016：a paradigm shift within insolvency laws in India ［J］. The Copenhagen Journal of Asian Studies, 2018, 36：75 – 99.

［169］ GUPTA G, MANGALDAS CA. The insolvency and bunkruptcy code 2016 ［R］. 2017.

［170］ HARRY E. The GOP tax cuts are even more unpopular than past tax hikes ［EB/OL］. （2017 – 12 – 28）［2020 – 02 – 14］. https：//fivethirtyeight. com/features/the – gop – tax – cuts – are – even – more – unpopular – than – past – tax – hikes/.

［171］ HENNING CR. Coordinating regional and multilateral financial institutions [R]. Peterson Institute for International Economics, Working Paper Series, 2011, No. WP11 – 9.

[172] HOENIG TM. Maintaining stability in a changing financial system: some lessons relearned again? [J]. Economic Review, 2008 (1 1st Quarter): 5 – 16.

[173] HUGHES S. House ways and means committee approves GOP tax bill [J]. Wall Street Journal, 2017, No. 9.

[174] IMF. To help countries face crisis, IMF revamps its lending [R/OL]. (2009 – 05 – 24) [2020 – 04 – 10]. https: //www. imf. org/en/News/Articles/2015/09/28/04/53/sonew032409a.

[175] IMF. The interaction of monetary and macroprudential policies [R]. IMF Policy Paper, 2013.

[176] IMF. Monetary policy and financial stability [R]. Staff Report, 2015.

[177] IMF, FSB, BIS. Elements of effective macroprudential policies—lessons from international experience [R]. 2016.

[178] IRWIN N, RAPPEPORT A. Donald Trump adopts GOP Tax Cuts, but Balksat Trade Pacts [R/OL]. (2016 – 08 – 09) [2020 – 03 – 30]. http: //www. nytimes. com/2016/08/09/us/politics/donald – trump – economy – speech. html.

[179] ITO T. Monetary policy and financial stability: is inflation targeting passé? [R]. ADB Working Paper, 2010, No. 206.

[180] JAHNSEN K, POMERLEAU K. Corperate income tax rates around the world [R/OL]. (2017 – 09 – 07) [2020 – 04 – 10]. https: //taxfoundation. org/corporate – income – tax – rates – around – the – world – 2017/.

[181] KAMINSKY G, REINHART C. The twin crises: the causes of

banking and balance of payments problems [J]. American Economic Review, 1999, 89: 473 – 500.

[182] KING M. Twenty years of inflation targeting [R]. Speech at The Stamp Memorial Lecture, London School of Economics, 2012.

[183] KOHN D. Implementing macroprudential and monetary policies: the case for two committees [R]. Presentation at FRB Boston Conference, 2015.

[184] KRUGMAN PR. Balance sheets, the transfer problem, and financial crises [J]. International Tax and Public Finance, 1999, 6 (4): 459 – 472.

[185] KRUGMAN P. Everybody hates the Trump Tax Plan [N]. The New York Times, 2017 – 11 – 16 (16).

[186] LAMFALUSSY A. Summary of remarks on the regulation of European securities markets [R]. the Press Concerning the Committee's initial report, 2000.

[187] LOWN C, MORGAN D. The credit cycle and the business cycle: new findings using the loan office opinion survey [J]. Journal of Money, Credit and Banking, 38 (6): 1575 – 1596.

[188] MANASSE P, ROUBINI N. "Rules of Thumb" for sovereign debt crises [R]. IMF Working Paper, 2005.

[189] MASCIANDARO D, VOLPICELLA A. Macro prudential governance and central banks: facts and drivers [J]. Journal of International Money and Finance, 2016, 61: 101 – 119.

[190] MCWILLIAMS J. Final rule: revisions to prohibitions and restrictions on proprietary trading and certain interests in, and relationships with, hedge funds and private equity funds [EB/OL]. (2019 – 08 – 20) [2020 – 03 – 20] https: //www. fdic. gov/news/news/speeches/spaug2019. html.

[191] MESTER LJ. Five points about monetary policy and financial stability [R]. At Sveriges Riksbank Conference on Rethinking the Central Bank's Mandate, Stockholm, Sweden, 2016.

[192] MINSKY HP. The financial instability hypothesis [R]. NBER Working Paper, 1992, No. 74.

[193] MISHKIN FS. Monetary policy strategy: lessons from the crisis [R]. NBER Working Paper, 2011, No. 16755.

[194] MUNDELL R. A reconsideration of the 20th century [J]. American Economic Review, 2000.

[195] MYERSON R. A model of moral hazard credit cycles [J]. Journal of Political Economy, 2012, 120 (5): 847 – 878.

[196] NIER E, OSINSKI J, JACOME L, MADRID P. Towards effective macroprudential policy frameworks: an assessment of stylized institutional models [R]. IMF Working Paper, 2011, WP 11/250.

[197] NISHITH DESAI ASSOCIATES. A primer on the insolvency and bankruptcy code 2016 [S]. 2019.

[198] NOTARPIETRO A, RODANO ML. The evolution of bad debts in Italy during the global financial crisis and the sovereign debt crisis: a counterfactual analysis [R]. Bank of Italy Occasional Paper, 2016, No. 350.

[199] OBSTFELD M, SHAMBAUGH J, TAYLOR AM. Financial instability, reserves, and central bank swap lines in the panic of 2008 [R]. NBER Working Paper, 2009, No. 14826.

[200] OCC, BOARD, FDIC, SEC, CFTC. Prohibitions and restrictions on proprietary trading and certain interests in, and relationships with, hedge funds and private equity funds: final rule [R]. Federal Register, 2019, 84: 61978 – 61983.

[201] OECD. Statutory corporate income tax rate [EB/OL] (2018 –

04 – 21）［2020 – 03 – 30］. http：//stats. oecd. org/index. aspx？ DataSet-
Code = TABLE _ Ⅲ1 .

［202］ONGENA S, PEYDRO JL. Loose monetary policy and excessive
credit and liquidity risk – taking by banks ［M］// The Future of Banking,
ed. by T. Beck. Tilburg University, 2011.

［203］ORPHANIDES A. Monetary policy rules, macroeconomic stability
and inflation：a view from the trenches ［J］. Journal of Money, Credit, and
Banking, 36（2）：151 – 175.

［204］OSC. The Canadian Securities Administrators launches a regulato-
ry sandbox initiative ［R］. 2017.

［205］PANDEY A. The Indian insolvency and bankruptcy bill：a squan-
dered opportunity ［R］. Indira Gandhi Institute of Development Research,
2016.

［206］PAULSON H. Reform the architecture of regulation ［N］. Finan-
cial Times, 2009 – 03 – 24.

［207］PENN WHARTON BUDGET MODEL（PWBM）. The tax cuts
and jobs act：static and dynamic effects on the budget and the economy ［R］.
2017.

［208］PRUDENTIAL REGULATION AUTHORITY（PRA）. PRA state-
ment on the interaction between the PRA buffer and the CRD Ⅳ combined buff-
er ［R］. 2016.

［209］PWC. Decoding the code：survey on twenty – one months of IBC
in India ［R］. 2018.

［210］QUAESTIO CAPITAL MANAGEMENT. Atlante Fund presenta-
tion ［R］. 2016.

［211］RADELET S, SACHS J. The onset of the East Asian Crisis ［R］.
NBER Working Paper, 1998, No. 6680.

［212］ RAJU L. Plethora of acts which led to the development and formation of insolvency and bankruptcy code 2016 ［J］. Journal of Banking and Insurance Law, 2018, 1: 31 − 36.

［213］ RAVI A. The Indian insolvency regime in practice − an analysis of insolvency and debt recovery proceedings ［R］. Indira Gandhi Institute of Development Research Mumbai Working Papers, 2015.

［214］ RESERVE BANK OF AUSTRALIA （RBA）. Monetary policy and financial stability in a world of low interest rates ［R］. Sydney: reserve bank of Australia, 2017.

［215］ RHEE CY, SUMULONG L, VALLEE S. Global and regional financial safety nets: lessons from Europe and Asia ［R］. Bruegel Working Paper, 2013.

［216］ RIKSBANK S. The riksbank and financial stability ［R］. 2013.

［217］ ROMER CD, ROMER DH. A new measure of monetary shocks: derivation and implications ［J］. American Economic Review, 2004, 94: 1055 − 1084.

［218］ ROSE A, SPIEGEL M . Dollar illiquidity and central bank swap arrangements during the global financial crisis ［R］. Working Paper, 2012.

［219］ RUANE W. Tax forms and instructions ［R/OL］. （2018 − 01 − 12） ［2020 − 05 − 20］. https: //www. irs. gov/pub/irs − drop/rp − 16 − 55. pdf.

［220］ SENGUPTA R, SHARMA A, THOMAS S. Evolution of the insolvency framework for non − financial firms in India ［R］. Indira Gandhi Institute of Development Research, 2016.

［221］ SENGUPTA R, VARDHAN H. Non − performing assets in Indian banks: this time it is different ［R］. India Gandhi Institute of Development Research, 2017.

［222］ SHARMA N，VYAS R. The insolvency and bankruptcy code 2016：insolvency professional agency ［J］. International Journal of Law，2019，3：58 – 61.

［223］ SMAGA P. Assessing involvement of central banks in financial stability ［R］. Center for Financial Stability Policy Paper，2013.

［224］ SMETS F. Financial stability and monetary policy：how closely interlinked ［J］. International Journal of Central Banking，2014，10（2）：263 – 300.

［225］ STEIN JC. Monetary policy as financial stability regulation ［J］. Quarterly Journal of Economics，2012，127（1）：57 – 95.

［226］ SUMMERS L. Trump's top economist's analysis isn't just wrong，it's dishonest ［N］. The Washington Post，2017 – 10 – 17.

［227］ SVENSSON L，Friedman BM，Woodford M. Inflation targeting in Handbook of Monetary Economics ［M］. Amsterdam：Elsevier Press，2011

［228］ SVENSSON L. The relation between monetary policy and financial stability policy ［J］. International Journal of Central Banking，2014，8：293 – 295.

［229］ SVENSSON L. Cost – benefit analysis of leaning against the wind ［R］. NBER Working Paper，2016，No. 21902.

［230］ SVENSSON L. The relation between monetary policy and financial – stability policy ［R］. Prepared for the XXI Annual Conference of the Central Bank of Chile，2017，No. 16 – 17.

［231］ Tax Cuts and Jobs Act ［S］. （2017 – 12 – 28） ［2020 – 03 – 30］. https：//www. congress. gov/115/bills/hr1/BILLS – 115hr1enr. pdf.

［232］ TAX POLICY CENTER （TPC）. Winners and losers after paying for the tax cuts and jobs act ［R］. 2017.

［233］ TAYLOR JB. Remarks on monetary policy challenges ［R］. Stanford University Economics Working Paper, 2013, No. 13105.

[234] TAYLOR JB. An historical analysis of monetary policy rules [M]. Chicago: University of Chicago Press, 1999.

[235] The Dodd – Frank Wall Street Reform and Consumer Rrotection Act [S/OL]. (2010 – 06 – 21) [2020 – 03 – 30]. http: //banking. senate. gov/public/_ files/070110 _ Dodd _ Frank _ Wall _ Street _ Reform _ comprehensive _ summary _ Final. pdf.

[236] THE GUARDIAN. Italy to bail out Monte dei Paschi di Siena Bank with € 20bn rescue fund [R]. 2016.

[237] The high – level group on financial supervision in the EU report [R/OL]. (2009 – 02 – 25) [2020 – 03 – 20]. http: //www. esrb. europa. eu/shared/pdf/de _ larosiere _ report _ en. pdf? 462f9f580cd7295e75871e32 13f23584.

[238] THE JOINT COMMITTEE ON TAXATION OF CONGRESS OF THE UNITED STATES (JCT). Macroeconomic analysis of the "Tax Cut and Jobs Act" as ordered reported by the senate committee on finance on November 16, 2017 [R]. 2017.

[239] THE WORLD BANK GROUP. Doing business 2018: reforming to create jobs [R]. 2018.

[240] TRUMAN EM. The International monetary system and global imbalances [R]. Policy Brief No. 10 – 04, Peterson Institute for International Economics, 2010.

[241] TRUMP C. Tax reform that will make America great again [R/OL]. (2017 – 12 – 09) [2020 – 05 – 10]. http: //middleclassfortrump. com/ issue/taxes/.

[242] TUCKER P. Microprudential versus macroprudential supervision: functions that makes sense only as part of an overall regime for financial stability

[R]. Paper presented at Boston Federal Reserve Bank Conference, 2015.

[243] TURNER A. Economics after the crisis: objectives and means [M]. Massachusetts: MIT Press, 2012.

[244] VICKER J. The systemic risk buffer for UK banks: A response to the bank of England's consultation paper [J]. Journal of Financial Regulation, 2016, 2: 264 – 282.

[245] VIDHI CENTRE FOR LEGAL POLICY. Understanding the insolvency and bankruptcy code 2016 [R]. 2019.

[246] VIÑALS J. Making macroprudential policy work [R/OL]. (2013 – 09 – 16) [2020 – 05 – 10]. https://www. imf. org/en/News/Articles/2015/09/28/04/53/sp091613.

[247] WHITE W. Is price stability enough? [R] BIS Working Paper, 2006, No. 205.

[248] WOODFORD M. Inflation targeting and financial stability [J]. Economic Review, 2012, 1: 7 – 32.

[249] YELLEN JL. Monetary policy and financial stability [R]. Speech at the 2014 Michel Camdessus Central Banking lecture, IMF, Washington, 2014.

[250] YOUNG T. ECB's NPL guidance raises hopes and concern [J]. International Financial Law Review, 2017, 3: 21 – 31.

[251] ZA V, MANDALA A. Italian bank rescue Fund Atlante to buy more bad loans [N]. Reuters, 2016 – 11 – 22.

# 后　记

十余年前，我在读博士期间，正好遭遇国际金融危机。从热点新闻追踪、重大事件评论到学术论文写作，金融危机成为我的研究对象，系统性金融风险与宏观审慎管理则成为我博士论文的主题。毕业后，混迹资本市场数载，学术研究弃之如敝屣。自我从金融市场回归学术圈子之后，发现重拾学术则是困境重重。作为讨巧，金融风险及政策应对自然成为我个人研究的领域。

本书算是过去数年我对金融风险及政策应对的跟踪研究，也是我研究的心得体会。本书是我出版的与金融风险相关的第五本书。第一本是在国际金融危机期间的《华尔街的没落》（与张明合著），第二本是在金融危机后经济恢复阶段的《宏观审慎管理与中国金融安全》（与何德旭合著），第三本是欧洲主权债务危机阶段的《欧债危机与中国应对》（与何帆合著），第四本是金融危机10年后的《全球量化宽松：十年演进》（与胡滨等合著）。

当然，本书的很多内容是我与诸多师友共同完成的集体成果。感谢郝飞飞（第二章、第三章），周学子（第四章），陈旭（第五章），赵玲（第八章），王波、徐文松（第十章），胡滨、艾莺（第十一章），张明（第十二章）等在相关章节的贡献。本书的写作还得到其他师友的支持、鼓励和帮助，在和各位师友的交流合作中，受益颇多。

本书能够出版，需要感谢中国社会科学院金融研究所的出版资助，还需要感谢中国金融出版社黄海清先生的大力支持和辛苦付出。

最后，我要感谢我的家人。他们一直支持我的学术研究，承担更多的家庭责任，让我有机会和时间做喜欢做的事情。